"我与马克思主义"丛书

天津市重点出版扶持项目

选择与信仰

我的哲学之路

陈先达 著

天津出版传媒集团

天津人民出版社

图书在版编目（CIP）数据

选择与信仰：我的哲学之路 / 陈先达著. -- 天津：
天津人民出版社, 2023.1
（"我与马克思主义"丛书）
ISBN 978-7-201-18150-9

Ⅰ.①选… Ⅱ.①陈… Ⅲ.①马克思主义哲学—研究
Ⅳ.①B0-0

中国版本图书馆CIP数据核字(2022)第008750号

选择与信仰：我的哲学之路

XUANZE YU XINYANG:WO DE ZHEXUE ZHI LU

出　　版	天津人民出版社	
出 版 人	刘　庆	
地　　址	天津市和平区西康路35号康岳大厦	
邮政编码	300051	
邮购电话	（022）23332469	
电子信箱	reader@tjrmcbs.com	

策划编辑	王　康
责任编辑	王佳欢　郭雨莹
特约编辑	郑　玥
装帧设计	明轩文化·李晶晶

印　　刷	天津新华印务有限公司
经　　销	新华书店
开　　本	787毫米×1092毫米　1/16
印　　张	20.25
插　　页	2
字　　数	180千字
版次印次	2023年1月第1版　2023年1月第1次印刷
定　　价	78.00元

目录

自序：半篓废纸半拙文——我的学术之路

陈先达

> 大红大紫非我有，满床满架复何求。
>
> 人生百样各有得，一世读书抵封侯。

我一生与书相伴，从家门到校门。小学、中学不说，从大学算起，1953年复旦大学历史系毕业后，我被分配到中国人民大学马克思主义研究生班继续学习三年。1956年留在人民大学哲学系任教。从读书到教书，教书仍然是在读书。

我确定自己的学术方向是在人民大学，它几乎占了我整个一生。在人民大学大体上可以分成两个阶段：从1953年开始学习马克思主义哲学到1980年，属于接受哲学教育的启蒙时期；从1980年至今为独立研究探索时期。这两个阶段当然无法截然分开，它有一以贯之的东西。无论是国家困难时期还是我个人有点儿坷坷坎坎，都没有动摇我对马克思主义哲学的信仰，但从我写作的关注点和风格来说，确实发生了变化。改革开放后第二阶段可以分成三个小段：从学术研究转向哲学随笔，从哲学随笔又向政论文章。孔子说："齐一变，至于鲁，鲁一变，至于道。"我希望我的变能越变越好。

第一阶段：哲学启蒙时期（1953—1980年）

1953年我于复旦大学历史系毕业，被分配到中国人民大学马克思主义研究生班哲学班学习。从上海到北京，这是我的学术专业的定格，从此我与马克思主义哲学结缘。1953年，中国人民大学招的研究生特别多，过千人。当时不是导师制，而是研究生班，课程每天排得满满的。学员主要是从全国来的大学毕业生，也有一些调干生。三年研究生班学习，我最大的收获是学到了一些马克思主义哲学的基本观点，读了几本经典著作。尽管当时理解并不深，但总算打下了一点儿基础。

我的哲学启蒙老师是萧前。在研究生班学习期间，听过几个苏联专家讲辩证唯物主义与历史唯物主义，但大部分哲学原理课还是萧前老师讲的。当时萧老师风华正茂，30岁出头，一表人才，口才又特别好。讲课生动机智，每节课都有思想火花，很受学生们的欢迎。萧老师是新中国成立后马克思主义哲学学科的奠基人，为社会主义新中国培养了大批马克思主义哲学人才，他也是我走上哲学之路的引路人，是我的恩师。萧老师不幸于2007年8月9日逝世，享年84岁。至今我已90多岁，仍然深深地怀念萧老师。

从1956年到1980年，各种政治运动比较多。从我个人来说，做学问还没有上路，也不知道怎样研究，成果很少。值得记的事，我概括为两文一会。

第一篇是发表于《教学与研究》1963年第3期的《实践检验与逻辑证明》。在此文中，我特别强调实践检验和逻辑证明是不同的。把逻辑证明和实践相并列，认为真理有两个标准是错误的，但是否认或贬低逻辑证明的作用也是片面的。辩证唯物主义在承认实践是检验真理唯一标准的基础上，正确估计了逻辑证明的作用，并科学地阐明了这两者的关系。全部文章都是围绕这个中心层层展开的。

文章论述了为什么认识自身或客观对象不可能成为认识的真理标准，不是据以区分真理和谬误的准绳。强调真理的标准，从本质上说，就是据以判明和衡量主观与客观是否相一致的标准。这种标准是实践。离开实践，试图从认识的自明性或以客观对象自身为标准都是不对的。把逻辑证明和实践检验并列为两个标准是错误的。

文章从各个方面论证了为什么实践是检验认识真理性的唯一标准，并论述了检验真理性认识的方式，以及实践标准的绝对性和相对性。实践是检验真理的唯一标准是马克思主义哲学中的一个普通常识，不承认这一点，就不是马克思主义者。但根据我的研究，像这篇文章如此多方面地论证实践是检验真理性唯一标准的文章，当时并不多。

这篇文章的特色不仅强调实践是检验真理的唯一标准，而且对逻辑证明的必要性及其在真理认识中的作用作了较为细致的分析。强调逻辑思维在科学思维中的作用是绝对必要的，它是真理性认识的一个必要环节。因为逻辑的可证明性是真理性认识的重要特征。客观真理和独断论、信仰主义是不相容的，它不仅能经受实践检验，而且在逻辑上是经过证明，或经得起逻辑上推敲和反驳的。一个充满逻辑矛盾的理论不可能是真理性认识。但无论逻辑证明如何重要，它都不能取代实践标准，因为逻辑并不提供真理性认识真假对错的标准，而是借助于前提，通过推理，从理论上说明某种学说的真理性，或者它在逻辑上是不可能成立的。但认识真理性的终极标准仍然是实践。无论逻辑证明在人类思维中如何重要，单纯的逻辑证明驳不倒唯心主义、不可知论，以及形形色色的错误理论。文章强调，实践检验和逻辑证明必须结合，既有事实根据，有人类实践的历史和经验的依据，又有理论逻辑上的自洽性。逻辑证明和实践标准的统一，本质上是理论与实践的统一。

这篇文章只是一篇纯学术文章，在当时如小石投水，没有多大影响。它是哲学，而不是政治哲学。它没有背景，没有现实对象。这篇文章发表后，也有不同的看法，主要来自逻辑学界，我就接到一篇强调逻辑也是真理的标准的稿子，大概是商榷的意思。我没有回答。因为实践是唯一的标准，并不是事事都要实践检验。这是经验论而不是实践论。谁也不会说，"人是会死的"要人死光了才能证明。凡人皆有死，张三是人，张三会死。这个推论不仅逻辑正确，而且内容科学。这不等于有两个标准，因为凡人皆有死的全称命题，是不可能被事实推翻的科学真理。无论科学如何发达，绝不会出现与天地同寿的人。

另一篇是发表在《前线》1963年第2期的《服从多数尊重少数》。这是一篇多少有点儿政论性的文章。因为文章提出一个重要问题，即如何发扬民主的问题。我提出应该重视票决的民主方式，但又不能迷信票决。因为多数票并不表明就是正确的，真理在少数人手中的事并不少见。程序民主不应该绝对化，因此我提出"服从多数，尊重少数"的主张，而且对尊重少数着墨甚多。当时反右斗争刚结束不久，阶级斗争火药味浓重，提出"尊重少数"应该说是有点儿见识。文章中还批评了西方的普遍自由的观点。当时还没有出现"普世价值"这个概念，实际上这篇文章中包含批评后来"普世价值"的某些观点。

多年以后，我重读这篇五十年前的文章，感到它虽然很短，却不比我后来的大块文章的含金量少。这引起了我对自己学术之路的反思。如果此后我继续沿着独立思考之路进行学术研究，写点儿有见解的文章，而不是无棱无角的学究式的论文，成就可能会更大些。不过这是条有风险的理论之路。真理的探索有时会灼伤探索者的手指，人生的各种偶然性很难预料。

除了两篇文章外还有一个会，值得说道。因为它也是我学术生涯中一件有意义的事，我称之为马克思主义哲学的"鹅湖会"。1960年春，在现在的中央党校校内举行了哲学教科书的讨论会。全国共送审六本：北京有三本，即中共中央党校一本、中国人民大学一本、北京大学一本；还有武汉一本、上海一本、吉林一本。这是新中国成立以来第一次关于哲学教科书的讨论会，规模不小，档次也很高。时任中宣部理论局局长洪禹出席会议，全国送审单位有五十来人参加，主持人是著名哲学家艾思奇。我是个小小的讲师，是跟随萧老师和教研室其他同志与会的，主要是去学习、听会。这个会很长，是"马拉松"，共开了两个多月，如果要讨论，仍然可以开下去，哲学问题是个无底洞。

我此生参加过多次教科书的编写，也当过主编，至今仍不时会参加此类讨论。我有一个体会，马克思主义哲学内容和体系会随时代变化而变化，会增加新内容，会更具时代特色、民族特色。可是要试图推翻马克思主义哲学基本原理，否定马克思、恩格斯、列宁、毛泽东已经取得的成就，在理论观点上另起炉灶，没有一个成功的。我积此生经验认识到，马克思主义哲学中凡属规律性的内容，只能根据新条件加以运用和发展，可以结合中国实际，结合科学发展充实新内容、新材料，编出具有中国风格、中国特色的教科书，而不是任意构建什么新体系。除非完全脱离马克思主义哲学范围，弄一个四不像的东西，如果这样，就无权称为马克思主义哲学教科书，可以称为专著，称为某某人自己的体系，但绝不能把它作为马克思主义哲学教科书。

在这个会上，我很荣幸认识了武汉大学的陶德麟。他比我小十个月，当时正是年轻有为的年龄，他是李达的助手，是武汉大学那本书的主要参加者。当时我们不熟，没有交往，后来因为社科基金评审会我们经常见面，有时也会同时出席一些会议，慢慢成为朋友。他原来是学经济的，哲学造诣也很高，诗词都有功底。他80岁生日时，我曾贺以小诗：

> 不是鹅湖似鹅湖，湖畔盛会识荆初。
> 珞珈才子惊四座，江南俊秀冠群儒。
> 宝刀至今能削铁，笔有雷鸣道不孤。
> 人生百岁不为老，八十只算半征途。

在我80岁时，德麟也曾以诗为贱寿增色：

> 五十年前幸识君，当时英锐已超群。
> 胸罗正气常忧国，笔扫彤云只务真。
> 耿耿丹心昭皓月，拳拳厚德育芳林。
> 满园桃李皆才俊，犹待期颐引路人。

五十年前幸識君當時英銳
已超群胸羅正氣常憂國筆
掃飛雲祗務民取之丹心昭晧
月拳拳厚德育芳林滿園桃李
皆才俊猶待期頤引路人

陶澧鍇並書

当年，参加六本教科书讨论时，我们都是年轻人，如今都是耄耋之年。陶德麟教授不幸于2020年5月24日逝世。这是中国马克思主义哲学界重大损失。就我个人而言，失去多年好友和至交，不胜哀婉。

此后，我参加过1964年湖南农村的"四清"运动，随后又经历十年"文化大革命"；1969年12月，首批参加中国人民大学五七干校。可以说，到中国人民大学复校之前，我的学术研究处于停摆状态，但确立了我的基本政治观点和对马克思主义的信仰。

第二阶段：独立研究探索时期（1980—2019年）

从学术上说，我的确是改革开放的同龄人。从北京大学回到中国人民大学，我决心重新起步，我已经失去了十年，再耽误不起。我有诗云："往事不宜频回首，荒园勤锄尚可春。况复柳媚山川绿，十年贻误日兼程。"

"十年贻误日兼程。"我的确是这样做的，想把失去的时间夺回来。岂止是十年，可以说在四十多年中日夜兼程，没有年节假日。这四十多年，可以细分为三个小阶段，各有特点。

一、研究马克思主义史和马克思早期思想

差不多从20世纪70年代末到90年代，我的基本研究方向是马克思主义史和马克思早期思想。我参加我们集体编写的《马克思恩格斯思想史》，我写了头三章，并负责对全稿进行润色；参

加《马克思主义基本原理教程》的写作，并担任主编。这两部书最大的特色是把马克思主义作为一个整体来研究，把马克思主义融为一体，并不是割裂的三个部分的组合。可是由于水平的限制，仍然避免不了"拼盘"的缺点。另外，我与靳辉明合著的《马克思早期思想研究》，与我的博士生合著的《被肢解的马克思》也是这个时期出版的，反响都比较好。

我个人的专著主要是《走向历史的深处》。这部书是1987年出版的，实际上准备工作和写作历时多年。1978年10月，我从北京大学回到中国人民大学，有十年多的时间，我着重研究《1844年经济学哲学手稿》（以下简称《手稿》）。我在人民大学哲学系第一次开设《手稿》课，效果还不错。听课的是学生，也有少数教员。后来，又被外请到河北大学、北京师范大学系统讲授。最值得怀念的是中山大学哲学系叶汝贤请我到广州，为他举办的全国马克思主义哲学史讲习班讲授《手稿》，听课的都是全国高校讲授马克思主义哲学史的同行，当时这门课正处于起步阶段。这是我第一次去广州，也是我第一次结识汝贤。他比我小六岁。我住在中山大学，是一座小楼式的住房，据说不知什么名人住过，房子是中西合璧的建筑。不过我住的时候，似乎没有昔日风貌。上楼时楼梯咯咯作响，房间也很一般。至于吃饭，与学生一道在食堂排队凭饭票买饭，毫无特殊。汝贤尽其所能地接待我，他陪我逛过一次佛山，天公不作美，大雨倾盆，我们变成落汤鸡。他自己掏钱请我在一家小店里吃了一碗面条，终生难忘。

可惜，汝贤突然因脑血管瘤破裂医治无效逝世，刚七十多岁。汝贤的死，是中山大学哲学系的损失，也是我们中国马克思主义哲学界的一个损失。对于我，则是失去一个同道、挚友。古人说："白头如新，倾盖如故。"信然。

《走向历史的深处》这本书于1983年完稿，在一家出版社压了三年。编辑把稿子退给我时说："我看不懂。"我只有苦笑，心里想不是看不懂，大概是怕赔钱吧，因为刚刚改革开放，注重经济效益，都不愿意出版这种纯学术著作。我又把它寄给上海人民出版社，这个编辑是哲学系毕业生，也是个老编辑，他只看了书的序言，立即打电话跟我说，"我们要"。没有多久，书就出来了。这位为我出书的编辑出差来北京，住在人民大学招待所，突发急病，送海淀医院，医生说病危，马上通知在上海的家属，经过几天抢救仍旧回天乏术。我第一次知道坏死性胰腺炎如此凶险。都说好人一生平安，这是良好的祝愿，但现实不见得人人如此。

《走向历史的深处》是我第一本个人专著，也是我所有著作中非常值得回忆的一本书。这本书1988年获中国人民大学优秀著作奖，1994年获北京市哲学社会科学研究成果特等奖，1995年获国家教委全国普通高校人文社会科学研究成果一等奖，1996年由人民出版社再版，2006年收入《陈先达文集》第一卷，2010年收入"当代中国人文大系"并由中国人民大学出版社再次印行。《学习时报》最近在回顾和总结当代中国马克思主义哲学研究成就时，以"《走向历史的深处》：马克思唯物史观的学术寻根"

为题，将其与其他六部著作一起，作为反映改革开放以来中国马克思主义哲学研究领域学术进展和学术成就的有最重要影响的哲学论著。

除了专著外，这一时期我还重视学术文章的写作，发表的文章比较多。仅在《中国社会科学》就发表了十篇文章：《马克思异化理论的两次转折》（1982 年第 2 期）、《评西方马克思学的"新发现"》（1984 年第 1 期）、《中国传统文化的当代价值》（1997 年第 2 期）、《寻求科学与价值之间的和谐——关于人文科学性质与创新问题》（2003 年第 6 期）、《哲学社会科学的作用和学者的责任》（2004 年第 4 期）、《哲学中的问题与问题中的哲学》（2006 年第 2 期）、《马克思主义哲学的当代性与文本解读》（2007 年第 5 期）、《马克思主义哲学关注现实的方式》（2008 年第 6 期）、《历史唯物主义的史学功能——论历史事实·历史现象·历史规律》（2011 年第 2 期）、《马克思恩格斯经典文本研究的双重视角》（2014 年第 11 期）。在《哲学研究》发表五篇文章：《评费尔巴哈在马克思早期思想中的地位和作用》（1981 年第 8 期）、《评资产阶级人道主义的出发点》（1984 年第 3 期）、《论普世价值与价值共识》（2009 年第 4 期）、《论传统文化研究中的一个重要问题》（2010 年第 2 期）、《历史唯物主义视野中的财富观》（2010 年第 10 期）。这时期的所有文章都收集在《马克思和马克思主义》《哲学与文化》《处在夹缝中的哲学》《问题中的哲学》等著作中。

这些文章现实性较强，不少都与人道主义和异化问题相关。

这是我重返讲坛，再度执笔碰到的第一次大讨论。起因是周扬在纪念马克思逝世100周年关于人道主义与异化的报告。那次报告在中央党校大礼堂举行，座无虚席，我也是其中的一名听众。由广播员代念文稿，结束后掌声雷动，会场上没有什么低头耳语的议论。散会后的第二天，听说有不同意见，要继续开会。我不是被应邀的发言人，具体情况我不知道。胡乔木的《论人道主义和异化问题》出版以后，理论探讨似有转向批判的趋向，但观点分歧并未弥合，对立由公开讨论变为好友私下交心。

1984年我在《哲学研究》发表于《评资产阶级人道主义的出发点》，这是一篇学术性较强的文章，从理论上说明为什么资产阶级革命时期提倡人是出发点的观点，不能作为马克思主义哲学的出发点。此文被《哲学研究》评为优秀论文一等奖。后来，我又发表过《论人道主义的历史演变》《论现代西方哲学的人本主义趋向》等文章。在《中国社会科学》发表的《马克思异化理论的两次转折》《评西方马克思学的"新发现"》不是为了"参战"，而是因为我对这个问题多少有点儿研究。从北京大学学习班结束后，我有近三年时间钻研《手稿》，对讨论中的问题和分歧并非一无所知。现在回想起来，这个原本应该是学术问题却转变为学术批判，阻碍了理论问题的深入探讨。至今，什么是人道主义、什么是异化、人道主义和异化是什么关系、社会主义有没有异化和可不可能异化，这些至关重要的问题，还是没有讨论清楚，留下很多理论困惑。学术批判代替学术讨论有其负面作用，甚为可惜。学术问题应该通过学术讨论，即使是争论，也应该充分展开，各抒己见，这有利于学术的发展。而学术问题政治化，不利于分清是非，反而使学术分歧成为永远解不开的理论死结。

二、转向哲学随笔

我喜欢读同行中如万马奔腾、有气势、立论难以撼动的好文章。我心向往，但非我所能。我曾写过一首诗表达这种羡慕：

> 少壮青丝暮白头，倚马才情空自跻。
>
> 晚年多病平常事，休寻旧梦莫回眸。
>
> 为文喜读风雷笔，处世最敬雨同舟。
>
> 书生老矣难荷戟，闻道犹应以身求。

我知道自己才拙，永远写不出这种大眼界大手笔的风雷文章，于是开始转向写随笔。我的第一本随笔是《漫步遐思》，1997 年 12 月由中国青年出版社出版，1998 年再次印刷，两次共一万本，作为哲学读物，看起来销路还可以。

《漫步遐思》出版后曾看到几篇

评论：《广东社会科学》1988年第5期载有署名评论《溶哲史文于一炉的佳作》，《教学与研究》1998年第4期发表署名评论《漫步遐思：哲学家随思录》，《高校理论战线》1988年第4期载有署名评论《让哲学从哲学家的书斋里解放出来》，等等。我还收到一些读者来信给予鼓励。继《漫步遐思》之后十五年的时间，我陆续出版《静园夜语》《哲学心语》《回归生活》《宜园杂论》《散步·路上》《史论拾零》共六卷随笔。

我的随笔最大的特点是立足现实，着眼于智慧的启迪。哲学最重要的是包含智慧，可智慧是无法用金钱买到的。黑格尔早就说过，智慧并不是从一般市场上能买到的。在市场上只要谁付出足够的钱，人们就会把东西售给谁，但智慧不可能用现金一手交钱一手交货。书中有智慧，那是别人的智慧，对你来说那是知识，知识不等于智慧，读书汗牛充栋但却胸无一策的书呆子多得是。因此，我写随笔注重体悟，以生活经验为底本，结合自己从书中得来的知识，使它变成自己的。《红楼梦》中贾宝玉在秦可卿房中看到的对联："世事洞明皆学问，人情练达即文章。"有点儿哲理。

我的随笔很多都来源于我自身的经验、来源于读书的触发、来源于新闻、来源于对社会事件的观察，总之，不是纯粹从自己头脑中挤出的"水货"。我的随笔中有三篇短文《论后悔》《论命运》《论失败》，看标题是纯哲学的，实际上都包含着我自己人生经历的体悟。

我在《论后悔》中说，在人的一生中，没有任何后悔，也没有做过后悔事的人，是极为罕见的。后悔并不是绝对不好。后悔是多种多样的。因为做了不好的事、对不起人的事，感到后悔是良心发现，表明没有丧失良知。因为思考不周，把事情办砸了，感到后悔是醒悟的表现，表明找到了能够成功的办法。这是错误的积极成果，没有新办法是不会后悔的。就好比下象棋，凡是悔棋的，肯定是有了好招；没有发现自己的棋走臭了，没有好招是想不起悔棋的。悔，是错误被认识到的表现。孔夫子就主张少后悔，他说："多闻阙疑，慎言其余，则寡尤。多见阙殆，慎行其余，则寡悔。言寡尤，行寡悔，禄在其中矣。"

我在《论失败》中说，失败与成功不是固定不变的，失败中可以包含成功的因素，而胜利中也可能包含着失败的种子。有人说，成功是多次失败的回报，或者像中国老话说的失败是成功之母，讲的都是同一个意思。顶峰只有愿意走弯路的人才能攀登，的确如此。

1978年10月，我从北京大学和清华大学写作组即"梁效"学习班放归后，回到刚复校的人民大学，我以"十年贻误日兼程"的决心，弥补失去的十年，也把挫折化为动力。四十多年来，我没有因挫折而气馁，终有小成。这就要涉及"命运"问题。因此，我写了一篇《论命运》。我不是宿命论者，我不相信命，但我相信"运"，"运"与"时"不可分，即"时运"。如果我不是那个时候被分配到北京大学，又恰恰处于北京大学是批儒评法的基地，我就可以避开这次霉运。这个"运"是时势使然，非我命中注定。既非我命中注定，我完全可以改变。回到人民大学后在党的实事求是政策下，我终于时来运转，发展比较顺利，可以说是交好运。这个好"运"既是大好形势的赐予，也是个人没有自甘沉沦的回报。人，如何正确对待后悔之事，如何对待失败、对待命运，需要哲学智慧。而这个哲学智慧不仅来自书本，更来自生活。

在道德教育中，我感到我们没有着重于行而着重于说，因此我写了一篇《八十老儿行不得》的短文。据说，有个和尚法号鸟窠禅师，住在树上，精通佛典，能为人指点迷津。苏轼闻禅师之名，前去问做人之道。禅师说："恶事不做，众善多行。"苏轼很是失望，说这个道理三岁小孩都知道。禅师答道："三岁孩儿懂得，八十老儿行不得。"这句话看似平淡，实在对得很。许多道理是平凡的，但能终生恪守、始终不渝却是极难的。当年毛泽东说，一个人做点儿好事并不难，难在一辈子做好事不做坏事，讲的也是同样的道理。天下道理，最难之处在于行。我们传统哲学中关于"知行合一"的学说反复说明的就是这个道理。《古文尚书·说命》中曾记载殷大臣傅说向高宗武丁进言治国方略，深得武丁赞赏，但傅说提醒武丁要做到并不容易，"非知之艰，行之惟艰"。懂道理并不困难，难在实行。战国末期著名思想家荀子就特别强调"知之不若行之"。他说，"口能言之，身能行之"是"国宝"；"口言善，身行恶"是"国妖"。"学至于行之而止矣"，就是说，为学的最高境界是能说到做到。中国的道德学说特别强调"践履"，民间把那些口是心非，满嘴仁义道德、心里男盗女娼的人称为"假道学"，实是一语中的。由此我想到我们的道德教育，其实不需要那么复杂，那么多条条、死背硬记，关键是行，是要我们的青年特别是学生，在道德实践上下功夫。在道德教育上切忌形式主义，重言不重行。如果这样，一点儿用处也没有，甚至适得其反。形式主义多，伪君子就会多，于世风民心都有害无益。

"八十老儿行不得"，对于马克思主义者来说同样有这个问题。的确有的人革命一辈子，马克思主义最基本的一条——"为人民服务"就做不到或不打算做。为人民服务，道理深不深？好不好懂？易懂难行。一个马克思主义理论工作者如能终生力行，在我看来就是一个实际的马克思主义者。在现实中我们能见到一些人口不离马克思主义、毛泽东思想、邓小平理论，实际上是个幌子，或者说是用来应付上级、蒙骗群众的"护身符"，不会照着做，也从来不打算照着做。因此，有人革命一辈子，还是一个"八十老儿行不得"的假马克思主义者。

我还写过两篇关于幸福的短文：《幸福与满足》和《幸福的阿Q和阿Q式的幸福》。我深感无论在理论联系实际上，还是在初衷上，幸福都是个难题。我没有水平给幸福一个满意的定义，但我觉得有种倾向应该防止，即把幸福视为对需要的无限满足。实际上吃饱了，任何好的美食也引不起兴趣；肚子饿，有个馒头也非常幸福。终年穿鞋的人从不觉得鞋子可贵，一辈子光脚的人视鞋子如珍宝。人对幸福的理解和要求是各不相同的，取决于各自的地位和境况，很难相通。但从哲学上看有一点是共同的，这就是幸福不是对满足的再满足，而是对不满足的追求，因此它永远是一种对正在追求中的满足。什么都不需要追求就可以得到满足的人是不幸的。如果满足就是幸福，那在食槽边的猪是最幸福的。可人不是猪，因此锦衣玉食的贾宝玉会出家；多才多艺、无衣食之累的李叔同会遁入空门，过着晨钟暮鼓、青灯黄卷的生活。在常人看来，他们或者功成名就，或者是人尖上的人，再幸福不过，可他们仍然感到痛苦空虚。幸福绝不能归为感官的满足，感官的满足可以一时快乐，但一时快乐不等于幸福。实际上过度的消费和肉体的满足，往往导致堕落甚至生活中的悲剧。连功利主义者密尔都说，做一个不满足的人要比做一头满足的猪好，做一个不满足的苏格拉底要比做一个满足的傻瓜好。这说明，人的确不同于动物。动物的生存依靠自然的赐予，而人的生活依靠自我的创造，因此动物的生活只是一种客观存在，而人的生活是包括人的目的和价值的过程。

凡事都有个度。过度满足物质欲望不等于幸福，但也不能反过来说，饿着肚子比吃得饱的人更幸福，只要自己认为幸福就行。人应该安贫乐道，只要乐道就是幸福，贫穷可以忍受，这种哲学我以为是有害的。安贫，对于少数人来说可以，但不能作为人的幸福生活的普遍要求。人还是要有必要的物质生活条件，使人能像人那样生活，随着社会的发展不断改善生活条件。从社会角度看，幸福不能仅仅归结为人对自身生活的主观感受，它首先是个客观状态，是人的生存境遇问题，或者说是人的生存方式问题，因而幸福问题是一个社会问题，是一个社会制度的合理性问题。一个受剥削受压迫的奴隶，无论怎样"达观"仍然是不幸的。

我不同意这种看法：没有不幸的环境，只有不幸的感受，任何不幸的环境都不会使我们不幸，使我们不幸的是自己对环境的看法，即我们赋予环境以何种意义。这种观点把幸福这个社会问题变为单纯的认识论问题、心理学问题。这种说法很符合统治者和压迫者的心愿：世界上没有不幸福的人，只有自认为不幸福的人。只要转变观念，人人都可以认为自己是天下最幸福的人。这样倒是天下太平，不过除了填饱肚子的所谓哲学家外，真正饥寒交迫的人认为自己是天下最幸福的人是没有的。一个马克思主义者在社会发展问题上绝不赞美贫困，绝不提倡安于贫困。革命就是要改变贫困的生活，为争取更好的生存条件而斗争。至于个人那是另一回事。我们赞美为了大家不贫困而自己安于贫困的风格，这是革命者的风格。这种安贫与乐道——革命之道，是连在一起的。生活贫困而志存高远是值得赞扬的，如方志敏在《清贫》中所表达的就是这种风格。如果对不合理的现实不抗议，对剥削和压迫不反抗，对境遇的改变不努力，用精神胜利法来壮大自己短小的身躯，一味追求灵魂的平静和心理的满足，把被奴役当成幸福，这就是阿Q式的幸福观，只能做万劫不复的奴才。鲁迅先生对阿 Q 的批评，正是哀其不幸，怒其不争。我们不做幸福的阿 Q，也不要阿 Q 式的幸福。

在我的随笔中，最具现实性和理论性的是《史学拾零》，这既是我的专业兴趣，更是现实问题和理论问题的要求。我经常关注报刊上发表的哲学文章，确实学到不少东西。可当我看到学术界为某个概念式的问题争得不可开交、十分热闹时，总是会涌起一种想法：何不求助于历史呢？历史自身会为概念注入具体内容。历史对脱离历史的抽象哲学概念具有天生的"敌对性"。任何没有可能得到历史证明的范畴和概念都是悬在思辨太空中的"死魂灵"。恩格斯赞扬黑格尔哲学的历史感，不是没有缘由的。历史是通过例证来传授的哲学，此说极为有理。

有些哲学家、伦理学家在寻找永恒的正义、永恒的公平。世界上真有这种永恒不变的正义和公平吗？难道历史不是证明，奴隶主与奴隶、领主与农奴、有产者和无产者之间没有共同的公平、正义标准吗？即使在所谓文明的当代，各国普遍认可的公平、正义的普遍标准在哪里？在奴隶社会，连亚里士多德这样伟大的思想家都认为使用奴隶是正义的。他在著名的《尼各马可伦理学》中说，对自己的所有物，无所谓公正不公正。奴隶与尚不到年龄的孩子，正如自己身体的一部分，谁也不会有意来伤害自己，从而对他们是不存在不公正的。奴隶是物，是排除在公平、正义之外的。罗尔斯的正义理论不是也遭到印度学者阿马蒂亚·森的质疑吗？哲学家、伦理学家可以绞尽脑汁寻找一个普遍的、永恒的、抽象的正义或公平的定义，满足自己思辨的爱好，或为社会立法，或表现自己品格的高尚。不过我要说，历史和现实会给予这种抽象的正义、公平观念以反驳，要把它们放在历史进程中来考察。

在《史学拾零》中，我不自量力地试图对一些有关历史哲学和历史唯物主义的问题发表点看法。在《催生还是谋杀?》《历史观与历史》《历史观与历史研究》《要加强历史认识论的研究》《历史的重要性与价值评价》《再说历史的价值评价》《历史的道德评价》《载舟之水和覆舟之水》等短篇中，我对历史理论中的一些重要问题发表了自己的看法。例如在《秦人不暇自哀而后人哀之》中，我讨论了人类究竟能否从历史中吸取教训的问题。杜牧在《阿房宫赋》中关于秦王朝经验总结时说："秦人不暇自哀而后人哀之；后人哀之而不鉴之，亦使后人而复哀后人也。"这是历史理论中的一个重大问题。人究竟能否从历史中吸取经验教训？中国传统重视历史经验，倡导以史为镜，中国惯例都是胜利者为前朝修史，目的也是论前朝之得失，以便借鉴。西方人也说，读史使人明智。可黑格尔不相信，他在《历史哲学讲演录》中说，"经验和历史告诉我们的是这样：各个民族及政府从来都没有从历史中学到什么，也从来没有按照历史中所能吸取的那些经验行动"。中国人重视历史的传统，重视历史的教训。著有传世《史记》之作的太史公司马迁，特别重视历史经验，说"居今之世，志古之道，所以自镜也"。唐代史学家吴兢撰写的《贞观政要》也是一部传世之作，是有关唐代贞观年间李世民与名臣魏徵等人的关于如何治理国家的经验总结。历史经验是可以借鉴的，前提是借鉴什么经验，为谁借鉴经验，如果企图从历史中寻找永远统治百姓的历史经验，肯定是不可能的，而历史经验证明的是得民心者得天下，失民心者失天下。因此，顺历史潮流而进，历史经验丰富可以为之借鉴，逆历史潮流而企图借鉴历史经验，历史确实没有这种经验可以借鉴，只能以失败了事。

六本随笔以《史论拾零》殿后，终于回到我六十多年前复旦大学的本行，可惜只是史论上而不是本义的历史学。我知道历史哲学不是历史，而是关于历史的哲学；正如哲学史不等于哲学而是哲学的历史一样。如果要真正在历史哲学研究方面有点儿成就，就既要从事哲学研究，也要真正地从事历史研究，否则，也是弯弓而不射的，只是徒赞好箭。可按我的年龄来说，此生难以了此愿望。

三、时政论文

已经到耄耋之年，我又作了一次改变。大概是从2015年开始，在《求是》《人民日报》《光明日报》发表了有关马克思主义与中国传统文化、中国道路方面的文章，差不多有二十多篇，这些文章被结集为《一位"85后"的马克思主义观》。《光明日报》的"光明学人"发表了我的这本书的跋，并加了一个编者导语。导语强调："2015年7月和2016年3月2日，陈先达先后两次在

《光明日报》头版头条发表理论文章《马克思主义和中国传统文化》和《做坚定的马克思主义者》，引起我国理论界和学术界广泛关注。"

我在写一些长文章的同时，还写一些短小、有点儿战斗性的文章。我曾在《光明日报》《北京日报》发表过一些文章，包括《批评、抹黑及其他》《自由与任性》《凡事都有理，都得讲理》《理论工作者的社会责任》等多篇文章。有好心朋友劝我，你写它干吗，就不怕得罪人吗？我说不怕，没有什么可怕的，作为一名马克思主义理论工作者，我的任务就是宣传和捍卫马克思主义。文章的每一个字都是用"五笔"的方式打出来的。不是我钟情五笔，实在是不得已而为之——作为一个江西人，来北京几十年，仍然是乡音无改，咬字不准，又不会拼音，逼上梁山，终于勉强学会五笔。自此以后，我的所有文章都是一字一字敲出来的，包括几本随笔。报社投稿，都是发电子版。朋友之间虽不再有鸿雁往来，但E-mail频传。前些年，我也赶时髦学会玩微信。我的朋友圈不大，主要是同事和学生。会微信，好处不少，见闻多了，避免老年人缺少交往的闭塞。有时和学生开点儿无伤大雅的小玩笑，增加点儿"老来乐"。

我专门为人民大学出版的《一位"85后"的马克思主义观》写了个序言和跋。跋，是一首新体诗——"九十岁的我"。抄录于下：

我感受过旧中国的凄风苦雨，

我目睹过天安门的旭日东升，

我亲历过三年的灾患和贫困，

没有眼泪，没有怨恨，

我体验过什么是不屈的民族精神！

我为把狂妄美军打回三八线欢呼，

我为美国将军低头签下停战协定而昂首挺胸，

我为中国自卫反击战的胜利而骄傲，

我为南沙海战胜利而眼含泪水，

一百年啦，中国人民从来没有过的扬眉吐气！

我向隐姓埋名在沙漠为祖国构筑万里长城的人鞠躬，

我向在矿井下挖煤，在钻台上打井的工人致敬，

我向农民，向在讲台上默默奉献的人感谢，

你们是中国的希望，中国的脊梁，

我，向你们道谢：有你们才有我们！

我赞美蜡烛，为光明燃烧自己，

我歌颂炭火，为驱散寒冷留下灰烬，

我欢迎划过长空的雷霆闪光，

轰轰的雷声，启蒙沉睡的梦中人，

我也向萤火虫道谢，在黑夜中送出点点光明。

我亲自参加过在人民大会堂的吊唁，

如河的泪水，无声的抽泣，

我亲眼看见长安街十万人低头致哀，

送别我们敬爱的总理远行，

我知道：伟人不会逝去，永远的民族之魂。

我们的时代是全民精神烈火燃烧的时代，

为洗刷民族耻辱奋起的时代，

穷困的时代，富裕的时代，

意气风发的时代，也是受到非议的时代，

我是经历者，我以我的良心保证。

时代在前进，历史翻开新的一页，

我们站稳了脚跟，朝强起来前进，

我们不怕施压，不怕抹黑，不怕围困，

积压一百年之久的民众像喷发的火山，

我们朝世界舞台的中央阔步前进。

我们在伟大斗争中崛起，

我们在狂风巨浪中航行，

我们在批判中树立信仰，

我们在思想中拨乱反正，

我们为阳光照射雀跃欢欣。

中国呀，我苦难的祖国！

我们不会忘记近百年的历史，

不会忘记曾经的屈辱和贫困，

不会忘记为中国人民解放而牺牲的英灵，

不能忘记历史，忘记就会轮回。

一条条高铁在广袤国土上延伸，

一座座高楼拔地而起，

宽阔的新辟道路像彩带环绕，

熟悉的地方变得那样陌生，

我成为路盲，只要一月没出校门。

四十年的成绩举世公认，

四十年的崛起令人振奋，

四十年的成就来之不易，

四十年的道路伟大光辉，

人心是最好的裁判员，人民最最公正。

能主宰中国命运的是中国共产党，

能决定生死存亡的是中国人民，

当代中国不会重蹈苏联的命运，

号角已经吹响：不忘初心，牢记使命

我们开始新时代的长征！

我迈开年老的双腿，睁开不再明亮的眼睛，

全民合唱队中，苍老沙哑也是发声，

秃笔画不出图画，也要用心描绘，

我不为生命短促而悲伤，我不为虚度而悔恨，

生命是一种奋斗，是一种沉甸甸的责任。

九十个春夏秋冬，三万个黑夜黎明，

我羡慕我的儿孙，未来的中国人，

你们拥有我不可能有的梦想，拥有全新的人生，

年老的我，用衰弱的肩膀做你们的人梯，

有限的人生，溶入力的洪流会化作永恒！

这首诗反映了我为什么如此执着于马克思主义，坚定地跟着中国共产党。我们这一行当，可不是一般的学术研究，没有强烈的感情和对马克思主义的信仰，单纯读书，你也许可以成为一个马克思主义研究者、学者、专家，但绝不可能成为一位坚定的马

克思主义者。

第三阶段："谢幕"

我 2019 年 3 月退休。按 60 岁退休规定，我多工作了近三十年。在首批一级教授退休仪式上，学校给我们以极大荣誉，校长发表讲话并献花，对我一生的成就和贡献做出了高度评价。当然多过誉和溢美之词，这是难免的，符合中国人情的。退休嘛，当然如此多多鼓励和慰问。这不能当作真实的评价，人应该有自知之明。

我已年过九十，体力和写作能力肯定已经衰退。我看到哲学界新人辈出，有许多非常有思想有抱负的年轻哲学家，非常欣喜。长江后浪推前浪，这是历史进步的规律，也是学术进步的规律。我写一首"寄语后浪"的诗：

> 修道学佛两难能，喧嚣世界一俗人。
> 终身舌耕喜弄笔，半篓废纸半拙文。
> 头白已无攀登力，月月愧领养老银。
> 笑迎后浪逐前浪，壁间剑鞘莫生尘。

"壁间剑鞘莫生尘。"这是我对后浪的期待。希望他们坚持马克思主义、坚持当代中国马克思主义，为马克思主义哲学创新做出新贡献。

第一篇
叩击哲学之门

为什么选择马克思主义

一、我与哲学

对我来说，闯进哲学殿堂纯粹是偶然的。我像一个走错了教室的学生，逐步被讲台上老师博大精深的知识征服了。在半个世纪中，我曾聆听过一些哲学大师的讲课，也阅读过一些哲学名著，可似懂非懂。应该说，我是个蹩脚的学生。在哲学的海洋里，我至今仍然是在深不及膝的浅水中试步而已。

我的老家江西鄱阳，是鄱阳湖滨的一个小县城，旧称鄱阳，后改为波阳，现又改回鄱阳。江西自宋代以后出过一些名人，就拿我们那个不起眼的县城来说，宋代著名词家姜夔和洪适、洪遵、洪迈三兄弟给它增添了不少光彩。尽管如此，新中国成立前我的家乡仍然是穷乡僻壤，我从来没有听说过"哲学"这个词。

我的家，是一个普通商人之家。我是家里第一位大学生，也可以说是陈氏家族最早的一名大学生。我们家祖祖辈辈都是渔民，在鄱阳湖的风浪里以捕鱼为生。"落霞与孤鹜齐飞，秋水共长天一色"，那是诗人眼中的风景，可对渔民来说，无风三尺浪、葬身鱼腹的危险，使他们对鄱阳湖敬畏如神。我父亲从小在渔行里当学徒，后来挣扎到自己当渔行老板的地位。我从小见到的是鱼、渔民、剖鱼的女工、腌鱼的师傅，闻惯了鱼腥气和卤水味。我们家与书无缘，与哲学更无缘，我父亲曾幻想我能继承他的事业。可是我和所有的知识分子一样，具有浓厚的士大夫气味，瞧不起商人，视之为"市侩"，认为最荣耀的还是读书。

在中学读书时，语文老师偏爱我，可数学老师对我头痛，数学能及格就是伟大胜利。我最喜爱的是文学，最美的梦是当作家。在昏暗的豆油灯下读唐诗宋词，是我最大的乐趣。

1950年考大学，两所大学都录取了我：复旦大学是历史系、南昌大学是文史系。复旦大学的录取在先，而且对从小生活在小县城的我来说，还是愿意到更大的世界去看看。我最终选择了上海，选择了历史，虽然文学的吸引力更大些。从此我离开了生我养我的故乡。1953年来北京，一直生活至今。杂花生树、群莺乱飞的江南三月风光，时常勾起我的思乡之情，但我已习惯了北方的风沙和严寒。

我是大学毕业后被分配到中国人民大学学哲学的。专业可以指定，现在的年轻人不易理解，可对我们这一代人来说，祖国的需要就是自己的选择。就哲学专业来说，我们是"旧式婚姻"："先结婚，后恋爱。"在分配到哲学专业以后，逐步培养起对哲学的感情。

我喜欢马克思主义哲学，我信服马克思主义哲学。虽然我也喜欢读点老庄，特别是庄子赋哲理于寓言、文采斐然、构思奇突的文章令我沉醉，但我更喜欢马克思主义。马克思和恩格斯著作中那深刻的真理、警句式的格言、不可抗拒的逻辑力量，令我信服。后来也陆续读过一些西方哲学家们的著作，尽管其中不乏思想的闪光，但我觉得与马克思主义相比，它们只是大大小小的土堆，而马克思和恩格斯的著作是巍峨的大山。

从马克思和恩格斯的著作中，我学到的东西比从其他任何哲学家那里学到的都要多得多，受益最深。它们教会我如何思维、如何写文章。我始终记着马克思批判德国哲学家那段著名的话，他说哲学，尤其是德国哲学，喜欢幽静孤寂，闭关自守并醉心于淡漠的自我直观。它们文风晦涩艰深，难以读懂。它们那种玄妙的自我深化在门外汉看来正像脱离现实的活动一样稀奇古怪；像一个魔术师，若有其事地念着咒语，因为谁也不懂他在念些什么。他的这一批判性思想是我一生从事哲学工作的指导。我一贯反对纯哲学思辨，只在概念上兜圈子。无论是文章，还是专著，总要让人知道你在说什么，为什么这样说。谁也看不懂的哲学文章，除了哲学圈子里的人以外是很难流传的。我们不是活在康德、黑格尔的时代。看不懂的文章就是好文章，这是吓人的话，对于面对群众、面对实践的马克思主义哲学来说是不能成立的。

1956年从研究班毕业以后，我留在哲学系工作。那年哲学系刚建系。1964年，人民大学成立马克思主义发展史研究所，我调到所里工作。从我毕业到粉碎"四人帮"这二十多年的时间里，真正坐下来研究的时间很少，写的东西也不多。真正做点儿学问，还是从粉碎"四人帮"以后开始的。在此以前，我的教学和研究主要侧重于马克思主义哲学原理；从20世纪70年代末开始，我逐步把重心转向马克思主义哲学史，尤其是马克思的早期思想。

这个转轨并不困难。马克思主义哲学原理和马克思主义哲学史本来就是不可分的。马克思主义哲学史，无非是马克思主义哲学原理创立、发展的过程，离开了马克思主义哲学原理，也就没有马克思主义哲学史。反过来说，马克思主义哲学原理，无非是马克思主义发展史的结晶。如果马克思主义哲学原理没有自己的历史，没有经历创立、发展、成熟的过程，也不可能有科学的马克思主义哲学原理的出现。其实，马克思主义哲学史就是马克思主义哲学原理，不过是以历史形态出现的原理，即处于形成过程中的原理；而马克思主义哲学的每一个范畴和原理，都不是一次完成的，都包含着自己的历史。在我自己对马克思主义哲学史的研究中，我深感熟知马克思主义哲学原理的重要性。如果不是在此之前，我对马克思主义哲学原理和经典著作稍微用过一点儿力，连眼前这点儿小小的成绩都很难达到。

我之所以转向哲学史，是我对国际和当时国内的思潮有些看法。我感到在国内有些人竭力鼓吹的把马克思主义人道主义化和片面理解异化理论，明显曲解了马克思的实际思想历程。不从历史着手，很难说清楚这个问题。粉碎"四人帮"以后，我发表的第一篇文章是1981年刊在《哲学研究》上的《评费尔巴哈在马克思早期思想中的地位和作用》，对当时流行的用抽象人道主义曲解马克思主义的观点提出了批评。我感谢《哲学研究》的编辑同志，在我处境困难的情况下敢于发表我的文章。接着我又写了《马克思异化理论的两次转折》，发表在《中国社会科学》上，对抽象人道主义进行了抨击。我说："人性的复归是美好的文学语言，糟糕的哲学语言"，"尽管抽象人道主义的温言暖语能给心灵带来暂时的慰藉，但不见得是增强肌体、愈合创伤的良药"。后一句话，是我对有人以"文化大革命"十年为依据宣扬抽象人道主义而说的。"文化大革命"十年中的不法行为应该批判，社会主义人道主义应该肯定，但抽象人道主义绝不是疗病济世的良方。我们应真正站在马克思主义的立场上，对"文化大革命"十年进行历史的反思。

之后不久，我和靳辉明合著的《马克思早期思想研究》出版了。那是 1983 年 1 月，在纪念马克思逝世 100 周年之前。在这本书中，我们对当时国内外瞩目的重大问题，诸如人道主义、异化等，都表达了我们的看法。我们不同意抽象人道主义的观点。我们认为，学术上的不同见解，应该允许争鸣。一个知道什么叫棍子的人是不会随便打棍子的。但坚持真理并不是打棍子。如果一个马克思主义哲学工作者，对抽象地宣扬"人是出发点和归宿"之类的观点保持沉默，倒是应该打屁股（不是打别人的屁股，而是打自己的屁股）。正是基于这种认识，我又写了《评西方马克思学的"新发现"》《评资产阶级人道主义的出发点》等文章，继续发表自己的看法。

1987 年我出版了《走向历史的深处》。这本书突破了早期范围，对马克思的历史观进行了较系统、完整的探讨。我把这本研究马克思历史观的书取名为"走向历史的深处"，是有感而发的。一些学者把文化心理结构、自我意识或者主体性作为历史的深层结构，实际上是以不同的语言跨向唯心主义历史观。我在这里着重探讨的是，马克思是如何发现历史发展规律的。在我看来，主体性、自我意识、文化心理结构对于理解历史非常重要，但仍然属于历史活动的表层，唯物主义历史观所要解决的，正是表层后面深层的东西——揭示决定文化和人的意识的深层结构，揭示社会历史发展的规律性。社会规律的形成和实现当然离不开主体的活动，它是在人们的活动中形成的关于客观关系的规律。但社会发展的趋向并不取决于人的意志，相反，是在众多的意志相互排斥冲突中形成的一种合力。我们应该把规律的逻辑表述和客观规律区分开来。科学规律是纯粹的，而客观规律则是在一连串偶然性和各种偏差中最终起决定作用的最深层的东西。

1989年，我与我的两位学生合作，出版了《马克思恩格斯哲学思想总览》。1990年8月出版了《被肢解的马克思》。《被肢解的马克思》这本书我酝酿了很长一段时间。这既是一本理论著作，又是一本历史著作，对当代西方各种企图肢解马克思主义的学说进行了批判性的考察。我的几个学生协助我共同完成了这项工作。

在此之前，1982年，我与马列主义发展史研究所的几位同志合作，出版了《马克思恩格斯思想史》，这是国内第一部对马克思恩格斯思想进行综合研究的专著。它力图从马克思主义三个组成部分的相互作用中揭示马克思主义发展的历史。1988年，我主编的《马克思主义基本原理教程》出版了，这本书的特点是把马克思主义作为一个整体来论述。如果说《马克思恩格斯思想史》着重的是历史考察，那么《马克思主义基本原理教程》则着重的是理论的论述。

我历来主张搞哲学的视野不能太狭窄，不能把眼光仅仅局限在哲学范围内。马克思当年如果不从哲学转向经济学研究，不探讨社会主义的问题，仅仅停留在纯哲学的范围，那至多是个黑格尔式的马克思，绝不可能成为马克思主义的创始人。当然，由于精力、才能和经历的局限，我们的研究面不可能很宽，但尽量自觉地意识到这个缺点，有机会翻翻专业以外的书，拓宽自己的知识面，是大有好处的。

我到晚年逐步意识到我离生活太远，离群众太远。我对我所论述的东西并不太了解，我离哲学太远，或者说哲学离我太远。真正的哲学应该是扎根于自己的灵魂深处，是自己最有深切体会和认识的东西。可我写的东西基本上都是书本上的资料，缺少个人的体悟。马克思早期思想的评价问题、马克思的历史观及其形成的实际历史过程，或人道主义、异化问题等，这都是世界性的难题。人们都知道写小说、搞文艺要强调深入生活，要有生活积累，难道哲学家就有权写自己一无所知，仅仅从书本上看到读到的东西吗？哲学能不能有另外一种写法，写自己稍微熟悉的，在实际生活中摸得着的东西，有真情实感的东西？我想可以。于是我尝试写短的、自己有点儿真实感受的、不是大块头的东西，于是出版了《漫步遐思》和《静园夜语》两本书。到晚年，我自己的哲学思路和文风都有所改变。

理论研究当然是重要的，大块文章也有必要，问题是不能空。人的阅历和知识有限，要对自己所写所论的东西都有深切了解，都看过见过或接触过不太可能。但至少哲学不要陷于空谈，要对所论之事、所论之理确有体悟，才能谈得深点儿透点儿，否则只能是隔靴搔痒而已。因此，两眼盯住书本，从文献夹缝中寻找问题，不如面对现实。现实提出了许多新问题，我们应该按照马克思主义的立场、观点、方法，创造性地回答这些问题，这是时代赋予马克思主义理论工作者的使命。这虽然很难，但可以有出息。因为我们就生活在中国当代，是中国特色社会主义建设的参与者。从事这方面的研究和写作，远比没有研究过历史偏要写东方社会的特点，不了解中国文化也从未接触西方文化偏要写中西文化比较之类的文章要实在一些。我对年纪轻轻就要构建一个宏大的新的哲学体系的行为，总想大叫一声：不要走这条路。我年轻时也做过这个梦，这是个不能实现的理论"狂想症"。

二、由上海到北京

我在老家生活只有十九年，在上海上大学三年，从复旦大学毕业分配来北京，至今已六十多年。在人生旅途中，北京的生活占近四分之三。在北京六十多年，从学习到教书基本上都是在中国人民大学校园中度过的。过去读到"十年一觉扬州梦"，觉得十年太长太长，现在一看，十年太短太短，只是弹指一挥间。

如果说我从小县城到上海、考入复旦大学是人生的转折，那么从上海到北京、进入中国人民大学就是更大的转折。因为这是我人生道路的定格、我的学术专业的定格。从此，我与马克思主义结缘，学习马克思主义哲学、教授马克思主义哲学。我不敢说自己是坚定的马克思主义者，但我信仰马克思主义。不管国家遇到多大困难，我个人遭遇如何，虽然也有过困惑，有过苦恼和迷茫，但从根本上说，我没有动摇过对马克思主义科学性的信仰。

在北京的六十多年，是我人生经历中比较有意思的阶段。有过顺利时期，也有过曲折；有过非常努力的日子，也有过看淡人生的低谷期。我的人生说不上跌宕起伏，但平静的湖水中也有过旋涡。我喜欢读书，但生活给我的教育更具价值。我的许多文章尤其是随笔都融入了我的生命体验。我可以毫不夸张地说，北京的六十多年是我人生中比较有光有色的一段。

（一）叩击哲学之门

从复旦大学历史系毕业后，无论是被分配到中国人民大学，还是分配到马克思主义哲学研究班，我事先都一无所知，一切都是服从组织安排。按照当代青年的说法，叫没有自我选择，没有主动性，没有自由。可我当时认为这一切都是理所当然的，从来不问为什么，只知道组织安排就是国家的需要，没有二话。

与上海相比，当时的人民大学可以说是在北京郊区。西直门是一座残破不堪的旧城门，出西直门外就是一片农田，一眼望过去没有任何建筑，更不用说高楼大厦。人民大学对面什么商店也没有，只有一座草窝式的房子，一对夫妻在那里卖馄饨。甚至在

20 世纪 70 年代末，中国人民大学复校的时候，当代商城一带仍然只是种菜养猪的农户。

1953 年，人民大学招的研究生特别多，有过千人。当时我们马克思主义班研究生住宿和上课在现今中央财经大学里。当然，当时还没有中央财经大学，其校址是人民大学的地方。第二年我们搬到西郊本部，住在六处平房里，方位大概是现在的品园一带。

当时不是导师制，而是研究生班，整天课程满满的。学员主要是从全国各地来的大学毕业生，也有一些调干生。我们班是 1953—1956 年马列主义研究班哲学分班，年龄最大的一位老大姐徐鸿来自延安。她原是上海纱厂的女工，参加地下党，后来到延安，是个"三八式"干部。还有路逸，也是大姐，不过比我们大不了多少，也是老革命，人特别好，总是微笑。她是回民，有一次一个女生在她宿舍里炖猪肉，她二话没说，只是到外面避开，半句重话都没有。她知道这批刚毕业的大学生根本不懂什么民族政策，什么是尊重不同民族的风俗习惯，唯一知道的是我们都是同学，都是同志，没有任何界限。这两位大姐是我的入党介绍人，对我很爱护、很关怀。

最小的一位同学是福州大学的应届毕业生李月英，我们管她叫"小麻雀"。她是南方那种娇小秀气的姑娘，学习特别用功，胆子也特小，毕业后分配在北京师范大学哲学系当教员。可能是因为她妈妈不习惯北方的生活，怀念家乡，后来他们举家调到福州一个师范学院工作。20 世纪 80 年代在福州开全国社会科学规划会，我曾到她家去过，老同学见面特别亲热。前些年，听说她因癌症不治逝世。我们同班中年纪最小的一个走了。

从专业学习的角度看，当时我们班的同学中，没有一个原来是学哲学的。著名的红学家李希凡原来是山东大学中文系的。我对他印象最深的是每次上俄语课，他总坐在后排，躲得远远的，最怕老师提问。他当时的全部心思可能都在贾宝玉、林黛玉身上，也专注于《红楼梦》的研究。岂止是俄语课，其他课程对他来说也是一种干扰。卷面上的考试分数可能不如其他同学，但他学有专长，比我们强。他一鸣惊人，发表了关于《红楼梦》的文章，得到毛泽东的支持。

汪永祥是经济系的，和我是复旦大学同学，不过彼此不认识。我们是由同一趟车拉到北京的，都分配到哲学班。在复旦大学我虽然不是经济系的，可与经济系有点儿关系。我曾选修经济系的资本论课程，讲课的是著名的经济学家，一位姓漆的教授，共三个学期。说是资本论课，实际上是讲马克思主义经济学原理，对我以后学哲学很有帮助。永祥是我们哲学研究班的党支部书记，他很能干，善于团结人、帮助人，我们关系很好。毕业后，我们留在哲学系共事，可以说是终生的朋友。

我还有个同学，说同学是就人民大学研究班而言的，实际上他的级别比我们高得多，是调干生，也是地下党，工作能力和学习成绩都是佼佼者。毕业后，曾担任高校领导，是独当一面的人物。可他一个出入有车，有高级住房，有地位，说话有人听，事情有人办，在一些人看来处于求之不得的地位的人，却选择定居国外，多年后埋骨异域，不知为什么。难道真的是古人说的，"英雄到老都归佛，将军解甲不言兵"，突然看破人生，悟透一切，把青年时代的理想化作一缕青烟吗？人有得意、有失意，有自以为失意、实际上在旁人看来处境非常不错，人的内心世界真是一个复杂的黑箱。不过想想也不奇怪，不是也有外国人久居中国，死后埋骨于此吗？为什么中国人就不能这样呢？现在是全球化时代，一个离退休人员，即使是革命者，离休后选择与儿女在一起，在他国养老，死后把骨灰留在儿女所在国，免除儿女每逢清明时的遥奠或回国扫墓，也不失为一种归宿，我们应该能理解。

我们研究班的同学来自不同系科，偏偏没有哲学系的毕业生。新中国成立前哲学系很少，只有北京大学、武汉大学有哲学系。我对哲学一窍不通，中学时都没有听过"哲学"这个词，在复旦大学读的是历史系，对哲学也一无所知。虽然现在上哲学研究班，实际上是一张白纸。研究班是我的哲学启蒙班。当时给我们上课的主要是苏联专家，比较著名的一个叫凯列，来中国时是一个年轻讲师。后来还有几位专家，除了巴尔道林、伊奥尼基外，其他的名字都记不起来了。他们都是教授，但似乎讲课效果都不如凯列。我们的翻译都是高水平的，男男女女都是人民大学俄语速成班自己培养的。当时哲学翻译是钟宇人，温文儒雅，一表人才，俄语特别棒，翻译起来从不磕巴。我们的课程主要是辩证唯物主义和历史唯物主义。此外还学习中共党史、政治经济学、联共

（布）党史。除教党史的何干之、胡华外，其他教员是华北大学
自己培养的教员，都很年轻。我们也学点儿自然科学，如物理
学、心理学、生物学，老师是从中国科学院请来的，都是大专
家。大专家教普通课，现在认为是了不起的创举，但当时极为平
常。一些入门的、普及性的知识，对我们学哲学来说终生有用，
可惜太少。我们这批人一个最大的短板是只懂点儿社会科学，而
对自然科学非常欠缺。一条腿走路，大大妨碍了我们在哲学领域
的发展。

三年研究生班学习，我最大的收获是学到了一些马克思主义
哲学的基本观点，读了几本经典著作。尽管当时理解并不深，但
总算打下了一点儿基础。就我个人的体会来说，这些基本理论和

原著的学习的确是终身受益，特别是马克思和恩格斯的著作。我们当时的理论水平、学习的课程、哲学史的知识面，可能无法和现在的哲学系学生相比，可我们学习的热情、执着的理想和追求，不客气地说，要比现在不少哲学专业的学生强。我们学习马克思主义哲学的热情高，目的明确，因为我们知道我们出去是当教员，是要去传播马克思主义哲学火种的。

与复旦大学时期的三年相比，中国人民大学研究班这三年不同，基本上没有各种运动，任务就是学习、学习、学习。一天课都没有停过，天天就是学习。星期六晚上有交谊舞会，这是教员或少数活跃分子的事，也与我们无关。我从来没有上过舞场。所谓舞场，就是现在最老的图书馆前面一块小小的水泥地。没有乐队，也很少有成对的男女舞伴，大都是男的与男的跳，女的与女的跳。

刚来北京时，我们的宿舍在现在的中央财经大学校园里，只有四座楼，排列成一个口字形，一千多名研究生都住在那里。班主任是聂真，副主任记得是张腾霄，总支书记是陆迅。没有多久，我们搬到现在的校园里，不过那时的校园可没有现在这么气派，都是平房，没有高楼，唯一的高大建筑就是现在面对东校门的一座楼，当时叫灰楼，而且没有现在这样高，最高层是后来加盖的，也没有后面的附属建筑。整个校园就这么一座楼，是人民大学的标志性建筑。学生每人发一个马扎，是开会用的。无论大小会都是坐马扎，一人一个，放在自己的睡铺底下。

　　三年学习的费用完全是国家供给。我们是应届大学毕业生，每人二十五元，调干生二十七元。当时二十五元完全够用，大灶餐费每月八元。八人一桌，坐齐吃饭，吃完走人。冬天的棉衣是灰布的上下装。不用买书，不同课程该看什么参考书，都是学习班长去图书馆按人头领回来发给我们，考试完毕交回去。我曾看到当年研究班时的一张旧照片，年青的面容，青春焕发的笑脸，勾起了昔日的记忆：

　　　　八路棉服赤子心，天南海北分外亲。

　　　　满脸灿烂阳光照，沐浴真理向光明。

　　马克思主义研究班的三年，是从旧时代转向新时代的思想解放的狂飙时期。我们政治热情高涨、学习热情高涨，同学之间团结友爱，无忧无虑，一心就是学习。没有经历过我们那个年代的人，是无法理解的。

（二）他们叫我"傻小"

在我们班，他们都管我叫"傻小"。这是昵称、爱称，绝无贬义。我傻吗？当然不傻，叫我"傻小"的同学也知道我不傻。研究班三年学习，我几乎全部课程都是优，只有一门党史考试得了良。当时学习方式是学苏联的，每讲后都有讨论课，由专门的辅导老师主持。学生踊跃发言，实际上每次讨论都像是一次辩论会，最后主持教员做结论，指出哪些说法对，哪些说法不对。当时考试全部是口试，也是学苏联的。口试比笔试紧张，主要是心理紧张，不仅考题是抽答，而且主考教员可以追问，甚至多次追问，一次口试仿佛过堂。我从来不怕考试。有些同学总想往后排，我则自告奋勇往前挤，考完了就轻松了。每章课后的讨论，对加强理解、巩固成果、纠正错误很有效。听完一门课，教科书用完就卖掉，也从来没有过讨论、答疑，这种课往往收获不大。口试也不能全部否定。笔试仿佛是远距离放枪，而口试是面对面的搏斗，有来有往，水平容易看出来。现在笔试分数高的学生，不一定是水平高的学生，高分低能的不少，口试就很难蒙混过关。这个问题在当前无法解决，一个班的学生太多，每个课堂都有讨论、口试的话，时间成本太高。

　　我的绰号叫"傻小"，有点儿冤。第一个发明这绰号的是谁，不知道，反正没有恶意，叫开了，就成为关系较近的同学对我的通用称呼。凭什么叫我"傻小"？我们班确实出过件傻事，但主犯可不是我。当时，我们住在六处平房，冬天，每间宿舍生个大炉子取暖，烧煤球，特别暖和。有一年过春节，宿舍凑钱买了只鸡，改善改善，也热闹热闹。我们把打水的铁皮桶盛水当锅，把鸡放在炉子上炖，准备美餐一顿，鸡倒是炖烂了，谁知根本不能吃，因为没有开膛，鸡肚子里的脏东西没有掏尽："阒阆入桶水沸腾，香气臭味满室闻。原是肚内藏宝物，笑倒床上互骂声。"鸡没有吃成，留下一个大笑话。这是谁之过？不清楚。六十多年前的这件案子，至今没有破，也用不着破。炉火通红，满室生温，相互笑骂，留下多美好的记忆！

　　凭学习成绩没有人会叫我"傻小"，可是我的生活自理能力确实不如我的那些同学。我也从不计较什么，没有多少心眼儿，与全班同学都相处得很好，是有点儿傻乎乎的。傻小就傻小，我欣然接受，从不以为是一种冒犯，反而很亲切。至今有些已经是爷爷奶奶、太爷爷太奶奶辈的老同学，见面仍然叫我这个昵称。

　　我们班还有几个特别的绰号。有位女同学叫"蛮姑娘"，是南开大学历史系的毕业生，皮肤有点儿黑。在我看来，她一点儿也不蛮，非常善良，也非常开朗，从来没有姑娘家那种扭捏作态的样子。我对她印象很好，因为性格相近，都有点儿马马虎虎，不计较什么。她有什么不明白的地方经常会问我，好像我是她的辅导员，其实，我的水平并不比她高。她是南开大学的应届毕业生，也是历史系的，出身大知识分子家庭，父亲是留美的，是大学教授。她虚心好学，"不耻下问"，我一点儿也不觉得她蛮。可绰号发明出来了，叫开了，想改太难，除非你发脾气，可谁会为绰号发脾气呢，除非是真正的傻瓜！据我的观察，凡是同学中当面称呼绰号的人，都是大家愿意交往、人缘好的人；凡是背后称绰号而不敢当面称呼的人，都是令人讨厌或害怕的人。这一点儿判断力我还是有的。

我对这位"蛮姑娘"同学印象很深，是我同班女同学中印象最深的一个。她的遭遇不算好，从人民大学毕业后好像换过几个单位，工作似乎都与学术无关。她的女儿生下不久，送到人民大学的幼儿园。有天晚上她不知从哪里赶来看女儿，是我陪她去看的。孩子都已入睡，她站在窗外朝里看，然后又匆匆忙忙走了。人民大学复校后，她调入人民大学历史系，算是回到高校从事教学工作。因为长期脱离高校，急需追赶，非常用功，可以说是拼老命。没有几年，正值壮年的她得了乳腺癌。她重病时，我到她家看过她。她看见我嘴角微动，眼中有泪，勉强微笑。我这个人嘴笨，不善于安慰别人，更不会说些明明无用的骗人话，相对无言，坐了一会儿，我就离开了。没有多久，她就去世了。她可能是我的同学中走得最早的一个，也是我仍然会常常记起的一个：

灰飞烟散三十年，花落匆匆实堪怜。

夜半梦回惊起坐，笑容依稀似生前。

"蛮姑娘"不蛮，可"小二黑"真黑。"小二黑"是我们班同学李武林的绰号。他的肤色明显偏黑，绰号名副其实。他是四川南充人，好像是四川大学毕业的，读的也是历史系。他在班上学习成绩很好，也很能干，人很善良，我们关系非常好。毕业后他曾在人民大学哲学系当教员多年，教西方哲学史。20世纪60年代，他调到山东大学，当过山东大学哲学系主任、山东哲学学会会长，在西方哲学史方面的研究很有成就。当时，人民大学哲学系调到山东大学的不止武林一个人，而是"端"走了半个哲学系。当时山东大学校长成仿吾与人民大学的领导胡锡奎都是老革命，更是老相识、老交情。成老提出要人，当然没有二话，一挑就是一大帮。问题是不仅校长要同意，还要教员愿意。按现在一些人的想法怎么可能调得动呢？由北京调到济南，由首都调到省会，谁愿意去？能不讲价钱？当时不会。当时教员非常明确，自己属于国家，国家需要的地方就是我们应该去的地方。不像现在，人才要挖。所谓人才引进，其实是重金礼聘。不过我想不通：你挖走一个，原来的学校少一个，中国的人才，能够因为你挖、我挖而增加吗？这又不是开矿挖煤或者开采稀有元素。除非引进海外人才，在国内挖来挖去，一个也不增加，不过挪了个地方而已。除增强了被挖者的名气、薪金、地位以外，什么才能也没有增加。我对此种挖人才的"挖"法、做法，多年心存腹议。

这种意见，我在有关会上也发表过。有本事培养人才才叫办学，办学不仅培养学生，也包括培养一批教员。如果他们在这所学校由少及壮，由壮及大，没有多少长进，那么这个学校的学术氛围和学术风气就很成问题。彼此挖人才只能是旧戏班的"挖角"。

或许有人会说，你这是旧思想，况且你老了，谁要你。的确，人老珠黄，打蔫的白菜，没人要。可我对我最亲近的人也明确说过，不管别的学校出多少钱，都不能见异思迁。出外讲讲课可以，这属于学术交流，资源共享，但"老九不能走"。中国人民大学培养了我们，我们在此工作多年，应该为办好人民大学出力。此外，既能完成学校任务，同时能为需要的学校出点儿力，这是好事，不能一概反对，但天天跑场子，并不好。一摞讲稿，到处跑场，结果把自己的学术跑空了，名气跑坏了，学风跑糟了，不能提倡。

（三）我的哲学启蒙老师萧前

萧老师是2007年8月逝世的，享年84岁，如果不是身患当代仍无法医治的绝症，84岁并不算太老。萧老师的逝世是中国哲学界的损失，更是人民大学哲学系的重大损失。对我来说，则失去了一位哲学启蒙的恩师，也失去了一位长期的同事。

在当今中国哲学界或各大学哲学系，很多学术骨干都是萧老师的学生，萧老师可称得上是桃李满天下，至于再传、三传乃至四传弟子，更是遍及全中国，甚至海外。萧老师对中国版的辩证

唯物主义和历史唯物主义教科书的建设也是功不可没的。他不仅是艾思奇主编哲学教科书的重要参加者，而且主编了多个版本的教科书。这些教科书是全国同类教材的母本，在中国马克思主义哲学教学中发挥了重要作用。饮水思源，中国哲学界永远不会忘记萧老师的贡献。

萧老师一生并非一帆风顺，坎坎坷坷不少。20世纪60年代家庭的不幸，对萧老师是一个沉重打击，后来个人生活也频遭变故。在"文化大革命"中，又因两派派系斗争，身心备受摧残。一直到改革开放以后，萧老师才真正发挥他的作用，担任辩证唯物主义学会的执行会长、历史唯物主义学会的顾问、国务院学科评议组哲学组的召集人，对全国哲学学科的建设起到重要的推动作用。这时，他的个人生活也幸福美满，过了几年舒心安稳的日子。可好景不长，不久他连续遭受疾病重创，都是致命的，几次从死亡线上抢救回来。

我和萧老师个人关系很好。1956年从研究生班毕业以后，我留在哲学系工作，那年哲学系刚建系。我刚开始留下来，是当学校的哲学研究班的辅导教员。萧前老师讲课，我和李秀林辅导，每人担任两个班的辅导员。萧老师对我非常器重，我得到他的教育和提携。

晚年，我们师生之间可能发生了一点儿嫌隙，其实是因为缺乏沟通产生的误解。萧老师倡导实践唯物主义，但他非常明确，他倡导的实践唯物主义与辩证唯物主义并非对立的。实践性是针对旧唯物主义说的，而唯物主义是针对唯心主义说的，因此实践唯物主义既反对旧唯物主义又反对唯心主义。这我完全同意。但我不主张用实践唯物主义作为马克思主义哲学的唯一合理名称而取代辩证唯物主义和历史唯物主义，把辩证唯物主义和历史唯物主义视为斯大林主义哲学模式。我曾多次就这个问题发表文章，包括哲学论坛上的发言，都是主张马克思主义哲学可以多名并称，重要的不在名称而在实质，即承不承认世界的物质统一性，承不承认自然界在人类以前仍然存在，在人的实践范围之外仍然存在一个无限的物质世界等待人们去实践、去认识。不能说实践范围之外的存在是无。存在问题是本体论问题，它和认识论问题、价值论问题既有关联又有区别。没有进入实践范围内的物质世界，不可能成为认识对象和价值对象，但不能说它不存在。更不可以抽象地说，它的存在没有意义。如果人类产生之前、进入实践范围之前的自在自然没有意义，现存感性世界从何而来？自然界的优先地位、自在自然的意义，正在于它为人化自然、为人类感性世界提供物质前提和条件。我们应该重视人化自然，重视人的实践，但巧妇难为无米之炊这个简单道理不能否认，否则唯物主义的存在就失去事实和理论论据。

其实，我与萧老师的观点并无对立，我很赞赏我们哲学系的专家们在构建实践唯物主义体系中取得的新成果。虽然对其中个别观点持有保留的看法，但在马克思主义哲学应该是实践性、辩证性和唯物主义统一的观点上是完全一致的。这种实践唯物主义的倡导者与摒弃世界的物质性，专注于主体性和实践观点而从根本上背离唯物主义是不同的。实践观点在全部马克思主义哲学中有重要地位，它的本体论功能、认识论功能、价值论功能，尤其是在历史观中的地位应该被充分估计，但实践观点的强调不能以牺牲唯物主义、牺牲客观规律、牺牲自在自然对人化自然的优先地位为代价。

我相信，如果我向萧老师坦陈我的观点，他肯定会同意的。可惜，萧老师声望正隆、如日中天时，我没法向他解释；待我有可能向他解释时，萧老师多次病危，我更不愿意打扰他。在这个学术问题上，我们师生都没有打开心扉交心，最终让他带着对我的误解离开人世。天人远隔，再无解释的可能了，我至今仍感遗憾。我想起当年读研究生时的萧老师：

> 白头学子作古师，犹忆当年受教时。
>
> 玉树临风多仰慕，西装革履显英姿。
>
> 循循善诱讲马哲，境高旨远阐新思。
>
> 黄金百镒未为贵，师恩如山敢忘之。

（四）倒霉的哲学论文指导老师

一位学识丰富、能言善文、家庭幸福美满的大学老师会去偷书，又因为偷书而毁了自己、毁了家庭。我说的这位老师是教我中国哲学史的一位姓杨的老师。听说他在新华书店偷书被店员发现，被拘留，后来到他家搜查还发现学校图书馆的一些书，是偷的还是借的，我不清楚，反正他被劳改多年。

我至今想不通，他为什么要去偷书？没有钱买书？不是，他偷的是不值钱的书，何况他那时是讲师，不会穷到偷书。他还请我们去他家吃过一次饭，很丰盛，似乎并不缺钱。还是像孔乙己那样为自己辩解，偷书不是贼？中国知识分子读书爱书，偷书不为偷，是爱书。好像这个理由也不对。他是个读书教书的人，知道偷字是什么意思。不管偷什么，偷就是偷。我只有一个解释，

058 | 选择与信仰 —— 我的哲学之路

就是癖，有偷书癖，当时没有心理鉴定之类的规定。该他倒霉，运交华盖。正好当时整顿社会秩序，严打各种犯罪行为，他撞到枪口上。中国有个口号叫从重从严，以这个原则量刑，谁撞到枪口上谁倒霉。所以狡猾的人，懂得避风、躲过风头。只要风头一过，就会回归平静。我不是法律专家，只是凭直觉感到这种风头上从重从严、平时则从宽处理，似非最好的执法之道。我想，如果不是刚好碰上中央一家大报天天发表严厉打击犯罪的社论，他这种平时偷书，则最多警告、罚款或交由学校处理，不致判刑，使一个有学术造诣的大学教员毁了自己的前途，家庭也解体。听说他结束多年劳改后分配到一个大的研究单位做资料工作。大约十多年前我还收到他寄给我的一本关于文天祥的专著，没有寄信地址，大概是"无颜见江东父老"的意思，但他寄给我，说明还记得我。

他记得我是有原因的。他教过我们中国哲学史，还是我的论文指导教师。我们毕业时也要交一篇论文，说是作业也可以。没有评审，没有答辩，也没有学位。我们虽然在研究班学习了三年，但当时还没有学位制度。他名义上是我的论文指导教师，实际上题目、文章都是我自己弄的。他最后看过给了一个"优"。毕业后这篇文章发表在1956年的《教学与研究》上，第几期我忘了。这是我的第一篇文章，是我跨入学术之门的第一张入门券。我记起他，就想起这篇文章，记起这篇文章，就记起这位"倒霉"的老师。

这篇文章，不仅让我记起这位老师，而且感谢一个刊物，即我们学校最早的刊物《教学与研究》，感谢编发这篇文章的总编王南同志。他是一位非常健谈、学识渊博的同志。人们说他一张中药方的药名都能滔滔不绝讲半日，的确是上知天文、下知地理，无所不知、无所不晓。文章发表时我很年轻，又刚刚毕业，总编不太放心，在编发文章的过程中多次问我是不是抄的。我说不是，是我自己写的。他是老八路，我是小青年。他这样问，说明他直率，也说明他认真，怕刊物上出现"文抄公"，损害刊物的名声；也是对青年作者的爱护，怕我刚上文路，就摔跟头。第一篇文章的这点儿小趣事，我至今仍然没有忘记。我写文章至今仍坚持说自己的话，写自己的想法，不克隆别人的东西，连自我克隆都会内疚。这应该是我第一篇文章第一位责编的功劳。

王南同志早逝世了。我这位论文指导老师是否健在，不得而知，去世的可能性很大。如果当时三四十岁的话，至今也已百岁。他不是名人，不可能有讣告，也不会有任何公开消息，不知他的生死存亡。但他仍然活在我的记忆中。为了偷书而致身败名裂，不值得，也很可惜、很可怜。

（五）我与秀林

在我研究班的同学中，秀林是最优秀的。他是我们的学习班长，个子高高的，喜欢打篮球，与外班赛球，是主力，人也长得帅。按照现代姑娘找对象的标准，肯定是上等的。可是他的妻子却是一个普通的农村姑娘，文化水平不高，长得也远不如秀林，在外人看来不般配，可是他们夫妻相依相守，不离不弃。我记得在研究班时，有位姑娘相中了秀林，倾心于他。当时他已经结婚，妻子在农村老家，可他没有任何动摇。光凭这一条，就够当代一些青年学习。后来他妻子户口迁入北京，安排在幼儿园工作，是普通工人。她是位贤妻良母，把秀林照顾得无微不至。秀林喜欢饮酒，每餐都得喝几口。偶尔买只烧鸡，好的全给秀林，她吃一些鸡头鸡屁股。秀林去世后，他妻子虽然孤单，但生活还不错，因为秀林的儿女都很有出息。儿子在美国定居，是农学博士，女儿也是博士，长期在日本、加拿大、美国、中国香港多地居住，经常会将妈妈接到自己家里去住。秀林来不及得到的享受和子女之爱，秀林的妻子都得到了，这也是对这位苦了一生的女人最好的回报。他妻子在2013年春节期间因肺癌去世，我去他家设立的灵堂吊唁，看到他的照片，想起许多往事。

当年我与秀林合作写文章，到深夜就在他家喝玉米粥，热气腾腾，香味扑鼻，现在任何美餐都吃不出这种滋味。我刚结婚那年暑假，妻子来北京探亲，我们没有房子，就住在秀林家。他在另一间屋子的地上铺上厚厚的棉垫作为床，热情招待我们。至今，我老伴儿还会说起这件事。我老伴儿与秀林的妻子关系极好，亲亲热热得像姐妹。这两位女人性格差不多，都是心里只有丈夫、儿女，没有自己的人。

秀林和我是同班同学、同事，又是最好的朋友。我们都是

1953年大学毕业后被分配到人民大学马克思主义研究班哲学分班学习的。他来自山西大学，我来自复旦大学，都不是科班出身，他读的是教育，我学的是历史。在研究班学习期间，每当学期考试结束，我们总是要自我犒劳一下，下小馆子撮一顿。他自斟自饮，我吃菜相陪。1955年他提前留在哲学教研室，我于1956年毕业留系。哲学系就是那年建系，我们又成为同事，相知相交三十多年。

秀林是我们哲学系优秀的教员，更是马克思主义哲学原理教研室的学科带头人。他对哲学教研室学科领先地位的确立功劳很大。20世纪60年代，他曾参加艾思奇主编的全国通用的哲学教材的编写。人大复校以后，他又陆续参与主编适用于专业和文科的两种《辩证唯物主义和历史唯物主义》教材。这两种教材不断加印，一版再版，不仅我们系用，全国许多学校都用。印数之多，影响之大，在同类教材中是绝无仅有的，确实是"洛阳纸贵"。

一提到秀林，我们就会想到他参与主编的教材；一提到哲学原理教材，我们就会想到秀林。这种联想是很自然的，不仅是因为秀林对这两部教材的编写贡献最大，还因为教材的影响大。一本好的教材，不仅对学生学习十分重要，而且代表了哲学系的总体水平，表现的是这个教研室全体教员的凝聚力和学术造诣。可以说，一本好的教材就是这个系的标志物。我就亲耳听见过有外校的青年教师对秀林说："您的教材是我的领路人。"这不是客气话，在很大程度上反映了这两本教材的巨大作用。

　　秀林有段时期遭遇并不好。"文化大革命"时期，被当作"修正主义黑苗子"挨斗，有一次我看见他倒在地下被几个学生拖着走。后来在江西"五七"干校，又被作为"五一六"分子审查，吃尽了苦头。我们在路上相遇，只能相对注目，后来情况好转，我曾到锦江他家去看过他，还在他家吃过饭。"文化大革命"结束后，特别是粉碎"四人帮"以后，才华横溢的秀林才有了出头之日。

　　秀林为人厚道，讲交情，对朋友很信任。在我人生最困难的时候，秀林正处在事业辉煌时期。他出席各种重要会议，也是学校的理论红人。而我正在受审查，人人见我都绕着走。我们是两种处境，可秀林没有嫌弃我。审查期没有假，只有洗澡或理发可以暂时请一两个小时的假，我总是借这个机会偷偷到他家坐一坐。虽然相对无言，但从眼神里可以看出感情上并不疏远。天道不公，秀林好日子开始不多久就死于癌症。他生病期间我多次看望他，最后一次住院是在很远的一个地方，试验性的大剂量的化疗很快就摧毁了他残存的一点儿体力，最后病逝于医院。秀林逝世时只有56岁，正是有为之年。同事们无不悲痛，我更是如此。我曾写过一首诗寄托我对他的哀思：

　　　　　　生也艰难死亦难，幽明路隔两茫茫。

　　　　　　上天忌才欺人老，摧尽鬓毛骨肉残。

　　　　　　风雨坎坷识马力，涸鲋濡沫见肝肠。

托体山阿君已去，我与何人论文章。

　　我这一生来往过的人不少，见过的人也不少。中国人说，一死一生，交情乃见。一富一穷，一贵一贱，同样如此。从"文化大革命"中他的不幸到我被审查，我们之间的相互信任、相互同情，没有动摇。我们彼此坚信对方不是坏人。这种信任，就是交情，就是感情。

　　我记起一件往事。当我们集中在北京大学红楼办学习班时，春节前一天，宣布我们除夕晚上可以回家过年。有位北京大学的教师"待遇"比我们"高"点儿，是属隔离性质的，不能回去。他上厕所时在走廊里碰见我，偷偷地说："你告诉我爱人，我过年回不去。"我回家时绕路匆匆忙忙赶到他家，对他爱人说了一句就连忙回家。没有这种经历的人，很难理解此时对想回家的我，一分钟都是宝贵的。就这件事，这位朋友多少年后都没有忘记。人啊，对困难之中微不足道的一点点帮助都会终生铭记的。漂母一饭之恩，韩信终生不忘，非一饭有千金之贵，而是济人之难、救人之急，比平常宴请更使人感恩不已。

三、哲学引导我走出心灵的地狱

现在的情况与我们那个时代不同。我小时候，家里对孩子心理健康问题从来不注意。不是他们不爱孩子，而是他们的文化水平限制了他们的眼界。能吃饱穿暖，有书读，还要什么？这也难怪，在那个年代，在小小县城，能达到我的生活水平已经算可以了，可我从小喜欢读书，喜欢胡思乱想"做白日梦"，属于神经特别敏感的那一类，这是个大祸根。现实中的我与理想中的我反差太大。我从小自卑，在别人看来，我还过得去，可我对自己特别不满，为此失眠和焦虑。我不知道原因所在，在心灵痛苦中自我挣扎。

是哲学挽救了我。接触哲学以后，我逐步理解人确实是座冰山，自我呈现在意识中的只是冰山的一角。弗洛伊德的泛性欲说是片面的，但潜意识说是有道理的。在学习哲学之后，我经常利用哲学知识分析自己，分析自己的童年，分析何以会焦虑、如何解脱、让心情平静。我从哲学中的确尝到了甜头，我的心灵从地狱走向天堂之路，就是我的哲学之路。哲学没有带给我金钱，没有使我像其他某些专业的学者那样风光，但哲学确实给了我思想财富，使我知道要了解自己，也知道人应该了解自己。我至今仍在不断这样做。

（一）地狱与天堂

有人说，天堂在你的心里，地狱也在你的心里。此话有一半真理性。

从社会学的观点看，人间地狱当然与贫困、剥削相关，而生活在天堂的人当然都是富人、阔人。可从心理学的观点看，不见得如此。一个心理不健康甚至被扭曲了的有病的灵魂，其痛苦远甚于物质的贫困。对这些人而言，即使锦衣玉食，也是食不甘味，在痛苦中度日子。

全世界不知道有多少人患神经症，被焦虑、恐惧、抑郁，以及难以说清的各种古怪症状和念头折磨。其实，他们大都是健康人，不少人甚至极有才华，聪敏过人。可是当灵魂一旦陷入自造的魔窟，在生长过程中没有得到及时的阻断，就会越陷越深，最终陷入灭顶之灾。如果能及时得到提醒，就能得到纠正。可惜家长特别是中国的家长，真正懂得关心儿女灵魂的人实在太少。在旧社会，能有饭吃、有书读已经是天大的幸福，无暇顾及儿女的心理；在现今，尽管生活已经改善，但真正懂得子女心理健康重要性，特别是善于引导和教育的家长也并不太多。这个问题现在已经引起有识之士的关心和注意。

西方经济的发展已经把这个问题尖锐地摆在人们面前。随着生活的富裕，各种身体疾病包括心理疾病猛增。而身体疾病往往是身心疾病，与心理疾病相连。有的学者说，美国病床的一半被各种神经症患者所占据。这本来不应该成为病的病，与社会环境的恶化和心理承受力弱化不可分离。照理说，哲学在这方面可以发挥重大作用，可有多少人理解哲学对心灵的调养功能呢？

我们现在也面临同样的问题。对我们来说，伴随着经济的发展，西方资本主义工业化的恶果已经开始显现。这当然不是说，我们不需要提倡竞争，不需要市场经济，不需要紧张的生活节奏，一切回到原处。倒退是没有出路的。关键是我们对这个问题的认识远远落后于现实，尤其是在子女的教育方面存在的问题更多。望子女成龙成凤、重物质轻精神、重知识轻能力、重身体轻心理甚为普遍，使这个问题更为重要。当心理一旦成病再去医治，非妙手难以回春。说句实话，世界上各种心理学说多得是，连弗洛伊德这种大家对很多问题都说不清，更不用说治病。

真正的守护神在少年时是家长，家长应该多多关心自己的子女；青年时期应该是自己，自己应该多多注意自己的心理健康；学校同样应该负起心理教育的责任。除非遗传，真正属于社会与心理原因导致的不适应和疾病是完全能防止和治愈的。关键在于自己，命运掌握在自己手里。任何语言都无法说清自己内心的体验和感受；任何医生都无法深入患者的内心，往往是隔靴搔痒、不得要领。

当局者迷。并不是任何人都有能力了解自己、剖析自己。这需要悟性。所谓悟性，根据我自身的经验就是哲学头脑。我们完全有能力意识到自己的意识，意识到自己的问题所在。解铃还须系铃人。神经症患者都有自知力而且是较强的自知力。这种自知力比用语言陈述然后由医生去判断更为可靠。我就不太信任一些所谓的心理医生，一个没有哲学思维能力的医生除了有处方权能开药以外，对患者内心的苦恼是不会有多少用处的。最好的医生是自己。这种说法对身体疾病来说有一定的道理，对心理疾病更是如此。真正知道自己想什么、如何想的还是自己。问题是要认识到自己的想法错在何处，千万不要执迷不悟。这需要哲学头脑，要有自我意识。

神经症并不可耻，不要羞于启齿。这是一种过于聪敏、过于敏感甚至过于早熟的病。它是由于内在的潜力没有面对客体而被过分引向关注自我，以及由于认知错误而造成的自我恐惧和焦虑。这种恐惧和焦虑长期得不到化解往往容易积累成疾。一旦意识到自己的意识，并在行动中把注意力投向对象，这种人往往能取得更大的成就。近代伟大的心理学家弗洛伊德是神经症者；日本的森田正马自小就是神经症者，后来创立了森田疗法。这种情况在科学和文学领域中比比皆是。

有神经质的人不一定就有成就，但有成就的人可以有神经质。这里一个重要的条件是把引向神经质的能量转向工作。要做到这一点关键是悟，透过症状的表层和象征直入内核。这里既需要心理学，更需要哲学。是哲学把我引出迷宫，我感谢哲学。

一个人的一生就是一本传记——有字的和无字的，基本上是无字的。我已经是鲐背之年，是一本"快画上句号的书"。人是非常矛盾的：有寿命时无经验，有经验时无寿命。我现在正站在生命的尽头，是一本从后往前读的书，对自己的一生得失比较清楚。可惜人生只有一次，但自己的人生经验对别人可能还是有用的。

（二）一定要为孩子释疑，加强安全感

童年与老年是人一生的两头，这两头是紧密相连的。一个健康美好的童年，对人的一生都至关重要，正如苗好总是有利于植物的成长一样。

中国家庭很少注意儿童个性的培养，只管生不管教的家庭更是如此。人在小时候非常好奇，有许多疑问，甚至有许多恐惧。真正关心孩子的家长，一定要及时解除孩子的疑虑，特别是恐惧。尽管孩子的恐惧和忧虑百分之百是可笑的、虚拟的和根本不存在的，可它对孩子尤其是敏感的孩子影响极大。长期处于恐惧中的孩子，很容易诱发焦虑症和其他不健康的心理。神经症是聪敏人的愚蠢病，越是聪敏、越是敏感的人越容易关注自身。可是年幼无知又容易使这种过分的关注变为困惑，变为问题，并由问题变为恐惧。

父母都关心孩子的饮食健康，很少关心孩子的心理素质，可后者比前者更重要。这一点，以前对于中国人来说是很难意识到

的。穷人缺衣少食，无暇他顾；富人衣食无忧，可只知一味骄纵，也不懂如何关心儿女的心灵。鲁迅对如何做父亲、如何教育孩子发过一些议论，甚至高呼"救救孩子"。尽管现在的情况与旧社会大不相同，但鲁迅的批评至今仍有价值。

我父亲自幼贫困，没有读过多少书，完全依靠自己的努力奋斗，从学徒挣扎到老板的地位，成为当地商界有头有脸的人物。他头脑清楚，生活俭朴，不像旧社会的生意人那样花天酒地。他还懂得中医，能开方，我们小时候有点儿小病，总是他自己开个方抓点儿药。新中国成立以后公私合营，他被安排在一个粮站当职员，靠工资为生，很卖力。"文化大革命"时期被下放到农村，落实政策回到粮站时已过退休年龄，由我最小的妹妹顶替。他在北京和我在一起住过几年，活到九十多岁，在老家逝世。他一生从未拖累过子女，一切自理。临死前十多天，他理了发，到八一桥边照了张相，回来后卧病不起。以前有病都上医院，唯有这次，坚决不看病，不住院，没有几天就溘然长逝。他似乎已经有预感，没有麻烦任何人。这样一个普通人的心理，我一直没有弄清楚，他为何能如此平静地面对死亡，使爱谈生死观的哲学家们自愧不如。

我是家里唯一的男孩，很得宠。我从小用钱很随便，用钱是从账房里拿，专门有个户头，年底结算。但我并不奢侈。我的父亲很爱我，可并不关心我的学习。他做生意很忙而且自己文化水平又不高，也无从关心。我的生活环境很宽松，我的性格很随

便、散漫、不注意小节，也不重视金钱。因为家里经济条件比较好，什么都不在乎。同学们经常在我家吃饭，我母亲总是热情招待，所以我自小人际关系就好，与同学相处得来。我从自己的生活经历中悟出一个道理：家庭过分贫困的孩子有两种可能，大多会发奋上进，有在恶劣环境中存活的能力；但也可能心胸狭隘，一旦飞黄腾达，其贪婪之心可谓异乎寻常。报纸上经常见到一些出身贫困之家、大学毕业、年纪轻轻、身居要职、手中有权的干部，其贪心之大、腐化之快、手段之恶劣，很是令人咋舌。当然原因很多，但补偿心理作怪也可能是一种不可忽视的因素。家庭生活优越的孩子，因为生活优渥，从小见识多，这种青少年时代的心理满足，可能使其长大以后对物质"习以为常"。

　　由于家庭环境较好，我从小调皮。按现在好学生的标准，我应该是属于坏学生，我初中一二年级就会赌点儿小钱，会玩牌九，和同学们经常下饭馆。有时因为赌钱父亲动怒了，就罚我在堂前跪下。跪一会儿，认个错，也就过去了。我小学时最严厉的惩罚就是罚跪。小学六年级我就学会吸烟，是我们家乡生产的洋烟，即用土法生产的纸烟。但我也有优点，从小喜欢读书，老师喜欢我，特别是语文老师。除了会玩牌九，会抽烟外，别无其他"劣迹"。我们家乡终究是小城，没有现在那么多引诱青少年变坏的花样。我应该感谢我的老师，他们并不神经过敏，如果他们采取歧视或者在课堂上经常点名敲打的态度，我不知道结果会怎样。我把我小时候的"劣迹"讲给我孙女听，她说："爷爷，您要搁在现在属于不良少年，早被开除了。"

　　家庭的文化背景对人的性格的影响是潜移默化、沁入灵魂深处的。我性格最大的弱点是胆怯，这可能是家庭经济条件比较好，过分受保护的缘故。我怕打雷，怕一个人睡觉，得有人陪着。特别是新中国成立前，宗教迷信很流行，家家信菩萨。我家更迷信，以为发财是菩萨保佑的结果，家里供着一个木雕菩萨，一人多高，长明灯不断，有专人照管。家里有人生病稍重点儿就会请神汉来下神，我们那地方称之为"下马"。这对我小时候的影响很大。每到庙中，看到各种巨大的泥像特别是那些凶神恶煞的像，就有一种恐惧感。

　　我从小胆怯，听说有缩阳症，老提心吊胆自己的小鸡鸡会缩进去。有一次，我发现小鸡鸡变小了，就慌慌张张告诉我父亲，他笑笑不给解释，骂了几句就算完事，可我的担心并没有解决。要是我现在碰到小孩提出的问题，一定会详加解释。我从亲身经历中体会到，对于小孩感到恐惧的事一定要正确地认知，要耐心地解释，使他安心。尽管孩子的忧虑和恐惧不一定是真实的，可只要得到及时的解答，使他安心，对他心理健康是有好处的。

我从小性格上就充满矛盾，既聪敏又胆小，既喜欢读书又赌钱抽烟。散漫、邋遢，不讲究穿着，不重视金钱。从内心深处说，我自小受文学影响较大，是一个家庭比较富有但又不羡慕财富，喜欢无拘无束追求所谓名士风格的人。

我胆小，与此相连我心软。有一次，我坐了一部当时叫东洋车的人力车到一个地方，拉车的是一位年纪不小的老人，当时我读初中，十几岁。我看他很吃力，不忍心坐，半路下来给了车钱，自己走路回家。那个车夫不断道谢。我见不得人流泪，甚至戏剧电影的悲剧情节也会使我眼含泪水。人们常说人老无情，因为久经风霜，心易变硬，可我至今仍然易受感动。这可能是我的优点，也是我的弱点。我属于那种成不了大事的人。

我个性中最具负面性的就是怕。心里的一些与怕相关的疑问，得不到家长的解释，从而不能及时消除，这些怕的积累一旦到一定时机很容易致病。

（三）人一定要懂得接纳自己

如何认识自我，正确评价自我，这对孩子一生的发展是至关重要的。可以说，很少有孩子能一开始就正确评价自己，不是过高就是过低。这是容易理解的，一个孩子的知识和生活经验是不可能对自己作出确当评价的。他对于自己的看法，主要是来自周围的人，特别是最亲近的人对自己的看法和态度。孩子的自我认识最初是别人对自己看法的回声，因此成年人的态度对孩子性格的培养是至关重要的。

一味骄纵孩子，使他养成骄傲的性格是不好的。我以为过分的自信和骄傲会在日后实际生活的不断磨炼中得到改造。对孩子来说，最有害的是自卑，是不能愉悦自己、接纳自己。自卑可能会激发上进力，但更多的是带来心灵的创伤，从而为心理疾病埋下祸根。马克思说，妄自菲薄是毒蛇，它永远啮噬着我们的心灵，吮吸着其中滋润生命的血，注入厌世和绝望的毒液。这句话出自马克思的中学毕业论文，当时他才17岁，足见其思想的早熟。

自卑的原因可以是多种多样的。对于一个把外表视为重于一切的青少年来说，对美的渴望和要求特别强烈，最大的自卑往往来自对自己形象的不满意。对正在生长中的青少年来说，这种自卑感可以说是刻骨铭心的。它比起家庭的贫困、学习成绩不如人都更使人难以承受。这是青春期心理的必然反应。从这一点说，弗洛伊德的学说有一定的合理性。尽管随着青春期过去和以后婚姻的美满，这个缺憾可以淡化和消失，但它造成的阴影可能延续很长一段时间。

不接纳自己的人，必然是想成为另一个自己梦想中的"理想的我"。可"我"是现实的、无可替代的。理想中的我和现实的我之间的对立，一定会陷入白日梦，在梦想中构造另一个"自我"。在梦想中是愉快的，可回到现实带来的是更大的痛苦。

其实，在青少年时期，人并不了解自己、认识自己。"我"在我的心中是模糊的、扭曲的。人看到的只是自己的不足，从而羡慕别人，所谓追星族就是失掉自我的人。人如果从小就认识不到自己的优势，只看到自己的缺憾，自己的才能和灵气就会被追星的扭曲心理窒息。长期陷入对自己不满意和苦恼之中的人，他的全部潜能会被压缩在一个自造的洞穴中，无法施展。

青少年正是人格塑造的定型期，这个时候正确地认识自我是非常重要的。一个正在成长中的青少年，由于年轻，由于没有生活经验，很难对自己正确评估，往往是理想超越和压倒现实。如果这种差距是学习方面的，可能会成为一种强大的动力，促使人奋起拼搏。如果是外在的形象的，只能导致自惭形秽，导致自卑。因为外在的东西是无法弥补的，除了在幻想和白日梦中寻求满足外是别无良策的。

理想的我和现实的我的差距带来的负面情绪危害是很大的，它使人烦恼、苦闷甚至焦虑。丧失自我，这是人在事业和心理中失败的主要根源。许多人一辈子都没有找到自我。对这种人来说，最重要的是找回自我，不是纯理论上的寻找，而是通过在实际工作的成就中重新找回自己，树立信心。我并不比别人差，你能做到的，只要努力，我也可能做到。如果没有做到，也不懊恼，因为我尽了我的力量。这是胜利者的失败，而不是失败者的所谓"胜利"。

一个人最大的不幸是不想成为自己，想成为一个理想的人。青春期，最羡慕的是别人长得帅。小说读多了，男主角个个风流倜傥、帅气十足，因而总不满意自己。

其实我的学习、我的为人是很受同学欢迎的，人际关系也很好。中学办壁报，我的文章出过一点儿小风头。可我认识不到自己的优势，而只看到自己的缺憾。如果我更着重自己的长处，发挥自己的长处，在文史方面或许会有点儿小小成就也说不定。可惜年轻时我的才能被对自己外在东西的不满窒息了，陷入不能接纳自己的苦恼之中。

（四）魔鬼的降临——内在情绪的外在化

内在的负面情绪没有得到积极有效的疏导，积累到一定程度，必然要出现症状。

我开始尝到苦头时是18岁，高中二年级。我家在小县城，中学时我住校。一天晚上，半夜突然惊醒，感到无比恐惧，仿佛灾难临头，难以自制，穿好衣服往家里跑。一到家，见到父母一切都平静下来了，好像什么事都没有发生似的。当时无知，缺少心理学知识，不知道这是急性焦虑发作，还以为自己是在做噩梦，不以为意。以后，这种大发作没有过，但偶尔小的惊恐也有过，虽然不严重。如果当时能及时疏导，问题是很容易解决的。

进入大学以后，开始失眠，难以入睡。只好到医务所开点儿安定、利眠灵之类的东西抵挡一阵。当时中国的医学是很落后的，我急于求治，但医生也说不清什么病，给点儿药就把我打发了。我从医生口里没有得到过一两句中肯的劝导。后来我也偷偷找过心理医生咨询，诉说失眠的苦恼，同样使我失望。仍然是开点儿安定镇静的药，说几句不痛不痒的安慰话就打发走了。这些所谓的医生，他们脑子里只有病没有人，或者说只有病了的人而不是人生了病。他们对于病人的诉说不分析、不研究，就事论事。我至今深感纯生物学医疗模式的无力和局限，也深感医生尤其是心理医生一定要学点儿哲学。这也难怪，心灵的确是，除了开药以外也别无他法。

在大学期间，我的学习成绩一直很好，得到同班同学的好评。行为正常，没有任何人知道我灵魂深处的苦恼，连我自己都弄不清究竟为什么会失眠。中学时那种对外表的羡慕随着年龄和学识的增加而减弱，但它种下的祸根并没有立即拔除，作为一种惯性力量有时仍然在发挥作用。现在大学普遍设立心理咨询室实在太好了，如果我们那个时代也有这种配置，我不至于长期处于痛苦之中。时代终究是进步了，我这一辈子最大的工作是不断分析自我，寻找自己淹没在海水深处的冰山的下半部。最后，哲学帮助了我。我可以自豪地说，虽然我读的书太杂，但没有白读。因为我了解了自己，或者说尽力了解自己，身心日趋健康，在专业学习和研究上也为一些同行和学生所错爱。我总是劝我的学生学点儿哲学。当然不是教条主义，不是背几句语录，记一些引文，用来装饰和卖弄，而是真正让哲学走进自己的心灵，从哲理中得到一点儿人生体会。哲学不能让人发财，但能使人眼明心亮，健身健心。我完全是依靠自己对哲学的体悟走出心理困境，从心灵地狱进入生命愉悦的天堂。我经历了中学时的自卑期，大学时的心理困惑期，最终从哲学中找到了出路，生活在心灵平静、满足、高兴，不断学习和写作的生活中。解铃还须系铃人，心理问题最好的解决人是自己，但这个自我必须是用哲学思维清洗过的"自我"。

（五）人生困境还是要靠哲学

我可以依靠哲学走出心理困境，但不能保证自己一生风平浪静。人生有许多自己难以预料、难以把握的事。我一生虽然平平安安，没有经历过大风大浪，但我在北京大学的遭遇和教训，却是此生最大的财富。它告诉我，人应该如何对待自己的人生困境。

人民大学解散停办，我曾在江西余江干校待了三年，在五连菜班。的确，种菜对我来说是困难的，不说别的，光是挑粪肥就够呛。江西农村的木桶又大又沉，两个桶就够重了，别说加上满桶的粪。我只挑半桶，走路还像醉打山门，跌跌撞撞。累是累点儿，但我没有干校仿佛是地狱、劳改所的感受。也许人民大学的干校宽容些，也许因为我是普通教员，不是走资派或什么分子，比较自由。每到休假，到离干校二十里的鹰潭去改善改善。去鹰潭全靠两条腿，早去晚归，一个来回也有几十里路。在我们眼中当时的鹰潭就是大城市，有的还远走南昌、庐山。这三年的生活，现在回想起来还是蛮有意思的。一个一生在大城市待着的读书人，尤其是文科学者有机会到农村体会体会没有什么不好。当然，也许各个干校不同，各个人的情况也不同，很难以一概全。我们中的一些人，有机会仍会回刘家站当年的干校旧址看看，这也算是一种特殊的怀旧感情。

我的厄运是回北京以后的事。回校等了一年多，我们成批成建制分到别的高校。我随同我们研究所分到一所著名高校，教了一年书。不知为何，一天党总支通知我到一个什么写作组去工作。我没有觉悟，从来没有想过一个共产党的基层组织会派自己的党员去为"反党篡权"效劳。城门失火，殃及池鱼。我们这批人，当然应该受审挨批。谁叫我们炮制那么多文章，头版头条，推波助澜，罪有应得。我确没有搞什么阴谋，也没有什么私下的指示之类，就是写文章。可我没想想我们写的是什么文章，批林批孔评水浒，什么反修防修，听起来非常马列，冠冕堂皇，似乎都符合"毛泽东思想"，但这个葫芦里究竟卖的什么药，连文章炮制者自己也不清楚。周一良先生生前写了一本书《毕竟是书生》，讲了点儿实情。处在难辩和不应辩的地位偏要辩几句，我自愧不如。周先生是大学者，值得佩服。

"文化大革命"结束后在学习班时，我曾有一股消极情绪。我有时以洗澡为由偷偷溜回家看看。途中看到摆摊子的小贩，炸油条的、修鞋的，非常羡慕。心想要是不读书，不会写几句破文章，何至如此，自由自在多好。可是我学过的哲学这时跑出来开导我：风物长宜放眼量。我心中有愧但没有鬼。有愧，是的确写了有错误观点的文章，为"左"的路线摇旗呐喊；没有鬼，是我心中坦然，我没有反这反那的念头，也从没有得过任何指示之类。我相信唯物主义和辩证法，事情会弄清楚。我很感谢胡耀邦等一些复出的老同志，他们的确是实事求是的。他们在"文化大革命"中遭受那么大的冤屈，但没有把怨气发在这一批小人物身上。不久学习班结束，我们各自回原单位工作。

在学习班时，偶尔走在路上，熟人都避开目光，陌若路人。这也难怪，谁知道你问题多大？你究竟干了些什么？当时各种传言都有，谁也不愿惹一身臊。我最难忘的是一位"三八式"老干部，当过我们哲学教研室主任的舒天巩。1977年春节，他趁夜深人静，偷偷到我家坐了一会儿，没有说话，只坐了一会儿，老人默默地走了。就这件事，我此生难忘。天巩死后，他的夫人仍在，是家庭妇女，每年春节，我第一个上门拜年的就是他家。再一个是李秀林。我在《此情可待成追忆》中表达了对秀林在我危难时情感上的支持的感激之情。"药有真假多病识，人情冷暖劫后知。"受难时方知人情冷暖，历来如此。我不能怨别人，换个位置，也许我也是如此。当然，最了解自己的还是自己，自己干了什么自己最清楚。凭良心说，学习班虽然不好受，但结局是好的。这种结局不仅是我们个人受益，对党的事业也有利。我们那些人中，不少人后来在各自的专业领域中做出了成绩。何芳川是其中一个。学习班结束后，他时来运转，担任过北京大学历史系主任、副校长、海外教育学院院长，以及各种社会职务，在专业上也有突出成就。2006年6月28日因急性白血病去世。我写过一首诗悼念他：

犹记北招识君时，文采风流李杜诗。

落水幸喜未灭顶，翻身弹指痛仙逝。

祸福无常天难料，赤心不改世人知。

大才速折应一哭，毁誉死后两由之。

我想，当时如果对这些人扫帚一扫了事，何芳川这类人也在被扫之列，国家总是少了一些有用之人、能用之人。当然这无碍大局，中国人很多，但会令以后受党组织派遣受命写文章的人为之寒心，引以为戒。这对党的宣传和理论事业未必有好处。

回人民大学后，我更没有消极。虽然开始两年仍然是靠边站，坐冷板凳，但我以"十年贻误日兼程"的决心，埋头读书。两年后第一本两人合著的《马克思早期思想研究》出版了，不久集体编著、由我统稿的《马克思恩格斯思想史》也得以问世，这是我国第一部从整体上研究马克思主义思想的著作。不久《走向历史的深处》也得以问世。我没有年节，终年奋笔。65 岁开始学电脑，这以后所有文章都是自己敲出来的。现在的确与"文化大革命"时不同，一个人只要真没干坏事，就不会遭冤枉的。

我能走出这段人生困境，没有绝望，也没有消极悲观，一靠党的实事求是政策，二靠我自己的哲学修养。我这一经历，使我深感哲学确实管用。它能使我们在困顿时看到希望，在暗处看到光明，不会一蹶不振、自甘沉沦。

（六）走出老与死的心理阴影

人老了，有年老的问题。虽然青少年时代的那种恐惧、那种对自我的不满已经没有了，可怕老、怕死的问题又逐渐浮上心头。老与死，是老年人面对的两大问题。

生老病死，人人难免，可谓一律平等。死，是人最忌讳的，也最害怕的。但死的痛苦只是一瞬间，而老所带来的心理悲哀会在老年期经常萦绕心头。人能活到老年，这本是值得庆贺的，因为这表明生命生长的规律正常。不少人英年早逝，甚至未能成人而夭折，有幸能活到老年又对老抱有不满，这是对自然的不公，是对自己的不公。西塞罗说过，人是十分愚蠢的，人人都盼长寿，可真正活到老年，又都埋怨。确实，我们应该为我们至老仍活着而高兴才是。

话又说回来，人老了，容易伤感。因为老与病相连，而且江郎才尽，往昔那种才情活力会暗淡下去。况且老已是处在死的边界线上，即接近生命的终结。"无边落木萧萧下，不尽长江滚滚来。"宇宙空间，如无边落木，空旷无垠，个人的生命如滚滚长江中的一朵浪花，英雄豪杰也难免有生的留恋和死的感伤。大英雄如曹操都还免不了有"对酒当歌，人生几何"的感叹，何况我们这种常人。

如何对待老比如何对待死更为重要和现实。因为随着医学进步和生活改善，人活的年龄越来越长。过去说，人生七十古来稀，现在是七十小弟弟，八十不稀奇。《道德经》上说，"寿则辱"。寿命太长会带来一系列老年特有的问题。现在社会已经进入老龄化社会，建设一个有尊严的长寿社会，当然要依靠全社会和政府的努力；但过一个自尊和充实的老年生活，不仅要依靠社会，还要依靠自身的努力和正确的人生态度。

我今年九十多岁，已过鲐背之年，的确感到时间如电如光，去日苦多，一种畏老怕死的念头，也不时会浮现心中。可我经常对自己说，一个哲学家怕老怕死，哲学不是白学了吗？物壮则老，人老必死。岂止是人，这是万物运行的规律。即使没有多少文化的人都明白这个道理，为什么整天整年讲辩证法的人，到辩证法在自身起作用时，就希望它不灵呢？这不就说明，你是个叶公好龙式的哲学家吗？我一出现畏老怕死这种不良情绪，就反复用辩证法来说服自己。这还是很有效的。

病是老与死之间的通道。老年人生病，往往容易想到死。这是很自然的。对于老年人来说，病与死只是一步之隔。进入21世纪第一个夏初，我因病住院月余。在病榻之上，我又反复思考这个问题。特别是药物注射过敏，差点儿命断黄泉，更悟出生死一张纸。稍好点儿后我写过两首诗：

落花尚可香泥尘

智者何劳忧死生，世间无物可永存。

寿数岂独长为贵，体用不二最上乘。

王勃早逝名千古，庾信文章老更成。

休嗟枝头春色香，落花尚可香泥尘。

闻道犹应以身求

少壮青丝暮白头，倚马才情空自踌。

晚年多病平常事，休寻旧梦莫回眸。

为文喜读风雷笔，处世最敬雨同舟。

书生老矣难荷戟，闻道犹应以身求。

马克思对老与死的态度的确是革命者的态度，也是一个智者的态度。他晚年多病，但最为担心的不是自己的生命而是自己的著作。他在1867年4月30日给齐·迈耶尔的信中解释为什么没有及时复信说："我一直在坟墓的边缘徘徊。因此，我不得不利用我还能工作的每时每刻来完成我的著作，为了它，我已经牺牲了我的健康、幸福和家庭。我希望这种解释用不着再做进一步补充了。我嘲笑那些所谓'实际'的人和他们的聪明。如果一个人愿意变为一头牛，那当然可以不管人类的痛苦，而只顾自己身上的皮。"个人生死置之度外，重要的是关注人类的痛苦。这就是马克思。

1883年3月15日晚，马克思逝世的第二天，恩格斯在给左尔格的信中，对马克思的死表达了一个革命者对生命的态度。他说："医术或许还能保证他苟延残喘地多活几年，让他无可奈何地活下去，让他为了证明医生们的医术上的胜利，不是突然地死去，而是慢慢地死去。但是，这是我们的马克思绝不能忍受的。不能为了给医学增光和让庸人们嘲笑，就眼看着这个伟大的天才像庸人一样地消磨残生，不，死要比那样好一千倍，的确好一千倍。"马克思和恩格斯生是革命者，对待死也是革命者。一个以马克思主义哲学为终生信仰的人，在生与死、老与病的问题上，同样要以他们为榜样。

（七）为所当为，顺其自然

这八个字，可以作为我一生学习哲学、用以治心、脱离各种困境、追求心态平和的总结。

年轻的时候不注意健康，因为拥有健康；到老年才注意健康，因为逐步失去健康。时间是人生的教师。虽说意识到这一点有些晚，但亡羊补牢还是不无裨益的。有人问我，你现在还精神十足，能敲敲打打有什么秘诀。我说："无他，为所当为，顺其自然而已。"我年轻时有许多美梦，许多脱离现实的幻想，把理想中的我升到云端，把现实的我踏在脚下，吃尽了苦头。

为所当为，每个人都要这样。处于不同岗位的人对待自己的职业和任务都应该如此，当干部的应该为老百姓办事，全心全意为人民服务，这是干部的当为之事。不是有这么一句话吗："当官不为民做主，不如回家种红薯。"当医生的是为患者服务，当为之事是治病救命，实行革命人道主义。手术刀变为宰人刀，听诊器变为探囊器，当然不是一个正直医生的愿为之事、当为之事。人，应该守本分。守本分就是各安其位、各尽其责。这就是为所当为，不为其所不应为。

我此生是个教员，既然在高校当教员，我当为之事就是当好教员，力求能胜任本职工作，并尽可能在学术上有小小的成绩。教员是清苦的职业。韩愈在《师说》中曾记载学生不服教导而反唇相讥的事，说他，"冬暖而儿号寒，年丰而妻号饥。头童齿豁，竟死何裨？不知虑此，反教人为？"很是讥讽了一番。现在的教员当然不同，我们生活无虑。个别高校的岗位津贴已经达到令人羡慕的地步，尽管大多数学校并非如此，可冬天来了，春天不会太远。但对已经和即将离退的教员这还是"吃不到的酸葡萄"。

教员与当干部不同，两鬓斑白至死仍然是教员，没有什么处级教员、局级教员，但不能因此就不安心于教学。我一生就是教员，也只能当教员。我别无他能，升官、发财超出了我的能力范围，也不是我当为之事。

为所当为，对老年人同样重要。人老了似应颐寿养福，含饴弄孙，但我不主张这样。老有所乐、老有所养是对的，但人老了绝不能仅仅是"享清福"。清福非福，人老了还要有所为。老有所为就是为所当为原则对老年人的要求。人到老年很容易颓唐、消极，因为离大去之期不远，有的人甚至会想到死，有死的恐惧。这很自然。尽管是"仁者无忧"，但年龄在这摆着。最有效的办法是为所当为，做自己当做和能力所及的事。我这个人很平凡，我的一生是极为平凡的一生，没有任何足以夸口的业绩，也没有什么成就，但即使老了仍还算刻苦。长期在高校工作，养成了读书的癖好，连上厕所都喜欢手上抓本书。不只是专业书，只要是人文方面的书都愿翻翻，连小学生字典我也读，得益良多。除了散步花点儿时间外，节假日对我都一样。我常说，我这个人很简单，就四个字：走（站起来就走），读（坐下来就读读写写），吃（一天三餐、普通饭食），睡（进入老年不熬夜）。我的一些著作和文章基本上是50岁以后写的。人家问我高寿，我说40岁。的确，我的学术生命从1980年算起至今才四十多年。我65岁开始学电脑，学会了打字，虽然吃了些苦头但也尝到了甜头。我最得意的并不是我的文章和书，而是它们的"生产方式"，它们都是我这个老年人敲出来的。正因为为所当为，我感到充实。2000 年春节，我写了一首自寿诗：

平生痴情唯嗜读，书生至死耻言穷。

世人都道乌纱好，满城争说老总红。

素衣莫叹襟袖冷，桃李无言香自浓。

再乞十年四千日，不废白头磨剑功。

为所当为意味着人活着有目标、有理想，即有追求。追求对

人生是非常重要的。一切都已满足、用不着追求的人生是平淡的，浑浑噩噩、不懂得追求的人生是可怜的，而以追求个人名利为目的、最终走向堕落的人生则是可悲的。

对崇高目标的追求，是理想、信念和顽强拼搏精神的统一。追求是生命的火焰，它使追求者充满活力和创造力，使生命绚丽多彩。革命者为追求人类解放而献身，科学家为追求人类幸福而忘我工作，他们的事业造福人类，他们的事迹光彩照人。人们从这种追求中，体会到生命的价值和意义。即使人到老年仍应该有追求，继续完成青年时代的愿望和志愿。这样的老年是青年时代生命的继续，而不是生命的断裂。

我们主张为所当为，也就是主张人生应该有追求。当然，追求必须立足现实。儒家追求的最高境界是成为圣人、贤人，道家追求的最高境界是成为真人、至人。这种人生追求是不可能实现的。两千多年来，没有人实现过这种人生追求。这种追求具有某种伦理的或修养的价值，但不应该成为我们的理想。我们并不反对青年人追求个人致富，但我们反对拜金主义，反对以追求金钱为人生的最高目的；我们也不反对追求个人事业的成功，但反对以自我为中心的利己主义。

在为人处世上我主张顺其自然。顺其自然，绝不是随波逐流，不要任何追求。人，特别是年轻人，一定要有追求。对理想的追求是成功的动力，是一个人的成就所能达到的最高标度。在追求中，我们不应鄙视平凡，但要赞美崇高，拒绝堕落。我们一定要把追求建立在与人民的利益、与国家的利益相符合的基础上。应该记住马克思年轻时的一句话，"我们的追求，应该遵循的主要指针是人类的幸福和我们自身的完美"。

可是人的追求不可能都达到目的。各人的自身条件、各种不同的境遇甚至不可预计的偶然性，都会影响人的一生。人心是秤，但人生并不是秤，不能单纯以得失进行评价。人与人在得失方面无法攀比，因此对自己的名誉、地位、级别，总之一切与自己个人利益有关的东西，应该采取顺其自然的态度。我总是提醒自己珍惜手中的东西，不嫉妒别人拥有的东西。古人说过："人莫知其子之恶，莫知其苗之硕。"人总看不到自己孩子的坏，人总不满足自己庄稼的好。人应该种好自家的三分地，不要老望着别人的菜园子。其实我们每个人都会有自己的长处，有自己的优势。我们应该发现自己，发挥自己的长处。说不定你羡慕别人，别人还羡慕你嘞。

心态平和，这是我追求的一种境界。但只有顺其自然才可能心态平和。如果老是心理不平衡，总是愤愤不平、恨恨而死的样子，这既不利于养生，也不利于养心，是自己跟自己过不去。当然，不合理的事可能会有的，个人多少受点儿委屈的事也可能发生。世上的事绝对公平、完全合理很难，何况自己所谓公平合理是从自己的角度看的，已经打了折扣。我的原则是，给我的奖励和荣誉我不推，不给我的我不争，凡事退一步想。在关乎个人名利的事情上，知足常乐的古训不失为人生的一种智慧。为没有漂亮靴子而苦恼的人，应该同没有脚的人聊聊。人老了更应该力求心理平衡，再没有比人到老年仍然汲汲于名利更不明智的了。老年应该有老年的情趣和活法。"知止而后有定，定而后能静，静而后能安，安而后能虑，虑而后能得。"我们老祖宗的话是对的。这种通过道德修养而达到的安定，比药片"安定"更有效、更持久、更有益健康。年老而不知止，贪财好货，私欲无尽，确实如西塞罗嘲笑的那样，像旅行快到终点还不断积累旅费一样的愚蠢。

我很喜欢辛弃疾作于江西铅山的《贺新郎·邑中园亭》：

> 甚矣吾衰矣。怅平生，交游零落，只今余几？白发空垂三千丈，一笑人间万事。问何物、能令公喜？我见青山多妩媚，料青山见我应如是。情与貌，略相似。
>
> 一尊搔首东窗里，想渊明，《停云》诗就，此时风味。江左沉酣求名者，岂识浊醪妙理！回首叫、云飞风起。不恨古人吾不见，恨古人不见吾狂耳。知我者，二三子。

起句"甚矣吾衰矣"很容易引起老年人的共鸣。尽管作者心有不平而透出某种老的无奈，但全词老而不悲，狂气犹存。这种藐视沉酣求名而以诗酒自娱的生活方式，以及人与自然合一的审美意境，使人感到即使人老仍可以活得潇洒。当然，我们是俗人，没有那种生活化的诗情画意，但仍可以按照自己的方式生活，摆脱名缰利锁，活得充实，活得有味道。

人，总是要死的，"上帝"不会忘记任何一个人。可是死之前是活的，是未死的。我们不能因为人终有一死，在死之前无所作为，等死。这样，人等于死了两次：死的时候是死的，活着的时候还是死的。这可不值得。

活，要尽人事，为所当为；死，要知"天意"，顺其自然。这样，活得充实，走得安详。

四、哲学与哲学家

哲学在当今，与20世纪五六十年代相比，日渐"掉价"。考生第一志愿报哲学系，已是非常罕见。在市场经济的大潮下，最有经济效益的学科往往是考生最拥挤的学科。这很正常，谁愿意受穷？可哲学系还是要办，要办就得有学生。或是对哲学有偏爱——自投罗网，或是被迫无奈——调剂来的。总之是来了。

中国有句古话，"既来之，则安之"。要安之，必须正确认识哲学。为此在中国人民大学哲学院的一次大会上，我作为老教师的代表致辞，就哲学系学生如何对待哲学问题发表了一通"高论"。我说，你们来哲学系可能是幸运的，也可能是不幸的。幸与不幸，关键在你们自己。

我说，你们是幸运的，因为进入哲学系意味着走上探求智慧之路，找到一把打开智慧之门的钥匙。无论是在中国还是在西方文化史上，究天人之际、通古今之变都是一门大学问、大智慧。全世界七十多亿人，全中国十四亿多人，能有条件有机会在这个领域中进行探求的人并不多。当然这是个"穷人"的学问，历史上哲学皇帝倒是有一两个，但腰缠万贯的哲学家不多见。可真正在人类历史上留下足迹的、对人类社会产生重大影响的是哲学家，如西方的柏拉图、亚里士多德、黑格尔；中国的孔子、老子、庄子，等等。至于那些有钱有势的人虽然显赫一时，但终归无声无息，没有给历史留下值得回味的东西。从有可能对人类的思想做出某种贡献的角度看，从立德、立言的角度看，你们是幸运的。因为从长远的角度、从历史的角度考虑，它比股票投资对个人、对人类带来的利益会更大。

我还说，你们也可能是不幸的。因为你们中不少人对哲学并无认识、并无爱好，是"拉郎配"。哲学人人可学（作为一种普及的人文教育），但并不是人人能学（作为一门培养哲学家和哲学理论工作者的专业）。如果你们一直站在哲学的门槛外边，三心二意、无心无意，甚至怀有"抗拒"，四年时间转眼就完了，一无所得，仍然和刚进校时一样没有入门。录取到哲学系可以是分配的，但对哲学的兴趣是不能分配的。智慧不是硬塞给学生的卖货的搭头，它是一种追求，怀着激情的热烈的追求。不过随着对哲学了解的增多，对哲学的兴趣可以逐步培养起来。我们哲学系很多教师包括一些学有所成的教师，从别的系转来的为数不少，这说明哲学家不是天生的。如果既不了解也不想了解，既无兴趣也不培养兴趣，这才是不幸。

还有一种不幸是来自相反的方面。它不是对哲学不感兴趣而是太感兴趣以致对人世间其他一切不感兴趣，痴迷于纯抽象性和思辨性而难以拔足。哲学与其他学科相比具有抽象性和思辨性的特点，但马克思主义哲学不能变为抽象的思辨哲学。我曾经在一篇文章中说过，学哲学要防止走火入魔，即面壁虚构，从概念到概念，动不动就要创造一个体系，像恩格斯曾经批评过的当年德国的一些大学生一样。我就收到过这种信，各种各样的大圈圈、小圈圈，相互交织的箭头，各种各样的名词、术语，像是天书。在德国哲学气氛中成长的马克思对这一点有深刻的认识。他说过那些主要不是干预生活本身，而是从事抽象真理研究的职业，对于还没有坚定的原则和牢固不可动摇的信念的青年是最危险的。马克思所说的危险就是痴迷于抽象和思辨，脱离现实，无法与人正常交流似疯似癫的"思想怪物"。当代西方哲学也反对自柏拉图到黑格尔以理念和绝对观念为对象的思辨哲学，提倡回到现实世界。可是，现实世界并不是单纯的现象世界。我们所直接观察到的是世界的外在表现，而事物的本质和规律潜藏于事物的内部。正像一个苹果，苹果核在里面，外面是苹果皮。这一点黑格尔很清楚。他说过事物的直接存在，就好像是一个表皮或一个帷幕，在这里面或后面，还蕴藏着本质。从柏拉图到黑格尔，都在寻找这个潜藏着的本质。他们的缺点并不在于寻找背后的东西，而在于轻视可见的东西，把可见的东西当作无足轻重的，而把理念和绝对观念当作本质。当代西方哲学家虽然反对柏拉图和黑格尔的唯心主义本质论，可他们所说的回到现实世界只是回到语言世界、现象世界、主体世界。他们把反本质主义、反基础主义、反逻各斯中心主义，导向没有本质的现象、没有客体的主体、没有逻各斯的非理性的世界，完全走向了另一个极端。

早在一个半世纪以前，马克思和恩格斯就预言过：对于哲学家来说，从思想世界降到现实世界是最困难的任务之一。一百多年来当代西方哲学发展的历史也证明了这一点。尽管一些哲学家和哲学流派厌倦纯思辨，声言拒斥形而上学，可是由于找不到一条通向客观现实的实践之路，仍然无法面对真正客观的现实世界，更不用说改造现存的世界。

哲学真正从神圣天国下降到世俗人间，直面现实世界，是从马克思和恩格斯创立的马克思主义哲学开始的。早在 1843 年马克思在寻求哲学的改造和社会改造的最佳结合时就说过："哲学不消灭无产阶级，就不能成为现实；无产阶级不把哲学变为现实，就不可能消灭自己。"这是对马克思主义哲学的本质与功能的很好说明。马克思主义哲学是干什么的？从根本上说，就是根本改变无产阶级的被剥削、被奴役的地位；而无产阶级不通过自己的实践把马克思主义哲学所揭示的理想和价值变为现实，无产阶级就不可能获得解放。这二者是不可分的。所以马克思主义哲学要面对现实世界，就不能背对着无产阶级解放和人类解放的现实运动，就不能脱离社会发展和科技的进步独自在纯哲学的概念王国中徜徉。一百多年的马克思主义哲学史，就是面对每个时代的现实，与改造现实世界相结合的历史。历史证明，马克思主义哲学是当今世界最现实的哲学。

我希望我们哲学系能培养出哲学家，而不仅仅是哲学知识的占有者。这两种人是不同的。哲学知识的占有者可以熟悉哲学典故、哲学知识，但并不一定具有哲学的品格。哲学是爱智之学。它既要有智，即对宇宙、社会、人生的规律性认识的追求；又要有慧，即有高尚的品格，应该言行一致，是自己哲学的信仰者、实行者，而不仅仅是哲学知识的储藏室甚至贩卖者。

哲学家与哲学的关系，与物理学家与物理学、化学家与化学等的关系是不同的。当然，自然科学也是文化的一种形态，它具有人文价值。自然科学对于科学家本人的世界观，如科学精神的培养、无神论思想的确立都是非常有益的。但与人文学科不同的是，对物理学家、化学家来说，关于世界物质运动的物理规律和化学变化的规律，是外在于主体自身的客观知识。只要是科学的知识，它对于所有的物理学家、化学家都是一样的，没有民族、没有国界、没有性别之分。科学家同样有人格的问题，有道德的问题。这些都会影响他们在科学上的成就，例如科学研究中常见的伪造数据、剽窃，等等。但科学原理的真伪与科学家本人的品格和道德无关。

哲学的情况不同。哲学不是单纯的知识论，它不仅包括对对象的规律性的认识，而且包括对对象的评价、期望和追求。所以对哲学家来说，哲学不仅是一种关于宇宙、关于人生的知识，同时也是哲学家本人的一种信仰、思维方式和风格。例如我们从物理学的知识中，看到的是客观世界自身的规律，而不是物理学家本人。他的品格与道德只有科学技术史的传记价值，在关于对象性规律的论述中可以略去不计。而在哲学中，我们从一种哲学体系中看到的还有哲学家对世界与人生的理解和评价。它不仅包括对象的规律性知识，同时也渗进了哲学家本人的政治信仰与价值观念。在一个哲学体系中，当它的客观知识与价值观念处于不平衡甚至矛盾状态时，必然要影响这个哲学体系的科学性。新中国成立前曾经作为官方哲学的"唯生哲学""力行哲学"等之所以是反动哲学，就因为它们是由哲学体系的创造者按照政治意图制造出来的，它们的价值性吞没了哲学应有的品格。

比较完美的哲学体系应该是科学与价值相统一的哲学。它的价值是以科学性为依据的，而它的科学性又是符合历史进步和大多数人利益的。比较完美的哲学家应该是追求真理、品格高尚的哲学家。在历史和现实中，我们可以发现各种各样的哲学体系、各种品格的哲学家，其中人格和哲学成就分离、政治态度与哲学成就不符是常见的。我们不能因人废言，也不能因言立人。我们可以说，人品欠缺、政治落后、道德亏损的人，可能在哲学上取得某些成就，但他创造不出伟大的哲学体系。哲学家个人在现实中站在哪一边、关心谁的利益、他对生活的态度，肯定会影响他的哲学。哲学就是哲学家的哲学，哲学与哲学家是不能分离的。

问题不仅是一种原创哲学与哲学家的关系是这样。从接受的角度来看，你接受什么哲学，信仰什么哲学，不仅是接受一种纯哲学知识，实际上你同时接受了一种信仰、一种思维方式，甚至同时接受了一种做人的准则。费希特说过，人们选择哪一种哲学，这要看他是哪一种人，因为哲学体系并不是一个可以随意放弃或接受的"死家具"。因此，一个人的政治倾向、思想兴趣、人生追求会影响自己对哲学的选择，可是反过来说，你选择了什么样的哲学，又会把你塑造成什么样的人。哲学作为世界观、人生观的力量正在于此。可以肯定地说，一个信仰实用主义哲学的人，绝不可能有坚定的原则性和道德约束力；一个信奉人不为己、天诛地灭的利己主义者，他的行事处世肯定是有机会就捞一把的。因此，学习什么样的哲学、信仰什么样的哲学，对人的一生是至关重要的。

马克思主义哲学是科学与价值的统一，既可信又可爱，既具有科学精神又具有人文精神。世界观的科学性问题是非常重要的，可以说它是世界观的生命和灵魂。罗尔斯在他的《正义论》中也承认，真理是思想体系的首要价值，一种理论，无论多么精致和简洁，只要它不真实，就必须加以拒绝和修正。马克思主义哲学是一种科学世界观，它不是实证知识但有实证精神，它是以事实为依据，以普遍规律为对象，以实践为标准的哲学，它坚持从实际出发，实事求是，强调按照世界本来面目认识世界，反对任何主观主义和任意附加。说它具有人文性质，是因为马克思主义哲学充满对人类解放和人的全面发展的追求和期待。它反对压迫和奴役、反对剥削和建立在阶级压迫基础上的违背公平与正义的非人道现象。但是马克思主义哲学的人文精神是以科学世界观为依据的，是与最终消灭私有制、消灭剥削相联系的，而不是一种抽象的人道主义原则，所以在马克思主义哲学中，它的价值理论是以科学世界观为依据的。

我们学习马克思主义哲学，不仅仅是学习马克思主义哲学的基本原理，掌握马克思主义哲学的知识，更为关键的是要掌握马克思主义哲学的理论品格和实践品格，把马克思主义的这些品格内化为自己的人格，提升智慧、提升道德，成为自己处世、处事、处人的规则和原则。连狄尔泰都主张哲学不应该与行为脱节，每一种哲学，都必须从其理论见解中，推导出个人行为的原则和社会的基本准则。一种哲学如果不能为行为提出标准，不能对工作作出思考，如果它不包括生活的观点和受到控制的冲动，这种哲学是完全不能令人满意的。这个意见无疑是正确的。

五、哲学家需要勇气

我这是用林语堂的话。他说过现代哲学家缺少的似乎是勇气。我顺其意而用之，强调哲学家需要勇气。

在常人看来，哲学是最不需要勇气的：哲学讲的是与生活相距十万八千里的事，不着边际，死不了人；哲学家都是不食人间烟火、住在木桶里晒太阳的人。这其实是对哲学的一种误解。

哲学是各种各样的，当然哲学家的类型也是各种各样的，但是有一点是共同的，凡是对现实有影响的哲学和哲学家都是关心现实的；凡是在哲学史上有名的哲学家，都是对当时哲学争论发表重要意见、有见解的哲学家。与世无涉的哲学议论都是空山鸟语，自鸣自唱而已。

哲学是关于真理的学问，而对真理的追求是最需要勇气的。对真理的追求，不能左顾右盼，不能看上级的脸色行事，要义无反顾地直逼真理。马克思说过："真理像光一样，它很难谦逊"，"谦逊是使我寸步难行的绊脚石，它就是规定在探讨时要对得出结论感到恐惧，是一种对付真理的预防剂"。

对社会真理的探求，直接触及统治者的利益，当然需要勇气。任何一个有良心的以真理为目标的哲学家，无不对社会的不公正、对统治者的专横持批判态度。哲学的批判本性，使哲学家要成为一个真正的哲学家，必须有勇气，否则他不算是真正的哲学家而只能算是个文人。当然这是很不容易的。生活在自己时代的现实社会中而能对现实持理性的批判的态度，不仅需要智慧而且需要勇气。连黑格尔都为普鲁士政府祝福，说些"凡现实的都是合理的"这种模棱两可、词义分歧的话。从这个角度说，并不是全部哲学家都具有批判精神和面对现实的勇气。

对科学真理的探求同样需要勇气。我不说欧洲中世纪的科学家如哥白尼、布鲁诺这些生活在暴风雨前夜的人，他们是科学的殉道者，他们得出的科学结论对神学而言都具有强烈的颠覆性。我说的是纯科学真理的追求，同样需要勇气。有勇气接受失败，有勇气进行不懈的探索，有勇气推翻前人的结论，更有勇气推翻自己的结论。一切唯真理是从，这是理论的勇气。最有勇气的科学家，是敢于承认自己错误的科学家。

在人类历史上，苏格拉底是有勇气的哲学家，面对死亡，照样不改变自己的观点，为自己的见解从容赴死。苏格拉底之死，是哲学家面对信仰和死亡的抉择勇于就死的表率。

可是在我看来，最具勇气的哲学家是马克思和恩格斯，最具勇气的哲学是马克思主义哲学。当年，马克思和恩格斯这两个年轻人，手无一兵一卒，敢于举起旗帜向旧世界宣战。

马克思主义哲学是最有勇气的哲学。它的辩证法是彻底的，不承认任何陈旧的东西不会被新东西所代替，包括对社会主义社会本身。恩格斯强调社会主义应该是不断改革的社会，就是教导后人要以最大的勇气对待自己确立的制度。因此，马克思主义哲学任何时候都站在时代的前列，支持新生的事物，支持推动历史前进的改革和革命。马克思主义哲学这种革命的本质，同样要求当今的马克思主义哲学工作者需要勇气，敢于正视现实，面对矛盾，不唯上，不唯书，只唯实。没有勇气，是很难做一个真正的马克思主义哲学家的。毛泽东当年曾批评有的马克思主义者"天晴摆摊子，天阴下雨收摊子"。这不是马克思主义哲学家，只能称为"哲学摊贩"。

六、要懂理论哲学，更要懂生活哲学

学习哲学，当然要读哲学家的著作，特别是经典的著作，但我更强调关注生活，利用自己的所学在生活中体会出哲学道理。

有两种哲学，一种是哲学家的哲学，这就是历史上或当代一些哲学家创立的哲学体系。学哲学，当然要学习各国、各流派的哲学家们的著作和思想。但我们不能忘记还有另一种哲学，这就是生活中的哲学。如果我们只懂书本上的哲学而不懂生活中的哲学，就叫书斋哲学，是书呆子式的哲学。德国哲学家叔本华在《论哲学和智力》这篇文章中说过一段很深刻的话，大意是说，哲学家比起其他任何人更应该从直观知识中汲取素材，因此哲学家的眼睛应该永远注视事物本身，让大自然、世事、人生，而不是书本成为他的素材。他不能把书本视为知识的源头，书本只是他的辅助工具而已。当然叔本华的意思并不是说读书不重要，而是要读活书、活读书。我赞成这种说法。

生活中的哲学，就是我们在生活中发生的蕴含着某种哲学规律的生活状态。比如，是什么力量使一个年轻漂亮的姑娘变为满头白发的老太太，把年轻的小伙子变为老头儿，把一个强大的帝国变为废墟，使古代文明消失？是运动，是变化。两个从小在一起的朋友，五十年后见面，会互不认识。唐人李益在《喜见外弟又言别》中讲到两个表兄弟见面的情景："十年离乱后，长大一相逢。问姓惊初见，称名忆旧容。"这种情况在生活中是常见的。为什么如此？是因为变化。变化是什么？是辩证法。变与不变就是个哲学问题。

所有人都知道，事物是变化的，人也是变化的。漂亮的少女会变为老太太，风华英俊的小伙子会变为老头儿。只有"白痴"才会认为人是不变的。可是，这种"白痴式"的哲学家是有的，就是认为一切都固定不变的形而上学者。日裔美国人福山写过一本书《历史的终结》，认为资本主义社会是永远不变的，其实就是美国社会的发展已经终结。从世界上说，历史发展到资本主义社会已经至矣、尽矣，不可以加矣。可是变化是直观的可见的现象，而变化的原因是内在的。当我们从外在的变化进入对变化内在原因的思考时，我们就进入了哲学之门。

在日常生活中，人们从第一片树叶掉到地上，知道秋天到了，落一叶而知秋。这是联系的观点，也是一种关于事物的信息的观点。一个事物的变化与另一事物的变化相联系，我们可以从一个事物的变化中看到与它相联系的事物。如果事物彼此没有联系，都是孤立的，就不可能落一叶而知秋。一位凤凰卫视时事评论员在讲国际问题时曾说，世界如此复杂，谁说得清楚，可是世界上任何事情都是有联系的，从它们的相互联系中可以认清政治事件的本质。

矛盾也是如此。有的同学之间有点儿小矛盾，特别是同宿舍的更容易产生矛盾。这就有个如何正确处理的问题。什么叫闹矛盾，就是把矛盾扩大、激化；可如果及时交流、化解，就能使矛盾得到解决。承认矛盾、解决矛盾就是哲学问题。像马加爵因个人原因而杀死四个同学的事当然是极为个别的例子，但这同样告诉我们，矛盾如果不能及时化解且不断激化，就会变为对抗，采取对抗性的矛盾解决方法，就会导致悲剧。

至于像寓言中讲的守株待兔、刻舟求剑、郑人买履之类的看似荒唐可笑的事，日常生活中并不少见。一个人买彩票偶然中了彩，就以为同样的号码天天可以中彩；一个人思想凝固不变，以为一切都只能按老规矩办，不就是刻舟求剑吗？一个教条主义者，宁愿相信书本上的条条框框，而不相信实际生活，这与宁愿相信鞋样子而不相信自己的脚，有什么两样呢？虽然是寓言，但它们的真实性却在生活中。

恩格斯把凡事物都是过程的思想称为伟大的思想，这个基本思想在现实世界中表现得特别明显。例如，一串葡萄虽然很常见，可是要得到葡萄，从种树到结葡萄是一个很长的过程。没有过程就没有结果，过程是很枯燥的，可结果是很丰富的。做任何事情都是这样。例如木匠，当学徒时天天重复同样的动作很枯燥，可一旦制作出好的家具，劳动的结果或者说成果，就成为令人赞赏的艺术品。同样，开始学钢琴，单调乏味，旁人掩耳，自己也苦不堪言，可一旦成为钢琴大师，他的弹奏就会成为人人爱听、妙不可言的天籁之音。"此曲只应天上有，人间能得几回闻"，这都是长期练出来的。世界上的所有事物，只要结果不要过程是不可能的。这就是生活中的哲学。

当然，日常生活中的哲学道理，也就是常说的生活中的哲理，并不是我们都能意识到的。例如"时间"，似乎人人都知道什么是时间，实际上并非如此。不说科学上的相对论，单从哲学上说，时间就存在着很深的哲学道理。时间由两个汉字组成：时、间。时，表示的是连续性，表示时间是连绵不断的过程；间，是间断性，表示间隔，表示连绵不断的时间可以间隔。所以时表示连续性、非间断性，间表示间断性、非连续性，可以分割。没有间，就无法说明现在是哪一年、哪一月、哪一日、哪一时、哪一秒。能说出，表明每一间断就是瞬间的停止。可是只有间，时间就停止了，不发展了，永远定格在一个时刻。这是不可能的。所以时的连续表示间断是相对的，没有一分一秒是停止的。当我们说出某某时刻时，它就变为过去，变为历史。哲学家说，人不能两次踏入同一条河流，讲的就是这个道理。

在生活中，真、善、美本来是统一的。一个人外表很美，但当我们知道他的道德品质很坏时，肯定会改变我们对他的外在美的感受。反之，一个人的外表并不美甚至很丑，但由于他的内在人格和善良的品性会使我们忽略他的外表而感到很亲切，像雨果在《巴黎圣母院》中塑造的敲钟人卡西莫多一样。这说明道德的善恶评价会改变对审美的评价。

同样，对美好东西的爱好和欣赏，会培养人们的道德品格，净化人们的灵魂。音乐、绘画、诗歌都能通过人文教化，提高人的道德品质和分辨是非善恶的能力。

美、善，又与真不可分。这个真不只是科学意义上所说的真理，在道德与审美中同样有真的问题。道德的真，表现为真诚。如果不真诚，表面上很善良、很谦虚，暗地里却使坏叫伪善。在审美中，美的真表现为内容的合理性。艺术需要夸张，需要构思和意境，它不是现实生活的素描，但也不能离谱，要有合理性。像鲁迅先生说的，燕山雪花大如席可以，因为北方天寒，的确有雪；可如果说广东雪花大如席，就是胡说。白发三千丈可以，因为它与缘愁似个长相连，这是夸张地描写一个人因愁而白了头。中国有句俗话，"笑一笑十年少，愁一愁白了头"，就是这个道理。若说黑发三千丈，就是胡说。可见，真、善、美是不可分的。这不仅是个学理的问题，也是生活中的大道理。

虽然生活中有哲学、有哲理，但人们在日常生活中，往往容易忘掉哲学、忘掉理性，完全受习惯的支配。比如，我们都知道吸烟有害，但吸烟者照吸不误，死不悔改；酗酒有害，但有人不可一日无酒。为什么？人们总以为人的每个行为都源于思想，其实不然。人的第一次行为源于思想感情，而以后同样的行为往往源于习惯。

在人的生活中，起支配作用的往往是习惯而不是理性。几乎没有一个人发脾气是经过理性思考才发火的，经过思考他就不会发脾气；人经常受习惯支配，好像不是我们支配习惯，而是习惯支配我们。不是我在发怒，而是怒气在支配我们，所谓怒不可遏就是形容这种状况。可是习惯是由我们自己形成的，因而如何形成良好的习惯是个大问题。如果在习惯的形成过程中，强调科学世界观的作用，强调理性和科学思维的作用，就可以形成一个良好的习惯。这对人的一生都起作用甚至是决定性的作用，习惯可以决定一个人的命运。

生活中的哲学，不是人人都能意识到的。这种哲学都是自发的、片断的、不系统的。因此，我们仍然要学习哲学，使那种不自觉的零碎的哲学思想变为自觉的系统的正确的哲学思想。但学习哲学绝不能归结为只读书，书中的内容终究是别人的思想。如果只读书，只研究别人的思想而忘记了自己的思想，叔本华把这比喻为把水从一个容器注入另一个容器，还说这种人好比一次次重复地把旧瓶子倒转过来，生怕遗漏掉最后一滴水，而对自己脚下潺潺流过的活水却无动于衷、视而不见。维特根斯坦也说过一句很有意思的话：对一个学哲学的人来说，上升到荒芜的聪明的高峰还不如下到绿色的愚蠢的山谷，因为那里有更多的青草。

这些哲学大家的说法，的确是至理名言。要真正理解哲学，一定要把书本哲学与生活哲学相联系。既从书本中学习哲学知识，又从生活中验证和体会哲学道理。这样，学哲学就不会是把水从一个瓶子倒入另一个瓶子的"瓶装水"，也不会跑到寸草不生的思辨山峰从而远离生活。

第二篇
坚定哲学之路

如何研究马克思主义

一、哲学中的问题与问题中的哲学

马克思主义哲学既是哲学的变革又是变革的哲学，它不仅重视哲学中的问题，更重视问题中的哲学。深刻把握马克思主义哲学在人类哲学发展史上的地位和特征，对于理解在建设中国特色社会主义的伟大事业中为什么要坚持马克思主义哲学是至关重要的。

（一）哲学变革与哲学终结

马克思主义哲学是变革的哲学，是为变革现实资本主义，为满足人类解放宗旨的需要而产生的哲学。正因为如此，它必然要求哲学发生变革，必然要求从对象、内容到功能都产生一种新的哲学。没有变革现实的需要，就不会产生哲学的变革，而没有哲学变革，就不可能有指导变革现实的变革的哲学。在马克思主义哲学中，哲学的变革与变革的哲学是统一的。

马克思和恩格斯提出过"消灭哲学"，当代西方哲学家中的某些学派倡导"哲学终结"。其实，这两者无论就时代背景、语境还是内涵都是根本不同的。

"终结哲学"，这是当代西方哲学对传统哲学充满挑战性的口号。从逻辑实证主义拒斥形而上学，到当代后现代主义的反本质主义、反基础主义和所谓"后哲学文化"，都在着力于反对所谓传统哲学的本体论和认识论，反对哲学的认识功能，倡言"终结哲学"。当然，倡导"消灭哲学"的逻辑实证主义和后现代主义，实际上并没有消灭哲学，不过是以一种哲学学说来取代被他们视为传统哲学的哲学。以哲学终结哲学本身就是悖论，这证明哲学是不可能终结的。实际上所有极力张扬"终结哲学"的派别都处在哲学之中。"终结哲学"的主张本身就是一种哲学观点，它用以取代被取消的哲学的观点仍然是哲学的。

哲学是不会终结的。只要人存在，哲学就不可能终结。因为人只能以人的方式存在，他的思维方式和实践方式中都存在哲学。思维不可能只是直观的具体的思维而不进行抽象思维，实践不可能是本能的而没有自觉意识的。哲学家的哲学只是对这种现实的哲学思考。可是对某种哲学形态来说，却是可以终结的。这种终结往往意味着哲学形态的不同程度的变革。

马克思和恩格斯在建立马克思主义哲学的过程中，曾多次倡言"消灭哲学"，但他们提出的"消灭哲学"是在特定历史境况中有具体针对性的哲学革命口号。"消灭哲学"是马克思和恩格斯探求创立一种以变革现实为目的的哲学，以一种新的哲学来代替传统的思辨哲学内容的浓缩口号。

所谓"消灭哲学"，从根本上讲就是消灭那种把哲学视为科学之科学，视为凌驾于各门科学之上，把自己臆想的联系强加于各门实证科学的形而上学的思辨哲学的传统，真正使哲学成为一种世界观，而不是包罗万象的、永恒不变的抽象原则。实际上，这种包罗万象的、最终完成的关于自然和社会的绝对真理的哲学是与人类的辩证认识规律相矛盾的。早在《德意志意识形态》中，他们就说："对现实的描述会使独立的哲学失去生存环境，能够取而代之的充其量不过是从对人类历史发展的观察中抽象出来的最一般的结果的综合。这些抽象本身离开了现实的历史就没有任何价值。"①这些抽象与哲学不同，它们绝不提供适用于各个时代的药方和公式。

恩格斯在《反杜林论》中谈到他们创立的现代唯物主义时，说它"已经根本不再是哲学，而只是世界观，它不应当在某种特殊的科学的科学中，而应当在各种现实的科学中得到证实和表现出来。因此，哲学在这里被'扬弃'了，就是说，'既被克服又被保存'；按其形式来说是被克服了，按其现实的内容来说是被保存了"②。马克思主义哲学的创立，表明作为科学之科学的旧哲学的消灭，而哲学仍然以世界观的形式作为自身的存在方式并真正发挥哲学的作用。

其实，恩格斯在他的名著《路德维希·费尔巴哈和德国古典哲学的终结》中，以总结的方式清楚地表明了他们所说的

---

① 《马克思恩格斯全集》（第3卷），人民出版社，1965年，第31页。
② 《马克思恩格斯选集》（第三卷），人民出版社，1995年，第481页。

"消灭哲学"的含义。他之所以把费尔巴哈与德国古典哲学的终结联系在一起，就是因为"哲学这一似乎凌驾于一切专门科学之上并把它们包罗在内的科学的科学，对他来说，仍然是不可逾越的屏障，不可侵犯的圣物"①。费尔巴哈是德国古典哲学的最后一位"杰出哲学家"，也是马克思和恩格斯所要"消灭"的最后一位哲学巨人。马克思主义哲学的创立意味着包括费尔巴哈在内的德国古典哲学的终结，实际上也标志着作为科学之科学的哲学传统的消灭。

从哲学的功能来说，消灭哲学讲的是根本改变以往哲学只是解释世界而不是着重改变世界的缺陷。历史上出现过各种哲学，它们可以对现实不满、对现实进行批判，但没有一种为创立新的世界而奋斗的哲学。它们的社会理想，往往是不满现在，怀念过去，而不是通过实际地改变现实，走向未来。马克思主义哲学的世界观当然具有科学解释世界的功能，但更重要的是它实际改变世界的功能，即强调哲学应该在参与改变世界的活动中发挥作用。在《德意志意识形态》中关于实践的唯物主义本质的表述，在《关于费尔巴哈的提纲》中关于哲学功能的论述，都充分表明马克思"消灭哲学"和创立新哲学的真正意图。当马克思把哲学看作无产阶级解放的"头脑"，强调哲学把无产阶级当作自己的物质武器，无产阶级把哲学当作自己的精神武器，就是以明白无

---

① 《马克思恩格斯选集》（第四卷），人民出版社，1995年，第241页。

误的政治语言，阐明了他所说的"消灭哲学"的真实意义。

当然，马克思和恩格斯所说的"消灭哲学"并不是全盘否定以往的哲学，否定历史上哲学的功绩。相反，马克思非常重视哲学中的继承性，他否定的是旧哲学的形而上学的思辨传统，但充分肯定人类在哲学这种文化形式中所获得的积极成果。恩格斯在讲到"消灭哲学"时用的是"扬弃"，即抛弃哲学妄图作为科学之科学的奢望，但保存人类哲学认识的积极成果。他把自己创立的现代唯物主义看作否定之否定。"现代唯物主义，否定之否定。不是单纯地恢复旧唯物主义，而是把两千年来哲学和自然科学发展的全部思想内容以及这两千年的历史本身的全部思想内容加到旧唯物主义的永久性基础上。"他强调，现代唯物主义"已经根本不再是哲学，而只是世界观"。这里说的不再是哲学，就是指

不再是原来那种作为科学之科学意义上的哲学。

恢复哲学作为世界观的本性，这在哲学和现实中具有划时代的意义。历来哲学内容可以很庞杂，但它的基础和核心部分是世界观，否则就不能称之为哲学。强调哲学是世界观，这是马克思主义的哲学观，或者说是马克思主义对哲学的一种看法。可是在以往的哲学史上，由于历史和知识的局限，哲学家们或者赋予哲学以太多的非哲学内容，既包括各门科学的具体知识，又具有为各门学科提供知识源泉和一切答案的神奇功能，从而使哲学作为世界观的本质被淹没在关于哲学的形形色色的定义之中。按照马克思和恩格斯的看法，哲学之所以不同于非哲学形态，就在于它是世界观，而不是关于世界分门别类的具体知识，也不具有为各门科学提供最终的解释权，它只能是世界观。马克思主义哲学使哲学摆脱历史的重负，使它真正变为世界观，变为一种科学的世界观，并发挥它的世界观的作用。如果马克思主义哲学仍然是沿着历史上哲学的逻辑前进，而不改变它的方向，走出形而上学思辨哲学的传统，把哲学定位于世界观，就不可能有哲学的变革，也就没有变革的哲学。

自马克思主义传入中国以后，在中国革命、建设和改革实践中，马克思主义哲学的作用集中表现为世界观和方法论的作用。我们从毛泽东关于中国革命对象、动力、阶段、途径、方式的分析，对中国革命和战争战略和策略的分析，对不同时期形势与任务的分析中，都能最深切地体会到马克思主义哲学世界观作为分析方法的巨大威力，更不用说毛泽东哲学著作中所体现的哲学的变革与变革的哲学相结合的风格。邓小平理论、"三个代表"重要思想、科学发展观，以及习近平新时代中国特色社会主义思想，在新的历史时期最为强烈、最为集中地体现了马克思主义哲学作为世界观和方法论的作用。实践和理论都证明，离开了马克思主义哲学作为科学的世界观和方法论，就不可能真正理解马克思主义哲学何以是变革的哲学和哲学的变革。

马克思和恩格斯是与以往哲学家不同的另一种类型的哲学家，是与他们创立的变革世界的哲学相一致的哲学家——以改变世界为目的的哲学家。他们在《德意志意识形态》中说的实践唯物主义的真实含义就在于此。因而马克思主义哲学最根本的特点，不是单纯学者的哲学，而是革命者、实践者的哲学。马克思主义哲学家，不能是单纯以注经释义为最高意旨的哲学家，而应该是以自己的哲学参与改变世界的实际活动并从中提炼哲学思想的哲学家。不仅马克思主义哲学的创立者具有这种品格，许多马克思主义哲学家都是这样。这种特点最鲜明地表现为，在马克思主义哲学发展史上，无产阶级革命运动的领导人与马克思主义哲学家身份的合一。很多共产党的领导人、左派革命家都同时具有很高的哲学造诣甚至特殊贡献。这既决定于马克思主义哲学的本性，又决定于革命家拥有的实践经验和地位。

当然，这不是说纯学理研究的马克思主义哲学家完全不可能。马克思主义哲学既然是科学世界观，就要求人们进行科学研究，而不是简单地接受和单纯信仰。可是马克思主义哲学是变革现实的哲学这一根本特点，决定马克思主义哲学研究者不能走经院哲学家的道路——闭门注经或面壁虚构，而应该把对马克思主义哲学的研究看作参与实际活动的一个不可分割的组成部分，使自己的研究成果发挥实际的社会效用。如果一个马克思主义哲学的研究者不关心社会发展和人类的命运，只关心自己的概念和范畴，只操心自己的哲学体系的构建，这与马克思主义哲学的本性是相悖的。

在社会主义的中国，由于革命的胜利，马克思主义成为处于主导地位的意识形态，马克思主义哲学教学成为我们思想理论工作的重要部分。马克思主义哲学教员是马克思主义哲学与学生的中介，即把马克思主义哲学的重要理论与思想介绍、解释给我们的学生和听众。但马克思主义哲学教员并不是新闻发言人，并非客观地介绍马克思主义哲学原理，实际上，由于自身的实践经验和理论素养的不同，特别是由于不同的时期和文化背景的差异，对马克思主义哲学和原著的理解不同，教学水平和效果也会参差不齐，因而紧紧把握马克思主义哲学是哲学的变革和变革的哲学相统一的哲学，深刻理解它的阶级性、实践性和与时俱进的理论本质，联系实际，才能正确宣讲马克思主义哲学的基本原理。马克思主义哲学教学不仅应该是一种创造性劳动，而且应该参与学生正确世界观的形成，这是哲学教学改造世界活动的一种特殊方式。

（二）哲学中的问题和问题中的哲学

我们应该区分哲学中的问题和问题中的哲学。哲学中的问题，是指属于哲学研究范围的问题，这是一些按其性质和问题都不同于科学和现实具体问题的问题，是一些真正形而上的问题。而问题中的哲学，是指科学研究中和现实生活中存在的问题中所蕴含的哲学问题，这不是直接的哲学问题，而是形而下的问题，是需要哲学家从中捕捉的问题。哲学中的问题只有来自问题中的哲学才是有生命力、有现实性的哲学问题。哲学与非哲学一旦绝对对立，哲学就会成为无源之水、无本之木，丧失它赖以存在和成长的土壤。

问题，无论在自然科学还是在哲学中都是思维发展的推动力量，是思想创新的推动力量。科学探索总是对未知对象要问一个"为什么"，寻求对科学问题的答案；而哲学恰好是对"为什么"要再问"为什么"，是对"为什么"中普遍存在的"为什么"的探索。哲学问题不能存在于人类实践活动中的问题之外，先有问题中的哲学，才会有哲学中的问题，哲学中的问题绝不会是哲学家头脑中主观产生的。马克思说："哲学不是世界之外的遐想"，"哲学首先是通过人脑和世界相联系，然后才用双脚站在地上；但这时人类的其他许多活动领域早已双脚立地，并用双手攀摘大地的果实，它们甚至想也不想：究竟是'头脑'属于这个世界，还是这个世界是头脑的世界"。①哲学之所以是哲学，就在于它对人们实践（生活中的一切领域和各门科学）中已经存在但习以为常或从未研究过的问题进行哲学思考。这就把问题中的哲学变为哲学中的问题。

从全部哲学史来看，具有重要地位的哲学体系的创立，总是与它提出的问题和解决问题的方式相联系的。我们无法把哲学体系的建立和哲学家对哲学问题的审视分开。所有哲学体系都是关于哲学问题的体系，而所有哲学问题只有被系统地探索才能显示它的价值。

哲学的时代特色表现在哲学家立足时代提出的哲学问题之中。哲学的民族特色，表现在这个民族的哲学所探索的具有民族特色的哲学问题之中。如果从哲学中取消了问题，那就不可能有哲学发展史。一部哲学史集中表现为问题史，即不同的时代与民族的哲学所提出的哲学问题。中国哲学的独特性表现在它有自己的独特问题，如天人问题、神形问题、义理问题、心性问题等；而西方哲学则注重本体问题、认识与对象问题、感性与理性问题等。问题的概括和论述结晶为基本的哲学范畴，而对问题解决的系统的逻辑论证和概念之间的关系则表现为独特的哲学体系。但无论中国哲学问题还是西方哲学问题自身有多大特点，总有相通的东西。我们曾争论过中国哲学究竟是哲学在中国还是中国的哲

---

① 《马克思恩格斯全集》（第1卷），人民出版社，1956年，第120、121页。

学的问题。其实，这两者并不是对立的。如果哲学在中国指的是西方哲学的中国版，那显然是不对的。因为中国哲学有自身的问题，它不是西方哲学在中国，即完全按照西方哲学的范畴和概念来梳理中国哲学。如果从哲学问题无所不在的角度说，应该说中国哲学也离不开具有普遍性的哲学问题，诸如本体论、认识论、人生论、社会论方面的问题。哲学是关于宇宙、社会、人生的大问题，这一点东方和西方都是相通的。但问题解决的方式、重点、范畴概念、论证方法和语言风格，肯定各有特点，这才有哲学的民族性问题。在中国哲学中既有个性又有共性：个性是民族性，共性是哲学问题的普遍性。真正伟大的哲学思想是以民族的语言揭示具有普遍性的问题。

哲学问题是哲学的生命线，没有哲学问题，就不可能产生哲学，不提出新的哲学问题就不可能创立新的哲学学派。当然哲学中也会有一些一再重复出现的问题。但即使是老问题，只要它被重新提出，必然会有新的时代背景或从中引出新的问题。哲学中最重要的是问题而不是构建体系。任何面壁虚构庞大哲学体系的做法，只能像恩格斯批评的杜林和当年的德国大学生一样，制造哲学泡沫。

可是哲学问题不同于科学问题。科学问题是具体的，一个科学问题解决了就不会再重复提出；可哲学不同，它可以不断地重复提出同样的问题。我们可以看到哲学史上许多哲学家都在解答同样的难题，如世界本性和人的本性问题、因果性和必然性问题、社会规律客观性问题等，可以说是世代难题。因此，对于科学家来说，科学史是一个专门领域，并非必须学习的领域。不懂数学史照样可以研究数学，可以成为数学家，不懂物理学史照样可以是物理学家；可哲学不同，不学习哲学史、不熟悉哲学史，就无法学习哲学。因为哲学就是一种历史性的存在，人类丰富的哲学智慧存在于哲学史之中。各个伟大哲学家可以从各个角度对同一问题提供智慧，不能彼此代替。恩格斯在讲到理论思维的培养时说过："为了进行这种培养，除了学习以往的哲学，直到现在还没有别的办法。"[①]当代西方哲学家让·伊波利特也表达了同样的意思，为了学会哲学思考，需要从过去的著作中学习，因为在哲学话语内容与哲学家所处环境之间有一种隐秘的关系。这意味着这个内容的意义在由其关系界定的成分的建构或结构中，即在它的形式中（与数学内容的情形相反），是取之不尽的。所以他强调："不能在搞哲学时脱离哲学史。就是说脱离过去的重要著作，脱离过去重要体系的历史。"哲学史上看似是对同样问题的重复，实际上都是对哲学的深化和进展。没有进展，没有新意，只是重复，就不可能登上哲学的殿堂。

我们应该把哲学的本质与哲学问题区分开来。哲学的本质是相对稳定的，它决定哲学不同于其他学科的本性；而哲学中的问题是变化的，变化着的哲学问题表现的是哲学的时代特点、民族

---

① 《马克思恩格斯选集》（第四卷），人民出版社，1995年，第284页。

特点和哲学体系的个人特征。如果没有哲学问题的变化，哲学必然是僵死的、固定不变的、可以公式化的范畴体系，这就失去了哲学的本性。可哲学问题的变化是在哲学范围内的变化，哲学问题的变化不改变哲学的本质。因此，无论哲学中的问题如何变化，它始终属于哲学问题。形形色色的哲学定义及其分歧，不少是由于混淆哲学的本质和哲学中的问题所致。

哲学究竟有没有真理的问题，这是一个有争论的问题。不少哲学家否认哲学的真理性，强调哲学与科学的区分。西方有的学者强调，不存在哲学真理，哲学是一种思辨类型，它的价值不能用真或假来衡量，真理的价值只能与科学认知完全吻合。哲学是一种价值规范，哲学不应该模仿科学，科学应该反映对象，而哲学只拥有对于人类知识和实践的调节和规范作用。这种看法在国内也得到一些哲学家的附和与赞同。他们说，哲学没有真理与谬误的问题，只要涉及真理，就不是哲学而是科学。

上述看法的一个根本问题是没有分清哲学体系和哲学问题。哲学体系的确没有真理与谬误的区分。我们不能说柏拉图的哲学体系是真理，黑格尔的哲学体系是谬误，或者相反。我们也不能认为某个唯物主义的哲学体系是真理，或某个唯心主义哲学家的体系是谬误。哲学体系是哲学家的思想结构，它是一个思想整体。在一个哲学体系中可能既有真理性的东西，也可能包含谬误，因为哲学体系是由一系列命题和判断组成的。哲学体系中的命题和判断是有真理和谬误之分的。不容否认，哲学中有些判断和命题属于对世界和人生的意义的价值判断，这些很难简单用真理和谬误来区分，而且可以长期争论不休，成为一个永远难解的问题。如人为什么活着、生命的意义和价值这类的问题，每个时代甚至每个人遇到同样的问题，都会有不同的答案。这些属于价值的问题不能简单用真理和谬误来判别，而只能就它的意义和人文价值来区分高下优劣。

所以哲学中的问题可以分为两个方面：一方面是与科学和人的认识和实践活动中的经验与事实相联系的问题，这些是可以通过人类的实践和科学来证实和证伪的。无论在本体论、认识论和历史观中都存在这类问题。这类问题虽然表现为基本规律和范畴，但能通过一定方式在人的实践中得到证实。另一方面的问题属于价值问题，它表现的是哲学家的理想、信仰、期待、追求，总之表现的是哲学家的个人体悟和人生理想。这方面的答案没有真假问题，但有先进与落后之分。因为价值观不能是纯个人的，它总会表达一群人或某个集团的利益，所以价值观的评价标准不是真假，而是先进与落后。

哲学问题，我们可以称之为形而上问题。作为哲学的哲学问题，从哪里来？它不是单纯来源于纯哲学的研究，而是来自实践和科学、来自生活中提出的哲学难题。因而哲学问题的形成有一个由实际问题向具有普遍性的理论问题，即由形而下向形而上提升的过程。以往哲学发展的一个特点，就是不少哲学家思想的发展和继承是在哲学史范围内进行的。哲学家们重视哲学中的问题而轻视问题中的哲学。可没有问题中的哲学，哲学只能在范畴概念中自我旋转，只有最能捕捉现实中哲学问题的哲学家才是真正具有创造性、可望突破旧说的哲学家。

马克思主义哲学发展是在双重轨道中前进的。它重视哲学中的问题，继承了全人类的优秀文化遗产，特别是德国古典哲学的成果，是德国古典哲学的继承者。马克思和恩格斯不仅重视哲学中的问题，更重视问题中的哲学。他们在创立马克思主义哲学时，的确以自己的方式回答了历史上哲学中存在的问题，但马克思主义哲学最为突出的不是研究哲学中的问题，而是问题中的哲学。一个哲学家只重视哲学中的问题而不重视问题中的哲学表明他脱离现实，脱离自己的时代。因为现实的要求和矛盾最强烈地表现在人类面对的问题之中。从根本上说，马克思主义哲学就是在资本主义社会向何处去，人类向何处去，无产阶级和人类如何获得解放、获得全面发展等问题的探索和解决中产生的。以历史唯物主义为例，它并不始于抽象地研究历史发展的规律，而是以探索资本主义社会的结构、矛盾和前景为依据的哲学概括。《资本论》既是伟大的经济学著作，也是伟大的哲学著作，《资本论》中的哲学思想，就存在于对资本主义社会形态发展规律的分析之中。中国的马克思主义发展也是如此。毛泽东的《矛盾论》是从探索中国革命面对的矛盾中产生的；《实践论》是从面对中国共产党人应如何处理"知"（马克思主义基本原理）与"行"（中国革命的实践）关系的争论中产生的，是从反对教条主义和经验主义的斗争中需要回答的问题中产生的；《关于正确处理人民内部矛盾的问题》中的一系列哲学观点，是从社会主义改造基本完成后面对的新问题、新矛盾中产生的。邓小平理论中的哲学思想、"三个代表"重要思想、科学发展观、习近平新时代中国特色社会主义思想，都充分继承和发扬了马克思主义哲学这个最显著的特点，即立足现实，把问题中的哲学变为哲学中的问题，从马克思主义哲学世界观和方法论对中国当代面临的重大现实问题及其解决途径，赋予浓重的理论色彩。这样既推进了马克思主义哲学，又解决了实际问题，具有最鲜明的时代特征和创造性。

当代中国的马克思主义哲学的理论工作者和研究家，一切有出息的马克思主义哲学研究者，要想真正有所成就、有所创造，必须立足现实，以我们正在思考的问题为中心，把问题中的哲学变为哲学中的问题。这个过程就是真正立足实践研究马克思主义的过程。强调立足现实绝不是轻视理论。问题并不直接存在于对象之中，而是存在于研究对象的主体意识之中。客观存在的只是对象和它的存在条件与内在矛盾，它的进一步发展的障碍和方向。要把客观矛盾变为主体意识中的问题，需要哲学思维。善于捕捉问题，善于提出问题，即善于把客观现实的矛盾变为主观意识中的问题，并从现实的问题中揭示它的哲学意义，这本身就是一种哲学研究过程。否则，即使面对同一现实矛盾，也并不意味着在主体意识中能形成同样的问题。因为只有真正理解现实的矛盾所在才构成问题，问题是对客观矛盾的理性把握。

在当代哲学中，真正能把现实问题中的哲学意义变为哲学中的问题，必须坚持马克思主义哲学的世界观和方法论。因为问题的发现、捕捉和提出是一个思维过程。经验证明，任何人都不可能以空白的头脑提出有价值的问题。提出问题的人都有自己的思维定式和价值观念，拥有先前获得的知识和论断，一句话，拥有固有的思维传统。这种先于问题而为主体所拥有的观念，可以阻碍问题的发现，也可以帮助问题的发现，关键是拥有什么样的观念。正因为如此，正确的世界观和方法论对于发现问题是至关重要的。

辩证思维的一个最根本的特点是创造性思维。思维的发展就是人的认识不能停留在原来的水平上，必须承认可以突破原来的成就。这就要求打破思维定式，承认认识创新的可能性。如果把已有成就视为不可超越的最终成果，往往会犯保守主义的错误。把一定时间做不到或尚未做到的事视为永远不能做到的形而上学的思维方法，会阻碍对新的发现或发明可能性的视线。

毛泽东曾把马克思主义世界观比喻为望远镜和显微镜。望远镜可以看远，高瞻远瞩；显微镜可以入微，察秋毫之末。远，表明事物处在视线之外；微，表明事物还处于萌芽状态。要观远察微，首先要站得高，只有登高才能观远。在人类认识中的登高，实际上就是观察事物的立场问题。察微同样也是如此。持相反的立场，对同样的事物，可以视而不见、听而不闻。

要观远察微还要有规律性观念。远在视线之外和处在萌芽状态的事，往往为一般人所忽视。黑格尔讲的"量变的狡猾"指的就是这个意思。一个人的智慧高低就在于能否察微观远。中国古人讲的月晕知风、础润知雨，就是见微知著。海德格尔强调不在场即在直接在场的东西中看到不在场的东西，在现有的、具体的东西中看到被遮蔽的东西。这当然是一种重要的思维方法。可是没有规律性观念，没有因果观念，离开了唯物主义原则，是不可能真正做到的。

实践证明，当哲学自居为科学之科学，高踞于一切科学和实践之上，仿佛无所不能，实际上是镶嵌在科学王冠上的一颗假珍珠；相反，当马克思主义哲学只作为世界观和方法论，作为思维方法，仿佛缩小了哲学的地盘，贬低了哲学的地位，实际上却最有效地发挥了哲学的功能。上帝的东西归上帝，恺撒的东西归恺撒。马克思和恩格斯在哲学变革中把世界观和方法论的功能还给哲学，从而真正为人类锻造出指导认识和实践的锐利武器。这正是马克思主义哲学作为哲学的变革和变革的哲学的力量所在。

二、马克思主义哲学的当代性与文本解读

马克思主义哲学应该立足现实，着眼于当代，关注世界尤其是中国现实问题中蕴含的哲学问题。哲学中的不同意见可以说五花八门、争论纷纭。意见可以是主观的、多元的，甚至无足轻重的，而问题则不同。按照马克思的说法，"问题就是时代的口号，是它表现自己精神状态的最实际的呼声"①。所谓哲学是时代的精华，是指它是时代问题的哲学凝集和为寻求对时代问题答案的哲学思考。马克思主义的当代性问题，从根本上说，就是马克思主义哲学能不能为捕捉和解答当代问题提供有效的基本理论和思维方式。

马克思主义哲学具有当代性，并不是仅仅依赖于对马克思和恩格斯原著的当代解读。毫无疑问，马克思主义经典的文献学研究、考证、校勘都非常重要。以往由于条件限制和文献限制，我们在这方面的工作比西方落后，现在有人从事这方面的工作，肯定是马克思主义研究领域的一个新的拓展。它可能发现以往被忽

---

① 《马克思恩格斯全集》（第40卷），人民出版社，1982年，第289~290页。

视的重要论断，可能改正以往理解中的某些错误，这对正确把握马克思主义基本原理，改正过去的错误理解或不适当的附加有重要的学术价值。

但马克思主义哲学的当代性不能以对经典的解读为据。马克思主义基本原理真理性的决定性标准是实践的检验。可以说实践是检验器和过滤器，它能够把马克思主义经典著作中蕴含的基本原理和个别论断，把马克思主义的基本原理与对它的错误理解和不适当的附加区分开来，如果不到实践中去而仅仅以引证经典著作中的某句话为据，只能陷于无休止的争论。因为解读者的文化背景、政治背景、研究目的、使用方法等，都可能会影响其对文本解读的正确性。何况任何仅限于上下文关联的解读都是不可靠的，特别是脱离马克思和恩格斯的一生实践、思想历程和全部著作，仅就某一本书甚至其中的某一章、某一节、某一句的字斟句酌式的解读，支离破碎，往往容易一叶障目，只见树木而不见森林。尤其是受当代西方解释学中的唯心主义影响，往往容易导致用文本解读方法曲解马克思主义，宣扬马克思与恩格斯对立或否定马克思以后全部马克思主义有所谓文献依据。

马克思和恩格斯的各种文本是在不同时期、不同背景下针对不同问题写的。对同一问题，前后时期不同的表述，或他们由于时间和对象不同而产生的表述差异，都可能存在。完全借助上下文字斟句酌式的解读，往往歧义丛生，永无定论。历代中国儒家注经方式及其不少湮没无闻的命运就足以为训。我们的马克思主义文献研究一定要与基本理论的研究相配合，这样才有助于正确理解马克思主义基本原理，而不是相反。因为自从马克思和恩格斯创立马克思主义以后，在一个多世纪革命狂风暴雨和风云变幻中屡经实践考验的，不是某一本书中的某一句话，而是马克思主义的基本原理。任何人都无权改动文本中的一字一句，因为文本是历史的、既成的，但真正的马克思主义者有权在实践中丰富和发展马克思主义基本原理。马克思主义的当代性问题应以实践检验作为当代有效性的标准，而不是以与经典文本中某字某句相对照为依据。

在当代，对于马克思主义发展一元多流的问题有不同的看法。马克思主义当然不是只有列宁、毛泽东一家一派一系，其他都是异类。可又不能抽象地说马克思主义是"多"，任何学派要自称马克思主义都可归属于马克思主义之中，任何人无权把自称为马克思主义者"革出教门"，否则就是缩小队伍，是关门主义。我以为这种说法有片面性。是不是属于马克思主义学派应该有自己的标准。这个标准不是经典文本的引证，不是谁得真传的衣钵之争。照我看来，这个标准应是看它是否符合马克思主义的本质。凡是主张马克思主义与各国实际相结合的，以马克思主义关于无产阶级和人类解放为最高使命的学派都属于马克思主义。即使它们之间存在某些观点分歧，如对革命的方式、道路的选择，以及对什么是社会主义和如何建设社会主义各自存在不同的看法，也都是正常的。因为这种分歧是由各自所处的实际环境和面对的不同问题产生的。如果这种分歧不是源于各国的实践需求，而只是一些蛰居书斋的学者脱离甚至抛弃马克思和恩格斯毕生为之奋斗的无产阶级和人类解放的事业，从对马克思主义著作不同解读的分歧而形成的不同学派，这只能称之为马克思学学派，或马克思主义研究者学派，而不能称之为马克思主义者学派，因为他们的根本宗旨和研究目的与马克思主义的历史使命和历史任务无关。马克思主义之所以是马克思主义，就在于它所肩负的历史使命。马克思关于费尔巴哈的提纲第十一条，不仅是马克思哲学与以往一切哲学的分界线，也是区分、检验当代马克思主义与自称为马克思主义学派的试金石。

马克思主义哲学当代性的依据，也不能以西方现代哲学或后现代主义的所谓共同"问题阈"为据。以马克思主义中有多少与现代西方哲学家和后现代主义的观点、论题，或对西方资本主义社会弊端的批判有多少相契合之处为标准是不科学的。我们并不否认，在当代西方，一些哲学家对当代资本主义的批评，尤其是后现代主义对资本主义现代化的弊病给予猛烈抨击。这应该是他们借助于马克思主义，而不是马克思主义借助于西方现代哲学或后现代主义。因为批判资本主义并揭露它的内在矛盾，本来就是马克思主义的历史使命，是马克思主义之所以是马克思主义的应有之义。当然，当代马克思主义者关注现代西方哲学家的研究成果，扩展眼界是应该的，但绝不能以此作为马克思主义与西方现代哲学处于同样高度的根据。因为这是两种完全不同的批判，它们具有不同的理论高度和不同的社会理想。可以借鉴，但不能无条件认同。

马克思主义当代性的根本之处在于它的基本原理，在于它的世界观和方法论具有当代适用性。无论是对当代资本主义的分析，对中国特色社会主义的分析，还是对当代科学技术发展中问题的分析，马克思主义哲学作为世界观和思维方法都仍然是最有效的工具。从问题出发的本质是从实际出发，问题只存在于实际中。我们反对本本主义，我们既不是从本本出发，也不是从问题出发并把问题的解决变为与本本对号入座。这两种思路尽管形式不同，但殊途同归。引证并非证明，即使用的是马克思主义文本中的引语，也只能是强化论证的权威性，而不是证明本身。

有人认为，马克思主义是一种科学学说，可以把它作为理论分析和认识工具，但绝不能贬为工具理性，否则就降低了马克思主义的品格。这是不对的。马克思和恩格斯一再强调他们的学说不是教义，不是可以到处供引证用的文本，而是进一步研究的思维方法。马克思主义如果不能发挥认识工具的作用就没有价值。无论是马克思、恩格斯本人，还是列宁、毛泽东，都强调马克思主义作为认识工具的作用。马克思主义的当代性，就在于它的基本理论和思维方法仍然是认识当代世界最强有力的认识工具，而不是我们从文本中能找到多少与时代切合或适用的引语。

在我看来，我们既不可能依靠西方哲学或后现代主义来观察当代世界复杂的现实，也不可能以其来解决当代中国建设中的矛盾。儒家学说也是如此。它们可以提供丰富的马克思主义某些论断的思想资源，但不能取代马克思主义成为我们社会的指导原则。我们依靠的仍然是马克思主义的基本原理和中国实际的结合，这是唯一正确的沿着社会主义方向的强国富民之路。

无可讳言，在当代中国哲学界，辩证唯物主义与实践唯物主义之争相当激烈。有的学者断言，似乎只有实践唯物主义才是最具当代性的哲学。我从来不反对用实践唯物主义称谓马克思主义哲学，因为这个名称确实有利于强化对实践在马克思主义哲学中的作用、地位和功能的全面理解。这个多年的争论是有益的。但是我反对把实践唯物主义与辩证唯物主义视为水火对立的观点。如果从实践的思维方式中抽掉唯物主义和辩证法，认为凡承认世界客观性、承认世界自身存在的辩证运动就是实体性思维，就是反对实践辩证法，这种既没有唯物主义实事求是原则，又没有具体问题具体分析的辩证法原则的实践思维方式岂不是一个没有灵魂的空壳吗？

有人写文章说承认实践之外仍然存在物质世界的观点是旧唯物主义的观点。这位作者根本没有弄懂"实践之外无认识"和"实践之外无世界"是完全不同的两个命题。"实践之外无认识"是正确的命题，人只能在实践之中认识对象。毛泽东说过："如何认识外界的问题，在实践以外是不能解决的。"[1]而"实践之外

---

[1] 《毛泽东哲学批注集》，中央文献出版社，1988年，第22页。

无世界"是颠倒世界与实践关系的唯心主义理论。"存在是被感知"和"存在是被实践"异曲同工,殊途同归。按照这种所谓实践唯物主义观点,自然界的优先地位,自在自然和人化自然、自在之物和为我之物的转化都被一笔勾销了,人类实践着的生活世界是一个永远被主体的实践固定化的不变的圆圈,岂不荒谬至极。其实连古代哲学家庄子都懂这个道理。他说,人走路虽然占地很少,但能不断走下去是因为有许多空地让他走下去("足之於地也践,虽践,恃其所不践而后善博也"①)。千里之行可以始于足下,但千里之行不能止于举步。如果实践之外无世界,或者说实践之外的世界没有意义,那每个时代的实践不可能为后人的实践和认识进一步发展留下任何"未垦的处女地"。此说与史不合、与事不合、与理不合。

一些人错误地理解马克思在《1844年经济学哲学手稿》中那段著名的话:"被抽象地孤立地理解的、被固定为与人分离的自然界,对人说来也是无。"②这是马克思对黑格尔唯心主义自然观的批判。黑格尔从绝对观念的自我运动和异化中推论出的那个自然界并不是真实的自然界,而是抽象的与人相脱离的自然界,这种自然界当然是"无"。如果"实践之外无世界"的观点可以被称为"实践唯物主义",我宁可背上"反实践唯物主义"的骂名。

还有,现代一些哲学家包括中国哲学家不断指责西方哲学的

① 参见《庄子·徐无鬼》。
② 《马克思恩格斯全集》(第42卷),人民出版社,1979年,第178页。

主客体二分，仿佛这种观点不具有当代性，相反它是当代生态环境恶化的"元凶首恶"，这种哲学观点我称之为"哲学的荒唐"和"荒唐的哲学"。试问，如果世界没有主客二分而是合一不分，认识和实践的可能性存在吗？正确反映对象和改造对象的可能性存在吗？任何在认识论上否认主客二分、鼓吹主客不分或二者合一的观点，只能是唯心主义，只能是以自我为中心围着自我打转，没有跨出主体一步。不怪尼采说："我们无法像事物所是那样认识事物，因为我们根本就不能思想它们。"为什么尼采会这样说，就是因为主客不能二分，认识只能是人的自我投影，像他所说："我们试图再次抑制哲学的无限度的认识和使他重新认识到一切知识的拟人化性质。"①所有知识包括科学知识都是拟人化的知识，科学就成为人对自我认识的投影。它比巫术还不如，因为巫术还有祈祷的对象，而科学反而是除自我之外空无所有。我要引用一句列宁借用的费尔巴哈的话——"就等于把遗精和生孩子同等看待"②。我会再加一句看似更粗鲁的话，"自慰不是做爱"。请读者参阅马克思一段批评施蒂纳不承认客体只承认主体的话，真是妙极了："哲学和对现实世界的研究这两者的关系就像手淫和性爱的关系一样。圣桑乔尽管他有那种我们是耐心地证实的，而他是热情奋发地证实的无思想，却总还是停留在纯粹思

---

① [德]尼采：《哲学与真理：尼采1872—1876年笔记选》，田立年译，上海社会科学院出版社，1993年，第189、186页。

② 《列宁选集》（第二卷），人民出版社，1995年，第103页。

想的世界的范围内。"①没有主客二分，没有对象，从自我中是什么也生不出来的。主客二分与主客"绝分"是不同的。主客二分是人类从自然界中分化出来而成为主体，这是自然发展史、人类发展史、社会发展史中最具重大意义的转折，它让"上帝"使"诸神"羡慕，自然界最美丽的花朵——人，具有把世界当作客体的智慧和力量。而主客绝对对立、绝对二分则是一种错误的哲学观点。

我一直强调，要把认识论中的主客二分与本体论中主客合一区分开来。在认识论中我们应该主张二分，认识有认识主体与认识客体之分，有认识者与被认识对象之分，否则不可能有实践和认识。这是一个再简单不过的道理。它是人类在每时每刻的实践和认识对象化活动中存在的事实，只是被一些哲学家弄得玄而又玄。可在本体论上，我们应该把认识主体与认识客体视为同一物质世界存在的两种状态，当然是不可分的，它们相互作用，相互依存。这就是世界物质统一性的问题。中国哲学中"天人合一"说中某些合理因素正在于此。没有本体论中的一，就没有认识论中的二。如果把认识论中的二，变为认识论中的一，就是主客不分的唯心主义，如果把本体论中的一变为本体论中的二，就是主客绝对对立的二元论。这两者都是错误的。

我认为，马克思主义哲学的当代性问题应该求之于马克思主

---

① 《马克思恩格斯全集》（第3卷），人民出版社，1960年，第262页。

义哲学原理自身，求之于它的基本原理的正确性。我们只要稍微关注一下西方有良知的学者和某些西方马克思主义学者，尽管他们对马克思主义有各种不同的说法，但都承认马克思主义的不可超越性和当代有效性。因为他们非常明白，马克思的思想是作为解剖和批判资本主义及其弊端而产生的学说。在一个仍然是资本主义的时代，一个仍然是为资本主义各种矛盾所困扰的世界，只有马克思的思想才能为解释资本主义社会的当代发展提供理论来源。马克思被西方世界评为"千年最伟大思想家"绝不是偶然的。

中国特色社会主义建设总应该算是当代的吧，无论从社会主义现代化的目标和任务，或我们所处的世纪的角度来说，在中国发生的一切都是当代的。要问马克思主义哲学的当代性，我们可以思考一下，除了新民主主义革命时期不说，从改革开放以来邓小平一些重要论断，到"三个代表"重要思想，从科学发展观到习近平新时代中国特色社会主义思想，哪一条具有创新性的理论不是马克思主义哲学基本原理的创造性运用？哪一个重大决策不证明马克思主义哲学的当代有效性？从观察当代世界到中国的社会主义建设，马克思主义哲学仍然是我们最有效的理论和方法论工具，这就是马克思主义哲学最大的当代性。一个十四亿多人口的国家仍然用作指导思想的基本理论，它的世界观和方法论不具当代性，而西方一些不能为人类指明出路和方向的社会思潮或哲学思潮反而最具有当代性，具有衡量马克思主义当代性的"裁判权"，岂不令人费解？

其实，从哲学社会学的观点看，无论是对现代性的强调或对现代性批判的各种后现代主义思潮，在西方都有其社会学意义。离开了对西方世界社会矛盾的马克思主义分析，连为什么"当代性"这个问题会成为一个重大问题都难以搞清。一种理论的当代性不是时间概念，而是价值概念，是对理论自身的有效性评价。

说句心里话，我对我国马克思主义哲学发展现状感到困惑、失望。当我读到某些文章时，这种感受尤为强烈。但我相信毛泽东说的"有用的非即真理，但真理必须有用"①。清人张问隆的诗中有一联，"天籁自鸣天趣足，好诗不过近人情"。好诗不过近人情，此话有理，一首好诗一定要为人所理解，为人所接受。哲学也是如此。尽管有的学者对在哲学中运用真理一词可能会有异议，但我还是要说，马克思主义哲学是具有真理性的学说。它的道理朴素，但具有真理性。正因为它具有真理性，因而必然具有当代性。当代性不可能离开现代世界，因为现代世界仍然是资本主义占主导的世界。世界资本主义仍然存在，这就是马克思主义当代性的客观依据。

---

① 中共中央文献研究室编：《毛泽东哲学批注集》，中央文献出版社，1988年，第150页。

三、马克思恩格斯经典文本研究的双重视角

如何阅读和研究马克思恩格斯的经典文本，是坚持历史唯物主义方法，尊重原著本意，还是片面强调自我解读、自我建构，这是关系科学理解马克思主义本质和当代价值的重大问题。尊重经典、学习经典、正确理解经典，对坚持马克思主义在意识形态中的指导地位具有重要价值。

（一）历史视角、逻辑视角及其特征

我们将马克思和恩格斯留给后人的宝贵思想财产称之为经典文本。对这些文本的研究有两种视角，即历史视角和逻辑视角。历史视角指的是以马克思主义哲学史（以下简称"马哲史"）为核心研究内容的视角，逻辑视角则指的是以马克思主义哲学原理（以下简称"马哲原理"）为核心研究内容的视角。马哲史和马哲原理，是在长期的学科发展历史进程中逐渐形成的两个相对独立的分支。其实，这只是我们为了方便研究而构成的视角，而非马克思恩格斯思想的原本存在方式。对于经典文本，我们从历史和逻辑的两个角度进行研究，从而形成现在人们研究马克思主义

所采取的两种研究范式。对两者关系处理得好，有利于马克思主义哲学研究的深入；处理不好会形成分裂甚至割裂，导致两败俱伤。这是我们在研究马克思恩格斯经典文本时必须时刻注意的。为了对此问题进行更深入的研究，我们需要对历史和逻辑的两个视角的特征有清晰的把握。

就马哲史而言，马克思和恩格斯没有留下叙述自己思想发展的著作。虽然有些线索性的东西，例如马克思的《政治经济学批判·序言》、恩格斯的《在马克思墓前的讲话》、列宁的《弗里德里希·恩格斯》和《卡尔·马克思（传略和马克思主义概述）》，但并没有一部完整的著作来讲述其思想发展的脉络及历程。撰写一部体系完整的马哲史，当然是不同时代研究者的工作。但不能由此得出结论：马哲史可以任意构建。作为历史，马哲史应该具有历史学共有的特点，这就是尊重历史事实。没有事实，就不是历史，而是伪造的历史。

克罗齐的关于"一切真历史都是当代史"[①]的论断，在历史学中影响至深。当然，任何历史学家都在自己的时代从事历史研究，历史学家对历史的观点、视角、兴趣、关注点都不可能跳出自己的时代，即每个历史学家的"当代"，因而与现实需要无关仅"为历史而历史"的研究是毫无意义的。从这个角度来理解克罗齐的论断，无疑对历史研究是有启发的。但是历史判断的当代

---

① [意]贝奈戴托·克罗齐：《历史学的理论和实际》，傅任敢译，商务印书馆，1982年，第2页。

性不能变为被研究的历史事实和历史人物的当代性。历史认识的当代性，涉及的是历史研究主体的当代性；而历史事实和历史人物应该有自己确定的时代，有自己真实的内容。我们不同的人可以改变观察历史的观点，但不能改变历史事实。如果历史服从重构，每代人都可以重构历史，而且可以是永远不断地重构过去，"历史真实"就只能永远被笼罩在不可信的重构的迷雾之中，必然陷于历史虚无主义。马哲史同样遵守历史真实性原则。其实，马哲史要以马克思恩格斯的经典文本为依据，就是因为其文本本身就包含文本的历史性和理论的真实性。

首先，任何哲学家、哲学思想、哲学家思想体系都是一定历史条件的产物。哲学家的思想的秘密存在于本身就是历史的，都有比较明确的著作年代。虽然有些著作不可能精确到哪月哪天，但大体年代是有的。明确的写作年代，表明马克思恩格斯的经典文本都有特定的历史背景可考察。明确的历史条件，决定我们不可以随意解读马克思恩格斯的经典文本，因为它的写作年代与历史条件的契合是不能任意改变的。马克思恩格斯的每一部经典写作之间的时间延续性，构成了其文本的历史特色。马哲史研究，就是着重研究经典作家每部重要经典的写作时代背景，它的著述过程，以及他们为什么要写这部著作。这样才能进入马克思恩格斯原本思想的深处，杜绝任意解读的可能性。

历史视角的特点是，每部经典著作都是一次性的，非重复性的。每部著作都只出现一次。即使《资本论》写作长达四十年，有多种手稿，但就每种手稿而言仍然是一次性的。《德意志意识形态》包括多个手稿，将其编成一本书则是研究者整理的结果，就历史本真状态看它是多个版本的手稿。文本的历史性，构成经典著作研究的史学特色，每部经典都要放在特定的历史背景下来研究，时间顺序不可混乱。马克思恩格斯著作的编年史，就蕴藏着马克思恩格斯的思想发展史。严格的历史顺序是马哲史研究的基本条件。

其次，经典著作中阐述了哪些思想和理论，叙述了哪些问题，提出了哪些观点和看法，也是客观的。因为其本身就存在于经典之中，而不是存在于经典之外的主体解读之中。马哲史应该放在每部经典的特殊性上，揭示其特色与马克思恩格斯思想创造性的发展的历史进程。因此研究马哲史，应该着重每部经典的特色，而不是重复原理。重复就不是历史了。没有思想和理论的发展、没有过程，就没有马克思恩格斯哲学的历史。

最后，最为关键的是，马哲史应该包括马克思恩格斯的实践史，因为他们的理论创造和自身的实践是紧密联系的。马克思恩格斯既是思想家又是革命家，他们的理论就表现在其奋斗目标和行动之中。行动体现他们的理论，理论也表现在他们的行动之中。两相对照，就能更深刻理解他们经典文本所阐述的原理的真实性。马克思恩格斯为推翻资本主义制度而组织工人政党，一生都从事于唤醒无产阶级，推动人类解放的事业，因此才有了批判资本主义的经典哲学著作。具有科学性、真实性的马克思恩格斯

哲学思想发展史，必须是能真实揭示他们的经典文本产生的历史
条件、理论内涵、思想进程以及实践活动的相关的历史。在这个
意义上，胡编乱造的东西肯定与事实不符。例如"马克思恩格斯
对立论"，这是某些西方马克思学的学者们炒得很热的问题。恩
格斯对马克思的称谓，例如他称马克思为"第一小提琴手"①，
在马克思墓前发表的著名的悼词，都表明他们之间并不存在对
立。至于"老年马克思和青年马克思的对立论"同样没有历史事
实根据。马克思经典著作包括手稿的先后次序，表现的是思想的
发展，而不是退化，是由不成熟到成熟，而不是相反。

马哲原理研究的视角不同于马哲史研究的视角。它着重的不
是经典著作的一次性、非重复性和连续性进程，也不是关注论战
对象和写作动机，而是经典著作中不断重复的具有普遍性的规律
性论断，例如，马克思和恩格斯关于生产力与生产关系、生产方
式、社会形态、经济基础与上层建筑、阶级斗争等具有普遍性、
规律性的论述。它是脱去了历史"外衣"的纯逻辑范畴、概念、
规律。因此，基本原理不是一次性，而是在马克思恩格斯经典文
本中反复出现且加以论述的规律性理论。可以说，马哲原理是贯
穿马克思恩格斯全部著作的红线。不管是批判费尔巴哈，批判普

---

① 1844年10月15日恩格斯在致约翰·菲力浦·贝克尔的信中提出："我一生所做
的是我注定要做的事，就是拉第二小提琴，而且我想我做得还不错。我很高兴我有像马克
思这样出色的第一小提琴手。"（《马克思恩格斯文集》（第十卷），人民出版社，2009
年，第525页。）

鲁东，还是批判其他人都不要紧，要紧的是这些具有规律性的论断。这些论断构成了马哲原理的根本内容。如果用一句话来概括，可以说马哲史是历史的、纵向的，思想发展是连续的；而马哲原理则是平面的、逻辑的、概念的。哲学史是有血有肉的过程，它以历史为背景，以经典文本为依托，有具体的人物和事件；而哲学原理则是无血无肉的规律和范畴。我们从经典著作中考察其纵向发展，创立马哲史；从经典著作中归纳出具有普遍性的规律性论述，构成马哲原理。

当然，在把握什么是马哲原理时，我们还应该研究马克思恩格斯对自己原理的应用。通过他们对历史事件和理论问题的分析，从中可以看到哪些是基本原理。例如从《共产党宣言》《资本论》《1848年至1850年的法兰西阶级斗争》《路易·波拿巴的雾月十八日》，以及关于巴黎公社失败教训的总结等著作中，就可以看到处处显出历史唯物主义的基本原理和唯物主义的辩证法的光辉，而不是什么抽象人道主义或人性复归之类的东西。

马哲原理研究的视角是逻辑的。它关注的是经典中阐述的哲学原理自身的科学性、真理性、可证实性。例如，在哲学原理研究中没有必要分析马克思是何时、何处第一次阐述生产力决定生产关系的思想，而只关注这个哲学原理自身。马克思的《资本论》和恩格斯的《家庭、私有制和国家的起源》，前者是以资本主义社会为对象，揭示资本主义产生、发展和必然灭亡的规律，后者是分析人类社会从野蛮时代向文明时代的发展，揭示的是家庭婚姻制的变迁、私有制的起源、阶级和国家的产生，所涉及的是原始社会向奴隶社会的过渡。它们研究的对象是不同的社会形态，但从哲学原理角度看，它们运用的都是历史唯物主义原则。

正是由于马哲原理在马克思恩格斯著作中一再出现，并被运用于分析历史和现实，因而历史研究应该关注它的思想历史进程。在历史中，马哲史的形成是一个过程，它有成熟和不成熟之分，可以划分为早期、中期、晚期；而马哲原理是平面的，不是纵向的，构成马哲原理的是成熟的，经过实践检验的，具有普遍性、规律性的论断。原理中不应该包括不成熟的东西，而历史中可以包括从不成熟到成熟的进程。不写不成熟的东西就不是历史，突出不成熟的思想就不是原理。我用一句话概括这种说法：马哲原理中所排除的东西可以进入马哲史，而马哲史中重复出现的规律性论断理论也可以进入马哲原理。

（二）两种视角的有机统一：合则两利、离则两伤

在长期的学科发展史中，马克思恩格斯经典文本研究所形成的两种视角最终导致了两门相对独立的分支：马哲史和马哲原理。这样做可以深化对马克思主义哲学的研究，但由于我们课程设置以及研究者自身的素质和学养，有时会弄成两者的分离：研究马哲原理的不关注马哲史，因此对马哲原理的理解往往不准确；而研究马哲史的又不关注马哲原理的正确性，往往容易陷于过度解读或者由于热衷于主观的解释学方法，走向对经典的断章

取义或曲解。

我举几个著名的论断，说明离开历史就会错误地理解哲学原理。"哲学是时代精神的精华"，似乎这是马克思关于哲学本质的经典性定义性的表述，其实这是误读。这样理解，离开了马克思1842年抨击《科隆日报》社论提出这个著名论断的历史背景。马克思说的是"任何真正的哲学都是自己时代的精神上的精华"①。这个"真正的"定语是不能忽略的，更是不能删去的，删去了就无法理解。在同一篇文章中，马克思并不是赞扬任何哲学，相反，他对经院哲学采取的是批评态度，可见马克思并没有抽象地把任何哲学都视为时代精神的精华。

回到马克思提出这一论断的历史语境，我们会发现，马克思关于真正的哲学的论断，是对《科隆日报》的政治编辑海尔梅斯有关《莱茵报》攻击的反驳。因为《科隆日报》在179号社论中猛烈抨击马克思主编的《莱茵报》："我们认为，通过报纸传播哲学和宗教观点，或者在报纸上攻击这些观点，都是不能容许的。"②它攻击的矛头直指马克思，因为马克思当时参与青年黑格尔派运动，正在利用黑格尔哲学中的积极因素反对普鲁士专制制度和宗教，并在《莱茵报》上宣传这种哲学观点。马克思当时基于青年黑格尔派的立场维护黑格尔哲学，维护从黑格尔哲学中得出的反对宗教、反对普鲁士专制政府的结论等，实质是要把黑格

① 《马克思恩格斯全集》（第1卷），人民出版社，1995年，第220页。
② 转引自《马克思恩格斯全集》（第1卷），人民出版社，1995年，第208页。

尔哲学导向实际的政治生活，从而使哲学走出纯思辨领域。

熟悉这个时代和思想背景，我们就会懂得，马克思是在哲学与宗教对立的意义上强调"真正的"哲学是时代精神的精华，因为它追求的是真理，而不是简单的信仰。仍然是在这篇文章中，马克思强调，"哲学是不是应该照'每个地方都有自己的风俗'这句俗语所说的那样，对每一个国家都采取特殊的原则呢？……哲学是问：什么是真实的？而不是问：什么是有效的？它所关心的是一切人的真理，而不是个别人的真理；哲学的形而上学真理不知道政治地理的界限；至于'界限'从哪里开始，哲学的政治真理知道得非常清楚……在所有维护基督教的人中间，海尔梅斯最无能"①。从这段话中，我们可以看到马克思强调只有追求真理、反映真理、反映人类精神的哲学才是真正的哲学，才是时代精神的精华。这警示我们，不要以为任何人自称为哲学家，自称建构一个哲学体系的哲学都是时代精神的精华。也许他们并不是时代精神的精华，而是一文不值的"哲学胡说"。"哲学胡说"是恩格斯批评当时一些哲学的用语；"把哲学变成胡说的'诡辩家'"②，则是马克思在致恩格斯信中对施特劳斯等人的哲学的评价。

什么样的哲学才是时代精神的精华呢？马克思在论述"真正的哲学是时代精神的精华"的同时作过阐述："哲学家并不像蘑

---

① 《马克思恩格斯全集》（第1卷），人民出版社，1995年，第215页。
② 《马克思恩格斯全集》（第28卷），人民出版社，1973年，第368页。

菇那样是从地里冒出来的，他们是自己的时代、自己的人民的产物，人民的最美好、最珍贵、最隐蔽的精髓都汇集在哲学思想里。正是那种用工人的双手建筑铁路的精神，在哲学家的头脑中建立哲学体系。"他还强调，任何真正的哲学"不仅在内部通过自己的内容，而且在外部通过自己的表现，同自己时代的现实世界接触并相互作用"。①马克思上述关于"真正的哲学是时代精神的精华"中所说的时代精神，概括起来包含三个关键词：时代、人民、实践。

第一个关键词是时代。时代精神就是一个时代里反映社会进步要求的精神，因此真正的哲学必然是引领时代思潮和潮流的哲学，是与时代相向而行并走在前面而不是相背而行的哲学。

第二个关键词是人民。作为时代精神精华的哲学必须能把人民中最精致、最珍贵和最隐蔽的精髓集中在自己的哲学思想里。真正的哲学体系并不是哲学家头脑中冥思苦想、面壁虚构或闭门造车能构建出来的。进行哲学研究时可以闭门，可真正的哲学智慧不是闭门可得的。世界上没有一个仅属于个人的真理，哲学智慧同样如此。

第三个关键词是实践。哲学不仅从内容来说是实践的总结，而且就其作用来说，也应该与世界相互接触和相互作用。一个对人类认识世界和改造世界不能直接或间接起作用的哲学，不可能

---

① 《马克思恩格斯全集》（第1卷），人民出版社，1995年，第220页。

是时代精神的精华。

只要把马克思 1842 年撰写的《〈科隆日报〉第 179 号的社论》中关于"真正的哲学是时代精神的精华"的论断，与他在《德法年鉴》上发表的《〈黑格尔法哲学批判〉导言》，以及《论犹太人问题》和之后撰写的《关于费尔巴哈的提纲》联系起来考察，尤其是与第十一条①联系起来考察，就能懂得马克思关于"真正的哲学是时代精神的精华"的深刻含义。这是对新哲学的呼唤。只有这样理解，才能懂得马克思关于哲学满含热情的期待："哲学是被它的敌人的叫喊声引进世界的；哲学的敌人发出了要求扑灭思想烈火的呼救的狂叫，这就暴露了他们的内心也受到了哲学的感染。对于哲学来说，敌人的这种叫喊声就如同初生婴儿的第一声啼哭对于一个焦急地谛听孩子哭声的母亲一样；这是哲学思想的第一声喊叫。哲学思想冲破了令人费解的、正规的体系外壳，以世界公民的姿态出现在世界上。"②

"每个人的自由发展是一切人的自由发展的条件。"③我们一些学者在文章中抽象地宣传这个观点，仿佛这就是马哲原理。其实这也是离开经典文本的历史条件而导致的误读。马克思绝不是个人自由主义者，他并不认为只有先解放个人才能解放人类。马

---

① "哲学家们只是用不同的方式解释世界，而问题在于改变世界。"《马克思恩格斯选集》（第一卷），人民出版社，2012年，第140页。

② 《马克思恩格斯全集》（第1卷），人民出版社，1995年，第220页。

③ 《马克思恩格斯选集》（第一卷），人民出版社，2012年，第422页。

克思关于自由的学说非常明确。个人只有在集体中才能得到自由。在资本主义社会，一个人的自由的获得意味着另一个人自由的丧失，一个阶级的自由获得意味着另一个阶级自由的丧失。因此，在阶级社会中，一个人（或阶级）的自由是另一个人（或阶级）自由的"障碍"。这种情况只有在消灭阶级和剥削之后才有可能改变，因此"代替那存在着阶级和阶级对立的资产阶级旧社会的，将是这样一个联合体，在那里，每个人的自由发展是一切人的自由发展的条件"①。离开这个大前提，抽象地说"每个人的自由发展是一切人的自由发展的条件"是错误的。如果这个抽象论断能成立，我们就应该重新审视马克思主义的革命学说。实际上，社会主义革命不是从争取个人自由开始的革命，而是从改造社会开始的革命。马克思主义的社会革命论和西方自由主义理论走的是两条完全不同的道路。

恩格斯在逝世前一年仍然坚持的是社会革命的观点，而不是个人自由高于和先于集体自由的观点。1894年1月，当意大利的朱泽培·卡内帕请求恩格斯为《新纪元》周刊创刊题词时，他要求恩格斯尽量用最简短的文字来描绘未来社会主义社会的新纪元的特征。恩格斯认为："我打算从马克思的著作中给您找出一则您所期望的题词。我认为，……除了《共产主义宣言》（即《共产党宣言》——引者注）中的下面这句话，我再也找不出合适的

---

① 《马克思恩格斯选集》（第一卷），人民出版社，2012年，第422页。

了：'代替那存在着阶级和阶级对立的资产阶级旧社会的，将是这样一个联合体，在那里，每个人的自由发展是一切人的自由发展的条件。'"①恩格斯说得很明确，"每个人的自由发展是一切人的自由发展的条件"的社会是社会主义新纪元。要使它成为现实，首要条件是消灭阶级和阶级统治，只有社会解放才有个人解放，也只有在社会主义条件下，才可能通过促进个人的自由发展来为他人的自由创造条件。我们倡导的社会和谐，就是朝这个方向发展。

当然，在研究马哲史时，我们要以马哲原理为指导，坚持马克思主义的世界观和方法论。如果脱离马哲原理，寻章摘句，各取所需，就会歪曲马克思的思想。例如，"人是马克思主义的出发点"，仿佛是马哲原理，并且有经典文本根据。其实，马克思和恩格斯从来没有说过这种话，这个观点是对历史唯物主义基本原理的背离。只要我们认真阅读原文，可以发现《德意志意识形态》中争论的是意识的本质问题——意识是人的意识还是"从天国降到人间"的无主体的意识。关于这个问题有两种考察方式，一种是唯心主义的方法，另一种是马克思和恩格斯主张的历史唯物主义方法："前一种考察方法从意识出发，把意识看做是有生命的个人。后一种符合现实生活的考察方法则从现实的、有生命的个人本身出发，把意识仅仅看做是他们的意识。"②既然把意识

---

① 《马克思恩格斯选集》（第四卷），人民出版社，2012年，第647页。
② 《马克思恩格斯文集》（第一卷），人民出版社，2009年，第525页。

看作人的意识，而不是像黑格尔的绝对观念那样是无主体的意识，必须有一个前提，承认人的存在，没有人当然没有人的意识，所以《德意志意识形态》强调："这种考察方法不是没有前提的。它从现实的前提出发，它一刻也不离开这种前提。它的前提是人，但不是处在某种虚幻的离群索居和固定不变状态中的人，而是处在现实的、可以通过经验观察到的、在一定条件下进行的发展过程中的人。"①这段话再明白不过，意识只能是人的意识，而作为意识主体的人，"不是处在某种虚幻的离群索居和固定不变状态中的人，而是处在现实的、可以通过经验观察到的、在一定条件下进行的发展过程中的人"。用如此繁复的定语来定义人，就是为了防止把人抽象化。如果马克思和恩格斯同意"人是出发点"，而不区分抽象的个人和现实的个人，就不会在《德意志意识形态》中用如此大的篇幅批判施蒂纳关于人的学说。由此可见，简单说"人是马克思主义的出发点"这一观点是违背历史唯物主义基本原理的，也必然是对马克思恩格斯经典文本的曲解。那种认为马克思和恩格斯以一种不包含历史性、社会性、阶级性的，可以有多种解释、模棱两可，曾大力批判过的光秃秃的"人"，作为其全部理论的出发点，这是完全不可理解的。反对"人是马克思主义的出发点"并不是反对对人的问题的研究，也不是在任何意义上反对人道主义。马克思主义哲学当然要研究人

---

① 《马克思恩格斯文集》（第一卷），人民出版社，2009年，第525页。

和人道主义，但必须是用历史唯物主义观点，而不是相反。

在马克思主义哲学研究中，马哲史研究和马哲原理研究只是两种视角，而不是相互脱离的两个分支。它们各有特点，但必须统一在对马克思恩格斯经典著作的正确理解中。我们不能脱离马哲史去建构马哲原理，也不能违背马哲原理解读经典从而造成对马哲史的曲解。马哲原理是马哲史的精华和实践经验的凝结，而其思想发展史则是基本原理在与实践结合中走向成熟和不断发展的过程。两个视角合则两利、离则两伤。

（三）不能以文本的不同解读建构多元化的马克思主义

当我们说，马克思和恩格斯留给我们的是经典著作或者说是文本时，从理论上就潜藏着一个危险，这就是马哲史和马哲原理都是研究者自己的解读，因为马克思和恩格斯并没有写哲学思想史，也没有说过自己的理论中哪些是、哪些不是基本原理。这都是后人研究的成果。因此，对马克思和恩格斯哲学思想发展的历史和基本原理，可能出现多种理解、多种写法。这是不可避免的。研究者的政治倾向不同、理论追求和所处的社会环境不同，研究结果肯定会存在差别。这就是存在各种各样的马克思主义包括西方马克思主义的根源所在。例如，西方马克思学对同一经典也会产生不同的解读。观点分歧，甚至完全对立并不罕见。在我看来，这些问题的存在都是由于没有把历史视角和逻辑视角结合起来研究和创新马克思主义哲学所导致的后果。在这里，我们将通过对一些现象和问题的分析来对其加以体会。

美国社会学家赖特·米尔斯在《马克思主义者》一书中曾经谈到这一点。他说："马克思并没有得到人们的统一认识。我们根据他在不同的发展阶段写出的书籍、小册子、论文和书信对他的著述做出什么样的说明，要取决于我们自己的利益观点，因此，这些说明中的任何一种都不能代表'真正的马克思'。"他还特别强调，"人们对马克思的确没有一个统一的认识；每一个研究者必须通过自己的努力去认识马克思"。①有多少个研究者，就有多少种马克思主义，这是西方某些学者的得意之论。在20世纪90年代，我与几位博士生合作，撰写了《被肢解的马克思》一书，该书对那种完全用自我解读和建构的方法，取其一点不及其余，对马克思进行肢解的错误方式进行了批判。

如果说赖特·米尔斯肯定的是马克思主义多元化的现实，而西方解释学则为多元化的马克思主义从哲学上提供了一种理论和方法论依据。马克思主义多元化获得的合法性，得到了一种哲学理论的支撑。相反，任何坚持马哲原理的马克思主义者，都被视为教条主义者，解读和建构成为发展马克思主义的推力。按照这种说法，没有真假马克思主义之分，对马克思主义的理解也没有正确与错误之分，只有不同的解读和建构。马克思主义学说没有了本质规定性，成了一件被撕裂为无数碎片的号称为马克思主义

①[美]赖特·米尔斯：《马克思主义者》，商务印书馆编辑部译，商务印书馆，1965年，第39页。

的"公用外衣",可以包裹各种各样的理论身躯,只要它们乐于自称为马克思主义。

毫无疑义,西方解释学的传播,加深了国内外马克思主义多元化建构的合法性。解释学,又称诠释学(hermeneutics),既是一种研究方法,又是一种哲学思潮。它为人们提供了解释、了解文本的哲学方法,也是一种根据文本本身来了解文本的诠释理论。它的产生经历了很长的过程,是一种涉及哲学、语言学、文学等许多学科领域的当代理论思潮。虽然近现代有些比较温和的解释学者,也强调处于具体历史情境中的文本的历史性和解释的客观性,但由于解释学面对的只是文本,强调的是诠释者自己当下的处境,因此对文本中包含的真理性和客观性的追求,在解释学中始终是一个无法解决的难题。

马克思恩格斯的经典著作,不同于其他文本。它的革命的和实践的本性,决定对它的阅读、掌握、应用不可能简单采取西方的解释学方法。片面强调主体的解读,往往会成为导向对马克思主义进行主观唯心主义和相对主义的解释。我们应该坚持历史唯物主义的方法。无论是研究马哲史还是研究马哲原理,我们既要重视经典文本,更要以科学的态度对待经典文本。恩格斯在致约·布洛赫的信中批评当时德国一些青年人对历史唯物主义的曲解,特别嘱咐他们,要"根据原著来研究这个理论,而不要根据第二手的材料来进行研究"①。恩格斯不仅提倡要根据原著进行研究，而且强调研究时要尊重作者，反对对原著的任意解读甚至蓄意曲解。恩格斯针对英国一些庸俗经济学家和"伪装为庸俗经济学者的马克思主义者"对《资本论》的任意指摘，在《资本论》第三卷序言中指出："一个人如想研究科学问题，首先要在利用著作的时候学会按照作者写的原样去阅读这些著作，首先要在阅读时，不把著作中原来没有的东西塞进去。"②如果我们对经典文本的研究，不坚持以事实为依据的历史唯物主义分析方法进行解读，必然会坠入自我建构、任意附加的泥淖，这是对马哲原理和哲学史科学研究的根本颠覆。沿着这条路，我们的马克思主义研究只能走入死胡同。

或许有人会反驳，马克思恩格斯的经典著作是以文本方式存在的，对文本的理解必须经过解读，而解读者都是在自己的时代条件下阅读文本的。时代不同，语境不同，理解不可能相同，马克思主义多元化是必然的、必要的和进步的。这种说法实则混淆了两个根本不同的问题：马克思主义多元化与马克思主义的时代化、民族化。马克思主义多元化是关系如何看待马克思主义的本质的问题。我们并不否认，由于政治见解及其他诸多原因，当代世界存在着马克思主义多元化趋势。西方马克思主义流派纷呈，"马克思学"也相当活跃，对什么是马克思主义提出了各种解释。

① 《马克思恩格斯文集》（第十卷），人民出版社，2009年，第593页。
② 《马克思恩格斯全集》（第25卷），人民出版社，1974年，第26页。

西方马克思主义和西方"马克思学"情况各不相同，其中有些学者提出过一些独到见解，包括对苏联马克思主义教条化和僵化思想的批判。但我们坚决反对以马克思主义多元化来模糊马克思主义和非马克思主义的界线，甚至把反马克思主义的观点也纳入马克思主义之中。

马克思主义的本质是一元的并非多元的。马克思主义作为一种科学体系，它的内容并不取决于研究者的主观解读、自我建构，而是取决于它的客观内容和科学本性。马克思主义作为一种科学学说，必然具有它的本质属性，这就是马克思恩格斯在他们的经典文本中所阐述的关于哲学、经济学和科学社会主义的基本原理。马克思和恩格斯并没有终结马克思主义，而是为这种学说奠定了基础。完全背离马克思和恩格斯的基本原理，离经叛道，可以另举旗帜，但不可自称为马克思主义。当年美国的R.L.海尔布隆纳在《马克思主义：赞成和反对》一书中提出的看法，我以为至今仍值得参考。他说："我确信马克思主义思想，或者说得更精确些，马克思的著述所激发的思想（我们合称之为'马克思主义'），是有一个可以得到公认的共同点。这个共同点，源于同一套前提，凡是在这类著作中都可以发现这些前提，不管其作者所赞同的观点如何严谨或反传统，也不管这些观点相互之间如何不相一致，前提还都是共同的。"[1]作者列举了几条：对待认识本身

----

① [美]R.L.海尔布隆纳：《马克思主义：赞成与反对》，马林梅译，东方出版社，2016年，第6~7页。

的辩证态度、马克思主义的唯物主义历史观、依据马克思的社会分析而得出的关于资本主义的总看法、以某种形式规定的对资本主义的信奉。尽管海尔布隆纳的归纳不一定全面，但他肯定马克思主义必须有质的规定性，必须坚持历史唯物主义和辩证法，反对资本主义和信奉社会主义，认为并不是任何人可以凭自我建构和解读就能自封为马克思主义者的看法，却是有一定道理的。

我们反对马克思主义多元化，但赞成马克思主义多样化。多样化是与时代化、民族化相联系的。由于坚持马克思主义时代化、民族化，可以形成各具特色的马克思主义，这是一条创造性发展马克思主义的道路。中国当代马克思主义，就是具有中国特色的马克思主义。它不是依据对经典文本的解读和自我建构，而是基于中国革命和社会主义建设实践，创造性地发展马克思主义，是马哲原理与中国实际相结合的光辉结晶。它没有离开马克思主义，可又创造性地发展了马克思主义，为马克思主义增加了新的内容。

我国有学者说，马克思主义中国化的提法证明马克思主义是错误的，否则何以要中国化？既然要中国化，说明它原本不适用于中国。这种看法当然不对。马克思主义不仅要中国化，可以说在任何国家要发挥作用，都必须"本土化"，即与各国的具体情况相结合。对各国的实际情况而言，马克思主义是一种普遍性理论，它的力量在于运用和结合，从运用和结合中可以产生新的理论。看看世界社会主义运动的情况，凡是能将马克思主义与本国情况结合的共产党就能得到发展和壮大，相反则会失去它的影响力甚至逐渐消失。马克思主义之所以需要中国化，之所以能够中国化，而且一经中国化就产生了不可战胜的力量，就是因为马克思主义具有真理性和当代价值。中国化的丰硕成果，证明了马克思主义的力量而不是相反。如果马克思主义是错误的理论，那么无论你如何"化"都是无用的。只有本来正确的理论才有可能实现本土化，即运用于本国的历史条件来实现理论创新；对原来错误的理论，无论怎样"化"也是"化"不了的。中国近代曾经有各种各样的思潮传播到中国，真正能与中国实际相结合并指导中国革命的只有马克思主义。其他一些思潮逐渐随着马克思主义中国化的胜利而被淘汰。

这启示我们，任何一个国家的马克思主义者，真正的共产党人和革命者都必须走马克思主义与本国国情相结合的道路，创造出各具本国特色的马克思主义，而不能以文本的不同解读建构多元化的马克思主义。

马克思主义的科学性和实践本质，决定了我们对待马克思恩格斯经典文本的态度，不同于神学家对待《圣经》，也不同于中国儒家对待儒家经典专事注释的态度。毛泽东早在1930年《反对本本主义》中就说过："我们说马克思主义是对的，决不是因为马克思这个人是什么'先哲'，而是因为他的理论，在我们的实践中，在我们的斗争中，证明了是对的。我们的斗争需要马克思主义。"①至于书斋里的马克思主义、讲坛上的马克思主义，完全以学术研究为目的的马克思主义学者、左派学者，只要他们能从自己研究中得出一些有价值有意义的见解，值得欢迎，但应该明确的是，完全建立在对马克思恩格斯经典著作自我解读、自我诠释、自我建构基础上的学术研究，只能是学者个人化的一种研究方式，它不能成为马克思主义者普遍认同的研究方法，更不可能是马克思主义政党坚持和发展马克思主义的正确道路。

既然研究马哲史和研究马哲原理是研究马克思恩格斯经典文本的两种视角，必然会存在对它们不同的书写方式。既然我们并"不要求玫瑰花散发出和紫罗兰一样的芳香"，也不倡导"每一滴露水在太阳的照耀下都闪现着无穷无尽的色彩"，②那么在马哲史和马哲原理的研究中，我们当然也反对千人一面。马克思主义哲学发展的通史研究，断代史、国别史研究，包括著名人物的研究或者某个专题研究，不同的研究者当然可以有不同的语言风格、关注点和叙述方式。在学术研究中，多样性是必然的，雷同反而是对学术生命力的窒息。但我们必须区分书写的多样性和内容的正确性。不能以书写的多样性取代理论的正确性。

马哲史并非只有唯一的写法，可以有多种写法；马哲原理的编写，也不是只有一种编写，可以有多种编写。也就是说，马哲史和马哲原理的书写方式没有唯一的模式，可以多样。但是多样

---

① 《毛泽东选集》（第一卷），人民出版社，1991年，第111页。
② 《马克思恩格斯全集》（第1卷），人民出版社，1995年，第111页。

性不能排斥马哲史和马哲原理的科学性与内容的真实性。写作风格和叙述方式可以是多样的，某些问题的看法可以不同，但不管何种书写方式和何种见解，都必须是力求真实的，具有科学性的，经得起实践检验的，不能专属作者个人的解读。如果这样，就不是研究马哲史和马哲原理，而是研究个人心目中的马哲史或原理，或者干脆称我是如何解读马哲史和马哲原理的。如果我说我研究的是马哲史、研究的是马哲原理，那科学性和真实性就应该摆在第一位，多样性和不同的见解应该服从客观性和真理性。我们是在研究，而不是在自我解读。对象是确定的。对象，只有对象自身的内容才是我们科学研究应该追求的真实性所在；解读，重点关注的是解读主体，对象的内容决定于主体的理解；研究，重点关注的是被研究的对象，解读的结果应该力求符合对象。

或许有人会问，研究不需要解读，但不进行解读何以研究？解读不要发挥解读者独特的视角和眼界吗？这是毫无疑问的。科学研究本来是艰苦的脑力劳动，它要求最大限度地发挥研究者的主观努力。但不管研究主体如何重要，在马克思主义哲学研究中，解读只是研究的一种手段，是通向真理性认识道路的一种方式。它的研究结论应该具有真实性，必须符合研究对象，而不是研究对象从属于个人的解读。因此，无论是马哲史还是马哲原理研究，都应该遵循一条原则，这就是反对主观主义的解释学、反对单纯强调自我建构，倡导研究必须以经典著作为依据。对马克思恩格斯经典文本的历史的和逻辑的两种研究视角，并不是研究者主观决定的，它的真实内容都统一不可分地存在于马克思恩格斯的经典文本之中。按照实事求是原则，阅读原著、尊重原著、正确理解原著，无论对马哲史还是对马哲原理的研究都是普遍适用的。

四、马克思主义哲学关注现实的方式

马克思主义哲学不应该是哲学家们的"盛宴",更不应该是哲学家个人的私语和独白。马克思主义哲学的本质与功能,它所肩负的历史使命,要求马克思主义哲学必须立足现实,面对时代为捕捉当代世界和当代中国的问题而提供具有世界观和方法论作用的哲学视角。马克思主义哲学与现实相脱离,无异于自我放逐和自我边缘化。

对话,这是当前哲学界正在探求的走出哲学困境的一条路径。但是,无论是哲学范围内的对话,还是马克思主义科学体系内各学科之间的对话,只有当它有利于解决理论问题和现实问题时,才具有实质性的意义。

(一)哲学要透过经济理论问题与现实对话

在马克思主义哲学研究领域,我们都在提倡"中西马"对话,这种对话对于沟通不同民族的哲学思维,尤其是现代哲学发展及其成果,很是必要。马克思主义哲学本来是开放的思想体系,封闭僵化意味着把当代中国的马克思主义哲学变为与世界文化和本民族文化相脱离的孤立自存的哲学。这种所谓的马克思主义哲学注定会枯萎凋谢。

实际上，马克思和恩格斯在创立马克思主义哲学时，就在不断与自己的思想先驱们进行对话。我们只要读一读马克思1837年11月10日在波恩大学读书时给他父亲的信，就可以知道这一点。他读法律方面、艺术方面的著作，特别是哲学著作，如费希特、康德，最后转向黑格尔，并说自己"养成了对我读过的一切书作摘录的习惯"①。从《关于伊壁鸠鲁哲学的笔记》《克罗茨纳赫笔记》《巴黎笔记》《伦敦笔记》，以及晚年的《人类学笔记》《历史学笔记》等中可以看到，这种习惯，马克思保留终身。笔记中既有大量摘录又有批注。摘录是前人的思想和问题，批注则是马克思寻求的回答。阅读笔记，是马克思与思想先驱和自己同时代思想家们对话的一种方式。

如果说马克思和恩格斯尚且如此，当代中国的马克思主义哲学家更应该注重哲学对话。当代中国哲学领域中的状况是，西方哲学流派纷呈并不断被引介到中国，可以说是新一轮"西学东渐"；中国传统哲学的影响在经历"文化大革命"寒流以后呈现出复苏现象，尤其是新儒学的影响更有变为强势话语之势。马克思主义哲学"一枝独秀"的时代已不存在，它亟须通过中西马对话来扩展自己的哲学视野、哲学问题和哲学范式。

---

① 《马克思恩格斯全集》（第40卷），人民出版社，1982年，第14页。

但是中西马哲学对话有两大难题：一是难以形成共同认可的进行对话的指导思想和思维方式。虽然表面上都承认马克思主义世界观和方法论的指导，实际上一旦涉及具体哲学问题，分歧很难弥合。二是很难具有相同的问题意识。各自关注的重点不同，兴趣迥异，甚至南辕北辙。在当代中国，真正以马克思主义哲学的基本理论和方法为指导，以中国传统哲学为根，以西方优秀哲学家成果为思想资源，立足当代中国现实，形成具有中国风格、中国气魄、中国特色的当代中国马克思主义哲学，任重而道远。更何况单纯的中西马对话有它的局限性，这仍然是哲学领域中的对话，哲学家们的对话，是范畴与范畴、概念与概念、思想与思想的交流和碰撞。如果不超出纯哲学范围，那仍然是在思想的天国中徜徉。仅仅在观念王国中，思想可以复制，可以延伸，但难以有以现实问题为据的新的创造。

《中国社会科学》杂志和上海财经大学倡议开展哲学与经济学的对话，这是一个新的思路，是一种新的对话方式。哲学与经济学对话与纯哲学对话不同。经济学面对的永远是自己生活其中的世俗生活，或称之为市民社会。经济学理论都是为直接解决自己面对的活生生的社会经济运行和经济发展服务的。马克思在《哲学的贫困》中说："亚当·斯密和李嘉图，他们代表着一个还在同封建社会的残余进行斗争、力图清洗经济关系上的封建残

污，扩大生产力，使工商业具有新的规模的资产阶级。"①还说
"亚当·斯密和李嘉图这样的经济学家是当代的历史学家，他们
的使命只是表明在资产阶级生产关系下如何获得财富"②。亚
当·斯密和李嘉图，这些资产阶级产生的学术代表与他们面对的
经济现实不可分。

当然，经济学同样有基本理论、有范畴、有思维方式。但哲
学与经济学一个重大不同之处在于，经济学的范畴、概念和问
题，具有直接的现实性，是现实经济生活的直接抽象；而哲学则
是间接抽象，可以说是对各门学科抽象的再抽象。经济学离经济
基础最近，而哲学则离经济基础最远。正如马克思在评论亚当·
斯密和李嘉图时说的，他们"只是将这些关系表述为范畴和规律
并证明这些规律和范畴比封建社会的规律和范畴更便于进行财富
的生产"③。哲学家可以高踞哲学神圣的殿堂，而经济学必须关
注实际的现实生活。如果说哲学家的对话是思想与思想的对话，
那么哲学家与经济学的对话则是思想透过经济理论问题与现实的
对话。

因此，我们应该加强中西马哲学对话，又要超越这种对话，
特别要加强马克思主义科学体系内各学科之间的对话。

---

①②③ 《马克思恩格斯全集》（第4卷），人民出版社，1958年，第156页。

（二）历史提出的课题与马克思主义哲学的政治和价值取向

单纯的哲学对话，与马克思主义哲学本性是不相符的，因为马克思主义哲学是马克思主义科学体系中最重要的组成部分，它的生成、发展，具有决定意义的是它同马克思主义经济学和科学社会主义在实践基础上的互动关系。在这个意义上，在马克思主义学科内部开展哲学与经济学的对话比纯哲学领域中的中西马的对话，在当代更重要、更具迫切性。

马克思之所以能创造马克思主义哲学，就是因为他没有局限在纯哲学领域；马克思之所以是伟大的哲学家，并不是仅仅继承了德国古典哲学，而同时是由于从哲学转向经济学，并积极参与社会主义工人运动和社会主义理论构建过程。列宁说的三个来源和三个组成部分绝不是一一对应的关系，而是相互作用、交互影响的关系。马克思主义形成史证明，英国古典经济学、19世纪三大空想社会主义学说，对马克思主义哲学的创立和成熟同样起着重要的思想来源的作用。没有英国古典经济学的劳动和劳动价值论，就很难由异化上升为异化劳动理论并经异化劳动理论而升华为物质生产方式在社会生活中起决定作用的唯物史观；没有19世纪空想社会主义的思想资源，马克思主义哲学中就会由于缺少社会主义价值取向而成为知识论类型的哲学。

马克思主义哲学是科学性与价值性的统一。它是科学的，因为它以世界客观性为依据，以实践为基础，以规律为对象，它关于世界和人类社会历史发展的规律性揭示，具有可证性；但它又具有价值性，它不是对世界和人类社会规律的纯客观描述。它关心人类的处境，关心人类解放、人的自由和人的全面发展，其中所蕴含的社会主义人道主义的诉求，是马克思主义哲学的一个重要方面。单纯把马克思主义哲学科学化、实证化的知识论倾向不可取，它会极度弱化马克思主义哲学的吸引力和凝聚力。可以说，马克思主义哲学的科学性与价值性，凝结了全部人类优秀文化遗产，尤其是19世纪哲学、经济学和社会主义学说的最丰硕成果。

在马克思主义科学体系中，马克思主义哲学不是从外引进的或附加的可以独立的部分。19世纪40年代，历史提出的课题是如何使社会主义由空想变为科学。而这一使命的实现，首先需要的是一种新的世界观，它不同于一切空想的形形色色的社会主义的那种唯心主义的和抽象人性论的世界观，没有新哲学的创立，就不可能有科学社会主义的创立。但马克思主义科学社会主义并不是哲学共产主义，它以哲学为指导但并不是哲学原则的逻辑推论，单纯由哲学前提出发是不可能推导出科学社会主义结论的。要使社会主义由空想变为科学，必须把社会主义建立在现实的基础上。所谓现实基础，就是现实的资本主义社会自身，因为社会主义无论作为理论和实践都是作为对资本主义的扬弃和否定才可能确立和产生的。而对社会主义现实基础的分析，必须分析资本主义市民社会，而对市民社会的解剖只能求之于政治经济学，因而没有经济学说就不可能形成历史唯物主义，从而也不可能产生具有整体性的马克思主义。

马克思关于历史唯物主义最著名最精练最具概括性的论断出现在《政治经济学批判·序言》中，这不是偶然的。马克思明确地宣称，他的这些关于社会历史发展具有普遍规律性的结论，就是从对市民社会的解剖中得出的。他以自述的方式描述了如何从经济学研究中创立历史唯物主义的思想历程："我在巴黎开始研究政治经济学，后来因基佐先生下令驱逐移居布鲁塞尔，在那里继续进行研究。我所得到的、并且一经得到就用于指导我的研究工作的总的结果，可以简要地表述如下。"①接着就是关于历史唯物主义规律的经典表述。

至于科学社会主义的规律性结论和价值理想，则是从对资本主义社会的经济分析中引导出的结论。马克思主义哲学包含价值判断，但科学社会主义并不是建立在对资本主义道德评价的基础上。尽管马克思和恩格斯都对他们生活中的资本主义社会中工人阶级状态进行过道义的控诉，但他们关于社会主义代替资本主义的历史必然性是以严格的经济学分析为依据的，而不是单纯基于道德义愤。早年是如此，晚年也是如此。1881年，在给维·伊·查苏利奇的复信的草稿中，马克思仍然坚持的是对社会主义代替资本主义必然性的经济学分析。他说："资本主义生产一方面神

---

① 《马克思恩格斯选集》（第二卷），人民出版社，1995年，第32页。

奇地发展了社会的生产力，但是另一方面，也表现出它同自己所产生的社会生产力本身是不相容的。它的历史今后只是对抗、危机、冲突和灾难的历史。结果，资本主义生产向一切人（除了因自身利益而瞎了眼的人）表明了它的纯粹的暂时性。"①尽管历史并没有实现马克思的预期，西方资本主义世界在经历过国内对抗、经济危机、世界战争冲突和灾难后，通过调整仍然处于相对稳定时期并进入发达阶段。但二战以后，西方发达资本主义国家的民主社会主义、第三条道路思潮的兴起，暗含的隐喻信号是明确的：生活在发达资本主义社会的政治家和思想家仍为资本主义社会种种弊端所困扰，寻求改善资本主义的新的出路。当然，从科学社会主义观点看，资本主义可以改善但不会因改善而永存。资本主义社会经济基础中的内在矛盾决定它过渡到新的更高的社会形态的必然性。这种过渡的方式、时间，以及从哪里开始，我们现在无法预料，但资本主义社会绝不会因民主社会主义，或所谓第三条道路而终结。社会形态发展的历史辩证法是不可抗拒的。

马克思主义各个组成部分作为学科的独立性是相对的，它们存在着不可分割的内在联系，彼此支撑、彼此促进。一旦分割，就会失去由整体性赋予它们的马克思主义本质。在我看来，我们现在一些所谓的马克思主义哲学研究或马克思主义哲学的论文失

---

① 《马克思恩格斯全集》（第19卷），人民出版社，1963年，第443页。

去了马克思主义哲学的特性，是西方哲学或中国传统哲学在马克思主义哲学名称下的变形。我并不反对马克思主义哲学家研究西方哲学或中国传统哲学，但我们是用马克思主义哲学来研究它们，而不是用西方哲学或中国传统哲学来重构马克思主义哲学，这两种路径和结果是完全不同的。

马克思主义哲学的本性，要求它不可能纯学术化，在政治和价值取向上，它必须关心社会现实问题，直接或间接与无产阶级和人类解放的历史使命相联系。在当代中国必须关注中国特色社会主义经济建设中的哲学问题，否则就会把马克思主义哲学从整体中分裂出来，变为名为马克思主义哲学实为思辨哲学的哲学。同理，如果马克思主义经济学，不以马克思主义世界观和方法论为指导，不以社会主义共同理想为目的，那就不是马克思主义经济学，而是恩格斯在《政治经济学批判大纲》中关于资本主义经济学说所说的那种为资产者"发财致富的科学"；当然，科学社会主义学说，一旦没有马克思主义哲学指导，又不以中国当代经济现实分析为依据，只能陷于空想社会主义或其他什么社会主义，绝不可能是马克思主义的科学社会主义。马克思主义内部学科的适当分工，不能成为彼此割裂的理由。

马克思主义完整性形成的历史过程，也就是理论上相互促进、相互论证，逐步融为一体的理论过程。这个过程，实际上也就是马克思主义创立、成熟和发展的过程。马克思主义形成中具有标志性的著作《1844年经济学哲学手稿》，是转向解剖资本主义市民社会的第一部著作。它的明显特点是以异化劳动和私有财产为中心，通过对资本主义社会的资本、利润、工资的分析，对私有财产制度的产生、异化和异化扬弃的分析，把经济学、哲学和共产主义学说结合在一起。虽然这种结合还是初步的、不成熟的，但它是马克思主义体系完整性的雏形；而《资本论》则是它的成熟形态。《资本论》既是对资本主义社会形态剖析的经济学著作，又是大写的逻辑，是马克思主义历史唯物主义卓越运用的典范，同时是宣布资本主义私有制由于其内在矛盾必然被超越的社会主义理论的科学论证。恩格斯在评论《资本论》第一卷的价值和意义时说："马克思打算以批判迄今存在过的全部政治经济学的形式，总结自己多年研究的结果，并以此为社会主义的意图，奠定直到现在为止无论傅立叶和蒲鲁东，亦无论拉萨尔，都不能为它奠定的科学基础。"[1]还说，"任何人，不管他对社会主义采取什么态度，都不能不承认，社会主义在这里第一次得到科学的论述"[2]。因此《资本论》并不只是经济学著作，而且是马克思主义哲学和科学社会主义著作，是融三者为一体的马克思主义著作。

当代中国特色社会主义理论体系，从根本上说，同样体现了马克思主义的整体性，其中包括哲学、经济学和科学社会主义原理与中国实际的结合。从中剔除任何一个部分都没有中国特色社

---

① 《马克思恩格斯全集》（第16卷），人民出版社，1964年，第242页。
② 同上，第411~412页。

会主义理论。只要仔细体会一下邓小平关于什么是社会主义和怎样建设社会主义的理论，关于发展生产力、解放生产力、消灭剥削、消除两极分化，最后达到共同富裕的社会主义本质的定义，就体现了哲学、经济学和社会主义社会理想三者的统一。如果没有实事求是、从实际出发的哲学思维方法，没有关于所有制与分配、计划与市场、公平与效率关系等方面的新的经济学思考，没有科学社会主义关于消灭剥削，建立人与自然、人与人的和谐，共同富裕的社会理想，中国特色社会主义理论就不可能产生。

（三）以整体性的马克思主义多视角地考察市场经济问题

哲学与经济学彼此分裂是极端有害的。当前马克思主义哲学研究的困境，一定程度上在于它脱离社会实践，特别是缺乏经济学的理论基础，总是停留在纯哲学概念范围，同时也与科学社会主义理论、与实践相脱离。有些哲学家把马克思主义哲学为社会主义建设服务简单斥之为"工具主义"，或者说"意识形态化"，认为马克思主义越纯粹，就越具有学术性，这实际上是阉割了马克思主义哲学的批判性和革命性本质。我们只要读读某些哲学文章，从术语到文风，都能感受到这种空泛给读者带来的对马克思主义哲学的疏远和厌恶。

说句实在话，没有经济学研究基础，要真正弄懂马克思主义哲学，尤其是当代中国的马克思主义哲学是不可能的。马克思主义哲学要面对现实，可社会生活中具有基础性、决定性的现实是经济现实，是在一定的物质生产方式基础上确立的政治和意识的结构。根本不研究经济学，不理解当代中国社会的经济结构，不理解以经济为依据的社会分层，就无法理解当代中国社会思潮的多元性，不能理解社会现象的本质。在我看来，没有经济学理论的支撑，哲学社会永远浮在社会的表层，不能进入社会的深处，流于空论。

我不相信，一点儿不懂经济学的哲学家对当代中国社会基本矛盾及其运动规律，对当代中国社会的人民内部矛盾，对人类解放或人的主体性问题，能作出科学的具有说服力的分析。不管哲学家怎样强调哲学就是人学，哲学应该研究人、研究人性，但如果根本不懂在人类的活动中最根本的是生产实践活动，是生产满足人类生存需要的物质产品，因而经济活动是人类最重要的活动，其他一切活动都是在物质生产建立起来的历史平台上展开的，离开物质资料生产及其形成的各种社会性关系，就不可能真正能够理解人和人的本质。离开经济学，哲学家的"人"就会永远吊在半空中。

而我们的经济学说当前最缺乏的是什么？在我看来是缺乏马克思主义哲学的基本理论和方法论指导。经济学当然有自己的特有范畴和分析方法，诸如实证的、数学的，或统计的、模型的，等等。但马克思主义经济学最根本的指导原则应该是辩证唯物主义和历史唯物主义。我不相信一个不承认社会经济形态理论、不承认生产力与生产关系、经济基础与上层建筑理论，反对辩证思维理论和方法的经济学家，能成为卓越的马克思主义经济学家。特别是对创建具有中国特色的社会主义经济学说来说，背离马克思主义哲学特别是脱离历史唯物主义指导，只能是缘木求鱼。

事实上，哲学和经济学本来是不可分的。不以一定的哲学思维方法作指导的经济学家是没有的。经济学思维并不单纯是实证思维，它需要抽象，需要运用范畴和概念，需要有哲学支撑点。著名的英国古典经济学家亚当·斯密写过《国富论》，也写过《道德情操论》。但他的哲学与经济学理论之间存在矛盾。在《道德情操论》中的人是具有道德心、同情心的人，而在《国富论》中的人则是利己主义的人。它的看不见的手，就是以"经济人假设"为依据的。这种矛盾造成双重危害：在道德领域中，人的情感缺乏经济利益的基础；而在经济学中的"经济人"则缺乏道德同情心和道德自律。"看不见的手"虽然揭示了市场经济规律，但"经济人"这个关于人的本性的哲学前提，排除了社会主义市场经济建立的可能性。

在马克思主义体系中，不存在哲学与经济学的矛盾，不存在哲学思维方法与经济学理论的分裂。因此，对于马克思主义经济学家而言，最大的危险是来自对马克思主义哲学尤其是对历史唯物主义的蔑视。如果说马克思没有历史唯物主义，就不可能揭示资本主义经济运行规律，写不出《资本论》；列宁没有唯物主义辩证法就不可能写出《帝国主义论》，列宁的《帝国主义论》与《哲学笔记》之间就存在同样的辩证思维方法的联系；毛泽东没有矛盾论，就写不出《论十大关系》；邓小平没有实事求是和从实际出发，不坚持实践是检验真理唯一标准的哲学思想，就不可能倡导一系列新的经济政策，为确立社会主义政治经济学打下了基础。

在当代中国，马克思主义经济学排斥马克思主义哲学，完全倒向西方经济学，无论在理论上或是实践上都是有害的。只有马克思主义哲学家才能对当代中国社会主义市场经济中种种经济现象给予正确的哲学分析。

市场经济问题，不单纯是经济学的问题，不能简单地把市场经济只看作资源和劳动力的配置，而且是一个哲学问题、科学社会主义问题，它必须从作为科学体系的马克思主义进行多视角的考察。

为什么自20世纪上半叶南斯拉夫开始探险，然后是波兰、匈牙利，随后是苏联，都进行过以市场为导向的改革，结果原有的社会主义国家一个一个改变颜色，中国却能成功地实现从计划经济体制向市场经济体制的根本性转变，使经济得到持久迅速的发展，而社会主义制度自身在实现这种转变中又得到不断完善呢？根本问题不是不应该进行市场经济的改革，而是以什么样的指导思想进行市场经济的改革，进行什么样的市场经济的改革。当改革者采取新自由主义的方针，把市场经济改革与全面推行私有化相结合，必然改变原有的社会主义生产方式，从而导致社会结构的根本变化。而中国特色社会主义理论坚持社会主义基本制度与社会主义市场经济改革相结合的原则，坚持社会主义的基本制度，充分发挥市场经济在资源配置中的决定性作用，调动各种所有制参与市场竞争的积极性，以利于解放生产力和发展生产力，从而达到既迅速发展经济又实现社会主义自我完善的最佳效果。

有的西方学者难以理解，为什么实行市场经济体制的中国，在上层建筑领域中仍然坚持共产党的所谓"一党专政"、坚持马克思主义在意识形态领域的指导地位。按他们的看法，既然实行市场经济，那政治制度应该实行多党制、议会制，在意识形态领域实行指导思想的多元化，实行资本主义的自由、民主、平等，那才符合市场经济原则。他们期待中国，或者按照市场经济原则改变整个上层建筑，或者由于上层建筑束缚中国市场经济的发展，从而为市场经济的积极力量所冲垮。只有这样才符合经济基础与上层建筑相结合的历史唯物主义。

这是对历史唯物主义关于经济基础与上层建筑理论的曲解。邓小平说过，计划不等于社会主义，资本主义也有计划；市场不等于资本主义，社会主义也可以有市场。这说明无论是计划或市场都不是经济基础，而是经济运行的方式。

按照历史唯物主义原则，经济基础是生产关系的总和，核心是所有制。资本主义社会的经济基础是以资本主义私有制为核心的生产关系的总和；而处在社会主义初级阶段的当代中国，它的经济基础是以公有制为主体、多种经济成分共同发展的基本经济制度。我们国家的社会主义上层建筑是与这种经济基础相符合的。当然也会存在不相适应的矛盾，因而必须通过改革不断调整这种矛盾，但上层建筑，即中国共产党领导的多党合作和政治协商制度、民主制度和马克思主义指导地位的依据，是以公有制为主体的社会主义基本经济制度，而不是市场经济。市场经济并不是社会主义中国的经济基础，而是与我国社会主义基本经济制度相结合的经济运行方式。它对上层建筑不起决定作用，起直接决定作用的是社会主义经济结构。市场经济的运行方式、作用和范围，要受社会主义基本经济制度和政治制度的制约。

当然，从历史唯物主义的观点来看，我们并不忽视市场经济的运行方式从经济基础到上层建筑对社会主义社会的社会结构可能带来的深远影响。市场经济既有利于调动所有社会成员参与经济活动的积极性，推动生产力的迅速发展，但又可能导致两极分化，拉大贫富差距。而且它有可能侵入政治领域，引发钱权交易；有可能侵入思想道德领域，引发价值观念的混乱和道德水平的下降。如何在充分发挥市场经济积极效应的同时，防止它消极方面作用的扩大和泛化，就不是单纯政治经济学一个学科能够解决的问题，而必须把政治经济学对市场经济的研究放在整个马克思主义理论体系中，放在与哲学和科学社会主义理论相关联的体系中展开研究。

在社会主义基本制度下推行市场经济改革，应该是用社会主义制度来制约和规范市场经济，而不是用市场经济来改变整个社会主义制度。一个是基本的社会经济制度和政治制度，一个是在这种社会制度下经济活动的方式。我们奉行的是马克思主义的科学社会主义，是实行社会主义市场经济，而不是奉行市场社会主义，用全盘市场化的改革来改变社会主义基本制度。

对市场经济运行特点的分析，我们不仅要有经济学观点，而且要有哲学观点。市场关系是把人与人的关系物化，货币成为人与人关系的纽带。这一点，资本主义市场经济和社会主义市场经济会具有某些共同点。历史唯物主义充分认识到，货币不只是发挥交换、流通、价值尺度，或储藏的职能即一般等价物，它蕴藏着许多经济学问题和哲学问题。从哲学来看，当人与人的经济关系以货币为中介时，很可能带来拜金主义和价值观念的颠倒。马克思在《1844年经济学哲学手稿》中对货币有过许多精彩的分析。他说："货币，因为具有购买一切东西、占有一切对象的特性，所以是最突出的对象。货币的这种特性的普遍性是货币的本质的万能；所以它被当成万能之物。货币是需要和对象之间、人的生活和生活资料之间的牵线人。但是在我和我的生活之间充当媒介的那个东西，也在我和他人为我的存在之间充当媒介。对我说来他人就是这个意思。"[1] "它是有形的神明，它使一切人的和自然的特性变成它们的对立物，使事物普遍混淆和颠倒；它能使冰炭化为胶漆。""它是人尽可夫的娼妇，是人们和各民族的普遍牵线人。""货币的这种神力包含在它的本质中，即包含在人的异化的、外化的和外在化的类本质中。它是人类的外化的能力。"[2]

---

[1][2] 《马克思恩格斯全集》（第42卷），人民出版社，1979年，第153页。

当然，这些论述中包含道德性的评价，它与马克思关于货币在人类社会和人类文明发展中的积极作用不是相对立的。社会主义社会能消灭货币吗？不能！消灭货币、消灭商品、消灭市场，纯粹是一种乌托邦。但是我们必须明白，即使是在社会主义社会，以货币为中介的经济的活动有可能对人与人的各种关系产生消极影响。在实行社会主义市场经济的过程中，必须在哲学理论上对此有清醒的认识，从而在思想文化建设中注重道德建设，反对拜金主义和极端利己主义。

市场经济是资本运作的经济。如何看待资本的本质，在社会主义市场经济中同样是个重要的哲学问题。在社会主义条件下，资本同样不是物，而是以物为载体的人与人的关系。我们不应该讳言，在不同的资本属性中存在不同的人与人的关系。在各种形态的私有制的资本中，资本所有者和劳动者的关系是资本与雇佣劳动的关系。在考察资本主义资本形态时，抽象掉资本所有者和劳动者的这种关系是违背历史唯物主义的。

马克思曾说过，资本没有劳动，比劳动没有资本活得更长久些。当然，在资本主义社会，资本有它自身的逻辑，有它运行的规律，即对利润的追求和对劳动的强势地位，包括在政治领域中对政治权力的攫取和控制，在意识形态领域中通过对传媒的占有而对思想的控制。在社会主义条件下，资本运行的条件发生了变化。社会主义的经济制度和政治制度，会按照法律限制资本对劳动的优势权利，保护劳动者的权利，使两者得到适当的平衡。要防止资本对政治权力的入侵和用金钱制造的话语霸权。这是社会主义基本制度本身所要求的。但我们应该警惕这种可能性。在这个问题上，哲学会比单纯的经济学看得更远。

完善社会主义市场经济是进一步推进改革的重中之重。但完善市场经济，并不意味着把整个社会生活市场化，而是使市场经济的运行机制健康有序，使市场经济有利于构建社会主义和谐社会，有利于建设中国特色社会主义。完善社会主义市场经济就包括完善宏观调控，完善社会主义基本经济结构，正确发挥社会主义国家的经济和政治职能。面对灾难或疫情，中国所做出的反应充分说明社会主义国家负有社会经济和政治职能，不可也不能单纯依靠市场经济来配置一切。解放军和医生奔赴灾区，物资的调拨，老百姓的无私捐助，体现的是社会主义制度的优越性和国家宏观调控的功能，而不是单纯依靠"看不见的手"。不仅在经济活动中，会发生"市场失灵"；在涉及全体人民利益的经济和政治活动中，更容易发生"市场失灵"。在经济学中考虑市场的作用问题时，不能脱离科学社会主义的基本原则，不能离开历史唯物主义关于社会主义国家的学说。

有些经济学家总是讳言我国私营经济的资本主义属性，讳言存在剥削，乐意把它称为民营经济或民本经济。在我看来大可不必。当代中国的资本主义经济成分是中国共产党在1956年全行业公私合营以后，在经历了二十多年发展自己重新搞起来的。当年中国共产党领导三大改造，反对资本主义私有制，敲锣打鼓，全行业公私合营，叫作社会主义伟大胜利；现在资本主义私人资本在整个国民经济中占有举足轻重的地位，又叫中国特色社会主义的伟大胜利。如果没有马克思主义历史唯物主义观点，或对马克思主义基本原理采取教条主义态度是无论如何也无法理解的。

　　资本主义经济在中国的再生和迅速发展问题，不仅是个经济学问题，而且是个哲学问题。离开生产力与生产关系、经济基础与上层建筑相互关系的规律，就很难理解这种变化。1956年的社会主义改造是必要的，不如此，就没有强大的国营经济，也没有以强大的经济力量为基础的新生的人民民主政权。从生产力到生产关系、经济基础到上层建筑，除了共产党执政外，与夺取全国政权前的旧中国没有根本性的变化。如果这样，就没有后来进行改革发展多种经济成分的经济基础和政治基础。

　　问题是中国在进行资本主义改造并形成比较强大的国有经济以后，在很长一段时期，国有经济独占独大，而且在计划经济体制下片面强化上层建筑对经济基础的作用。这就造成生产力与生产关系、经济基础与上层建筑诸多不相适应的矛盾。在消灭资本主义经济以后又重建资本主义经济，出现多种经济成分并以市场经济作为社会资源和劳动力配置的方式，有利于解放和发展生产力。因此，改革本质上是调整社会主义社会的基本矛盾，是社会主义制度的自我完善。只有站在历史唯物主义的高度，从调整社会主义社会基本矛盾着眼，才能理解资本主义经济在新时期的地位和作用。用不着改变资本主义私有制的名称，也用不着讳言存在剥削，更用不着改劳动价值论和剩余价值理论。只要我们懂得真理是具体的，抽象真理是没有的。资本主义私有制、剥削、剩余价值并不是在任何条件下都是绝对坏的东西。当恩格斯写《英国工人阶级状况》时，资本主义在英法矛盾重重，可在德国资本主义还被当成初升的朝阳受到欢迎。

列宁在俄国实行新经济政策批评一些怀有"左"的僵化思想的共产党员时说，"'我们'直到现在还常常爱这样议论：'资本主义是祸害，社会主义是幸福。'但这种议论是不正确的，因为它忘记了现存的各种社会经济结构的总和，而只从中抽出了两种结构来看"①。列宁强调："问题的关键在于我们要懂得，这是一种我们可以而且应当容许其存在、我们可以而且应当将之纳入一定范围的资本主义，因为这种资本主义是广大农民和私人资本所需要的，而私人资本做买卖应能满足农民的需要。必须让资本主义经济和资本主义流转能够像通常那样运行，因为这是人民所需要的，少了它就不能生活。"②

在经济学研究中如果坚持马克思主义哲学指导，懂得历史唯物主义，懂得一切依时间、地点、条件为转移，就不必要讳言私营企业的资本主义性质。应该懂得，按照社会主义发展的阶段和我国的社会发展水平，处于社会主义基本经济结构中的资本主义企业，它的地位和作用不同于没有强大公有制为主体的私人资本主义。在社

---

① 《列宁选集》（第四卷），人民出版社，1995年，第510页。
② 同上，第671页。

会主义基本经济结构中，它可以发展社会生产力，增强综合国力，解决就业，增加供给；剩余价值既可以增加社会财富总量，又可以满足私人资本逐利的活力；私人企业主，可以以他们的资本、管理经验和技术创新，对中国特色社会主义建设做出贡献。不要在名称上争论，是企业家还是资本家，是剩余价值还是资本收入，对哲学家来说没有多大意义，马克思主义哲学不是语义哲学。它要求对任何问题都要放在一定的时空背景下进行分析。

我们丝毫不否认，公有制与私有制之间、资本与劳动之间、富裕与贫困之间的社会矛盾肯定会存在。社会主义上层建筑，即国家当然要发挥它的调控功能。这是社会主义现代化建设需要解决的矛盾。如果矛盾处理不当，社会基本经济制度中各经济成分的结构失衡，甚至让私有化的思潮成为主流，当然会危及社会主义制度。如果我们不把发展资本主义经济问题，不把多种经济成分共同发展问题，放在中国社会主义初级阶段的社会结构和社会基本矛盾运动中来考察，是会不得要领的。历史唯物主义是经济学家绝不可缺少的锐利认识武器。

其实，不仅要加强哲学与经济学对话，而且要加强马克思主义哲学学科与社会主义学说理论研究的对话。社会主义学说，如果脱离马克思主义哲学和经济学，不可能是科学社会主义。当年马克思和恩格斯创立科学社会主义学说如此，当代中国同样如此。有的学者认为社会主义首要的是价值观念，把所谓价值性置于社会主义理论的科学性之上，片面强调自由、平等、人权、和谐、公正之类的价值首要性。可是他们忘记了马克思主义哲学和经济学的最基本原则：任何一种社会价值都不是悬空的，它都依存于它借以产生和存在的社会经济制度和政治制度。恩格斯曾经尖锐批判资产阶级思想家掩盖资本主义经济制度和政治制度的本质并把价值放在首位的观点："有产阶级胡说现代社会制度盛行公道、正义、权利平等、义务平等和利益普遍和谐这一类虚伪的空话。"①

这个历史唯物主义原则，同样适用于科学社会主义学说。我们提倡社会主义核心价值观，提倡以人为本，提倡自由、公平、正义、和谐，这是因为我们的社会是社会主义社会，它的经济基础和政治制度为这些价值观念的逐步实现提供了经济的和政治的基础。如果不以经济建设为中心，没有生产力的高度发展，没有以共产党为领导的人民民主制度，一句话，没有社会主义基本的经济制度和政治制度，所有价值目标都会变成无法兑现的空头支票。科学社会主义不同于空想的乌托邦社会主义，它的双脚始终稳稳地站立在经济基础之上，认为归根结底物质资料生产方式在社会形态中具有决定意义。当年马克思和恩格斯在历史唯物主义和剩余价值学说的基础上建立了科学社会主义学说，而今天，我们反而要把中国特色社会主义理论塞进新康德主义价值观的理论框架中，岂不怪哉？

我重点强调的是马克思主义内部各学科的对话，这种对话对

---

① 《马克思恩格斯选集》（第三卷），人民出版社，1995年，第338页。

消除马克思主义内部各学科的分裂，对坚持和发展作为完整科学体系的马克思主义是极其必要的。但是我并不排斥马克思主义与非马克思主义的对话。例如，在经济学方面，一些学者对法国后现代主义者鲍德里亚的符号经济学的研究取得了很大的成就。很显然鲍德里亚关于资本主义消费社会的批判，对我们很有启发，但它的理论出发点很难与马克思主义历史唯物主义沟通。物质资料生产是社会存在和发展的基础，这是普遍规律。任何社会即使高度发展的资本主义社会如果停止生产，哪怕是几个星期都是不可想象的。根本不存在一个不以生产高度发展为基础的消费社会。马克思在《政治经济学批判·导言》中关于生产、分配、交换、消费的分析，以生产为起点是完全正确的。虽然随着社会生产的发展，当产品匮乏消失，消费会越来越超越人类自身需要的水平，满足人类生存的需要转变为一种奢侈，这是必然的，但它的基础仍然是生产。

从文化的角度来考察消费可以是一种新视角，但它不能取代生产在社会中的基础性地位。消费可以有符号意义，因为需要和满足需要的是人的生活方式的内容，而生活方式就是文化的载体。从来消费就不仅是物质的，而且具有符号意义。在封建社会，衣服的式样或颜色都是身份的标志，例如黄色代表皇族。在资本主义时代，这种限制随着封建社会的灭亡而消失，但衣着代表高贵、时尚、新潮、先锋或反世俗、叛逆的符号意义更加强化。但符号意义是文化意义，它不能改变历史唯物主义的本质。

同样，消费中的异化倾向在资本主义时期就已经出现，马克思在《1844年经济学哲学手稿》"第三手稿"关于《需要、生产和分工》中已经开始批判资本主义的消费观，指出在资本主义生产中，"产品和需要的范围的扩大，成为非人的、过分精致的、非自然的和臆想出来的欲望的机敏的和总是精打细算的奴隶。私有制不能把粗陋的需要变为人的需要。它的理想主义不过是幻想、奇想、怪想；没有一个宦官不是下贱地向自己的君主献媚，并力图用卑鄙的手段来刺激君主的麻痹了的享乐能力，以骗取君主的恩宠；工业的宦官即生产者则更下贱地用更卑鄙的手段来骗取银币"①。这种消费异化表现为人成为消费品的奴隶，这种消费异化的根源在于资本主义生产制度本身。因此，马克思在指出资本主义消费异化的同时，还指出资本主义同时存在消费需求不足，即人的需要的"牲畜般的野蛮化"现象。当今资本主义社会并不是一个普遍高消费的社会。无论资本主义生产如何发展，总体财富如何增加，普遍生活水平如何提高，但只要仍然存在资本主义私有制剥削和贫富对立，各个阶级和阶层的消费水平仍处在不同层次上。资本主义强势的广告宣传和商业文化攻势，可以使高消费成为资本主义社会一种普遍追求的文化观念，但不会使普遍高消费成为全民的客观事实。

尽管我们可以不同意鲍德里亚以符号经济学取代马克思主义

---

① 《马克思恩格斯全集》（第42卷），人民出版社，1979年，第132~133页。

政治经济学的观点，但他指出当代资本主义消费观念日趋处于主导地位的看法，对我们如何在社会主义现代化进程中，提倡合理消费、科学消费、文明消费，使对需求和消费的满足有利于社会主义社会人的素质的提高和人的全面发展，具有某种警示作用。我们目前主要矛盾仍然是消费不足和消费水平不平衡。发展生产，解决不平衡不充分的发展之间的矛盾仍然是我们的主要任务。但同时应该防止消费主义的滋生和膨胀。我们应该接过西方学者提出的问题，去寻找另一种答案。其他与各种旗号的西方马克思主义的对话，也应该采取这种态度。

总而言之，哲学处于"冰冷"状态，应该加强对话，尤其是应该加强马克思主义科学体系内部的对话。马克思主义哲学不能虚，不能脱离实际生活，特别是经济生活；反过来，经济学不能太实、太微观，而必须以马克思主义哲学为指导，以有利于促进社会主义制度的自我完善为目标，真正体现马克思主义的经济学功能；而社会主义学说，必须双脚牢牢地站在马克思主义哲学和经济学的基础上，而不能朝抽象人性论和唯心主义价值论靠拢。如果我们能把哲学与经济学的对话逐步扩展到哲学、经济学、社会主义学说彼此间的对话，肯定对坚持和发展作为完整科学体系的马克思主义，对从哲学、经济学和社会主义学说统一角度理解中国特色社会主义理论体系的丰富内容，具有推动作用。马克思主义哲学可以在加强哲学对话中走出自我放逐和自我边缘化的困境。

五、论普世价值与价值共识

普世价值与价值共识最易混淆。价值共识可以具有一定程度的普遍性，而普世价值似乎是人人都应该认同的一种价值共识。普世价值是一种以抽象人性论为依据、以绝对的普遍性为方法的唯心主义价值观。在当代，西方和国内少数人借助强势话语霸权，把西方资本主义的核心价值称为"普世价值"，以达到他们西化和分化的政治目的。我们要揭露西方"普世价值"论的实质，但应充分肯定人类文明进步的成果和通过国际合作与文化交流在一定范围内和一定问题上达到价值共识的可能性。不能因为人类可能具有的价值共识而陷入普世价值的政治陷阱，当然也不能因为反对西方"普世价值"论而拒绝人类文明进步的积极成果，否定人类在一定程度和范围的价值共识。

（一）拒斥西方"普世价值"

在对待普世价值的问题上存在两种不同的观点：一种是西方中心论的普世价值论，即把西方以资本主义私有制为基础、以个人主义为核心的价值观奉为绝对的普世价值；另一种是以历史唯物主义为指导的观点，它肯定人类文明进步和文化交流的积极成果。后一种观点是对人类基本价值的肯定，是一种价值共识论。由于代表历史进步的趋向、得到人民比较广泛的认可，这种价值共识具有一定程度的普遍性；而且由于它是人类文明成果的积淀，具有先导性。但价值共识的普遍性和先导性具有历史性、时代性和民族性。

当今西方抽象普世价值论的兴起不是突然产生的：它从宗教的普世主义，到神学家和宗教伦理学家倡导的普世伦理，再到现在成为西方强势话语的所谓普世价值，经历了很长的历史过程。但是作为当代强势话语的西方普世价值，不同于宗教的普世主义和神学家、宗教伦理学家倡导的普世伦理，因为它具有与全球化中西方资本主义强势地位的扩张相联系的特殊的政治意图。

抽象的绝对的普世价值是不存在的，因为它包含一个不可解决的矛盾，即价值主体与价值本质的矛盾。价值不可能具有绝对的普世性。有放之四海而皆准的普遍真理，而没有放之四海而皆准的绝对的普世价值，这是真理与价值之间最重要的区别。因为真理是主客体的认识关系，它涉及的是认识内容的客观性问题；而价值是主客体的一种需要和满足需要的关系，它涉及的是利益，特别是核心利益的关系问题。即便是放之四海而皆准的普遍真理，也要与各国实际相结合，否则就是抽象真理，而抽象真理会因为缺失具体性转化为谬误。真理尚且如此，何况价值？

价值的绝对普世性与价值关系的具体性两者不能兼容。价值观念是主体的判断，而价值关系是不依主体意志为转移的客观关系。《红楼梦》中服侍贾宝玉的高级丫鬟可以对自己地位作出满意的价值认同，但无法改变她们与主子之间实际的价值关系，即主子与奴才的关系。价值认同与实际价值关系背离的情况在阶级社会并不罕见。称颂资本主义、满足于资本主义制度的无产者，已经成为当代西方工人运动的一大障碍。如果社会主义国家把西方所谓的普世价值当成自己的价值追求，就是对自身制度的本质和利益的实际价值关系的背离。

普世价值不可能是绝对的，当今世界不可能奉行同一种价值观，因为作为这种价值观的共同的统一的主体并不存在。现实中有个体，有由特定关系结合而成的集体，如阶级、社会、民族、国家，因而有个人价值、阶级价值、社会价值、民族价值、国家价值，但当今世界并没有以全世界所有国家为同一主体的普世价值。有人可能会说，虽然国家和民族不同，但都是人构成的，人就是普遍主体，因为人是"类"，"类"可以成为世界主体；只要承认我们都是人，必然有高于和超越各个国家、民族和阶级之上的绝对的普世价值。其实这只是抽象人道主义的老调新弹，是从马克思主义的"现实的人"重新回归"抽象的人"。马克思说："人的本质不是单个人所固有的抽象物，在其现实性上，它是一切社会关系的总和。"①他批评费尔巴哈把人的本质"理解为

---

① 《马克思恩格斯选集》（第一卷），人民出版社，1995年，第56页。

'类'，理解为一种内在的、无声的、把许多个人自然地联系起来的普遍性"①。这是被千百次引用过的经典名言，用在剖析普世价值问题上同样恰当。

任何人都明白，迄今为止现实的人都生活在一定国家和民族结构之中，而不是生活在一个以世界为统一主体的整体结构之中。全球化并没有把全世界的人变为统一的主体，泯灭了国家和民族的差别，而是使强国与弱国的对立更加激化。即使是联合国，也是一个由主权国家组成的国际组织，而不是无国界的所谓"人"的组织或"类"的组织。对于当今世界人类而言，国家仍然是存在的边界。所以凡是主张绝对普世价值的理论家，都承认有一个抽象的类主体，而且肯定人性的普遍性，由人性的普遍性推论出绝对普世价值。

有人说，不要偷盗、不要奸淫、不准乱伦就是符合人性的绝对普世价值。其实在没有私有制的时代不存在"不要偷盗"的规定，在群婚时代不存在"不要奸淫"的规定，在杂婚时代不存在"不要乱伦"的规定，甚至连"盗窃""奸淫""乱伦"的动机和观念都根本不可能出现。这些人类的基本价值共识，是社会发展和文明进步的成果。所以我们否定绝对的普世价值：没有任何一种价值可以脱离历史、超越时代，包括体现人类进步的价值共识也是受历史条件和时代制约的。

---

① 《马克思恩格斯选集》（第一卷），人民出版社，1995年，第56页。

由此可见，普世价值论的哲学基础有二：一是抽象人性论，它由人性共同性推论出价值的普世性；二是形而上学的价值不变论，它由人性的永恒性断定存在一种永恒不变的价值，这可算是"天不变道亦不变"的西洋版。

（二）重视人类"价值共识"

我们不同意普世价值，但承认人类在一定范围内、一定问题上可以存在某种价值共识。价值共识不是脱离各个民族的价值而独立存在的抽象共相，而是在人类文明进步中、在各民族文化交流中逐步形成的对某些基本价值的认可，它是有条件的、历史的、变化的。例如1948年12月10日联合国通过的《世界人权宣言》，就是对人权这个问题的某种价值共识，代表宣言的签字国对一些基本人权的认可。但这并不意味着人权宣言中列举的是超越历史和国家的普世价值。因为它具有时代性，产生于第二次世界大战之后；它表明人类对战争的反省，随着人类社会发展、人的社会地位和政治地位的提高而发生的变化。《世界人权宣言》可以被看作人类历史进步的一种记录——其中所列举的人的权利是历史的产物，其产生和完善经历了一个历史过程。即使在西方发达国家，所谓自由、民主、人权至今仍然是残缺不全的，并没有成为人人享有的普遍价值。

20世纪下半叶，由于生态危机而凸显的人与自然和谐的观念，也不可能是所谓的抽象的普世价值。因为在以农业为生产方式的封建社会，甚至资本主义工业化早期，都不存在对人与自然和谐这种价值观念之需要的普遍性和迫切性。人与自然和谐、挽救人类共同居住的地球的观念，只有在当代才能成为基本价值，成为人类的价值共识。可见，人与自然的和谐作为一种价值共识具有时代的特点。对中国古代哲学天人合一的生态学解释，并不是天人合一的原有内容，而是当代工业化所带来的生态恶化状况的一种折射，具有明显的现代性解释特征。这也说明普世价值是不存在的，实际可能存在的只是对人类基本价值的一种共识。

任何被大多数人认可的价值共识都具有时代性，应该符合时代的要求，是时代和社会自身实践成果在理论上的反映，而不是少数智者对绝对真理的发现，或慈悲家们救世主式地向世人宣示的约定。宗教家可以认定自己的教义具有普世性，囊括全体世人，是救世的，是普渡众生的，但宗教之间或教派之间的纷争甚至战争证明，任何一种宗教都不可能具有普世性。任何一种宗教的普世性，只是一种宗教信仰和教义。宗教教义不具有普世性，而且彼此对立、冲突，因而产生了把各种宗教共同认可的东西确定为普世伦理的需要，普世伦理应时而生。其实，这种所谓的普世伦理只是一种底线伦理，是对人类社会规范或人类进步实际成果的一种肯定。如果这些规范具有现实基础，它可以起宣传和警示的作用，但如果企图把它作为全世界都应该遵守的道德规范，那就只能是一种良好的愿望，并无现实可能性。全人类行为是不可能通过道德约定或制定规范或发布宣言来统一的。因为人类的道德自觉，尤其是世界范围内的被认可的道德规范，是一种道德价值共识。这种共识的可能性与现实可行性，与人类社会进步、各个国家和民族的发展水平和社会状况是不可分的。尽管道德家们、思想家们可以逞抽象思辨之伟力，找出一些似乎人人都理应赞同和遵守的价值而称之为普世价值或者普世伦理，但它们在现实中并不具有普世性，最多是一种理想或一种期待。

我们否定普世价值，也不赞同所谓普世伦理，但我们不能否定人类的基本价值及其可能达到的某种共识。人不是以抽象的类作为全球的统一主体，也不可能从抽象的普遍人性中引申出普世价值。但人作为社会的主体，无论属于哪一个种族、民族、国家，都具有某些共同的自然属性，而且都要解决人与自然、人与人的关系问题，面对某些相同或相似的问题，从而逐步积累一些相似的认识、经验和体验，形成一些对人类的生存和发展具有重要意义的基本价值。它们可以存在于物质文明中，也可以存在于精神文明中。价值共识就是对不同民族创造的物质文明和精神文明中积极合理因素的某种认同。例如在当代，民主、法治、自由、平等、友善、和谐等观念就是一些价值共识。价值共识不同于普世价值：普世价值强调的是普世性、无差别性；而价值共识的范围则可大可小，共识的程度可高可低，并且价值共识作为一种理论承诺，和它的实际状况并不完全吻合。

例如法治作为一种政治制度，它的优越性是绝大多数人承认的，但对人类社会而言并不具有普遍性，法治理论和制度化只是近代社会的产物。人权承诺也是如此。人权并不是天赋的。尽管参加人权公约表明中国对维护人权与其他签约国具有共同的价值共识，但彼此之间对于什么是完整的人权概念、如何保障人权以及人权状况如何的看法，仍然可以存在差异，即在价值共识中可以存在共识和非共识的矛盾、理论与事实的矛盾。自由、民主、平等以及其他基本价值都是如此，它们既具有一定的普遍性，又具有特殊性。以中国宪法同样保障人民的自由、民主、人权这一点，来证明西方的自由、民主、人权价值的普世性是不对的。自由、民主、人权载入社会主义中国的宪法并不是源于自由、民主、人权是普世价值，而是基于社会主义制度的本质和对人类社会进步成果的一种价值共识。因此，在这种共识中必然存在着不同于西方关于自由、民主、人权观念的东西。以价值共识为依据证明抽象普世价值的存在是不对的；但以价值分歧为依据否定自由、民主、人权作为对当代人类文明共同进步的基本价值的一种共识性，也是不对的。我们应该认识到，以基本价值为依据的价值共识与抽象的绝对的普世价值，是两种不同性质的价值观。

价值共识不是约定的，不是少数天才思想家的发现，而是人类历史和社会进步中逐步形成的，具有客观的历史必然性。它并非逻辑、理性必然性的产物，也不是伦理学中的应然或"绝对命令"。价值共识以各民族实际创造的多样文化中的积极因素为依托，存在于各种具有民族特性的文化之中。例如，西方人可以从东方人特别是从中国传统文化中吸收一些合理的思想，正如中国人可以从西方文化中吸收合理思想一样。孔子的"己所不欲，勿施于人"存在了两千多年，到20世纪末才被宗教家和伦理家定为普世价值而且是黄金规则。这是现代道德危机和价值失落引发的对东方文化的需要，而非因为天才人物突然发现了它的普世性。当中国处于半殖民地半封建社会、处于被压迫被瓜分的状态时，中国传统文化中的优秀东西并未被世界认可、赞扬。尽管孔子的"己所不欲，勿施于人"在当代可以作为一种价值共识，但实际上人们的行为是否都奉行这个原则，尤其强国与弱国之间是否遵守这个原则，则是另一回事。

当中国向西方寻求真理时，西化被看成中国救亡图存、重建中华民族辉煌历史的唯一出路。西方文化中心论一度成为主流价值观，它的自由、民主、人权口号对中国人尤其是知识分子具有极大的吸引力。而现在中国人对西方文化中所宣扬的普世价值则具有较为理性的看法，因此当代被称为普世的价值至多是一种价值共识，它绝不是普世的。

价值共识不是一时形成的，而是在各民族的文化长期交流、传播和相互学习中逐步形成的。无论具有普遍性的基本价值的形成过程如何漫长，尤其是一种理论上的共识变为现实如何艰难，人类文明进步中形成的基本价值都始终是人类文明发展的宝贵精神财富和人类追求的历史性目标。人类的历史就是由野蛮走向文明、由资本主义文明逐步以各种方式和道路走向未来的共产主义文明的历史。在每个历史阶段都会形成具有时代性的基本价值，成为那个时代的先进价值，并在进步人类中形成价值共识。而马克思主义所设想的人类社会发展的目标，则更是一个漫长的充满矛盾的曲折过程。即使世界大同实现，难道人类就永远不再发展了吗？当然不会。因此，不要侈言普世价值，而应该重视人类在历史进程中对价值的创造，重视不同历史时期的价值共识。如积土为山，人类就是这样一步步在创造文明中积累价值，这个过程永远不会结束。

世界上存在不同类型的文明、不同民族的文化，其文学、艺术、哲学、伦理等价值形态中都蕴含某些能达成共识的因素，因而跨民族、跨文化的交流才是可能的。但没有任何一种单独文化形态可以居于普世的地位，它只包含能为其他民族所认同的因素，因此具有共识性的价值是人类各民族共同创造的积极成果。但各民族的文化并不会因为价值共识而失去它的民族特性。海纳百川，我们无法分辨出其中的各川之水，它们都已完全融为海水。可人类文化不同：人类文化交流不是形成一种独立于各民族之外的具有普世价值的文化，而是各民族立足自身的文化吸收外来文化，丰富和发展本民族的文化；通过文化融合、吸收，你中有我，我中有你，但不会失去自己文化的民族特色。中国是具有丰富文化传统的国家，中国可以向世界展示其传统文化和当代中国文化的优秀成果，它具有东方价值的特殊内容、意韵和魅力；但它要为异民族文化认同、吸收和转化，才能体现其中包含的世界价值或人类价值。任何一个民族文化中的人类内容都是潜在的，民族价值中的人类性必须经过文化传播、交流、融合才能融入世界之中。

我们拒绝西方关于普世价值的话语霸权，但肯定自由、民主、人权观念的历史进步性和可供借鉴的因素。从人类历史来看，资产阶级革命和资本主义制度的建立是人类历史上具有革命意义的重大变化。尽管各种文化中都可能包含某些自由、民主、人权观念的萌芽和因素，但这些观念作为一种比较完整的理论，作为一种由法律规定的制度性安排，是与资本主义社会的产生不可分的。但我们不要把它奉为普世价值，因为资产阶级启蒙学者关于自由、平等、博爱的理想具有资本主义的阶级性和狭隘性，尽管它是以普遍性的形式出现的。何况资本主义的现实，并非自由、平等、博爱社会理想的完美实现。恩格斯在《反杜论林》中说："同启蒙学者的华美诺言比起来，由'理性的胜利'建立起来的社会制度和政治制度竟是一幅令人极度失望的讽刺画。"①这是差不多一个半世纪前说的话。如果恩格斯目睹当代西方国家推行所谓的"价值观外交""人权外交"，把自由、民主、人权、平等、博爱作为对外扩张的软实力，以实现它们的政治图谋，并称之为普世价值，他又将会如何讽刺这一现象。的确，"传播普世价值"比资本主义早期向外扩张时所谓的"传播文明"，更具创意。

英国诺丁汉大学中国政策研究中心主任郑永年在关于中国在

---

① 《马克思恩格斯选集》（第三卷），人民出版社，1995年，第607页。

压力中崛起的文章中说，西方在利用军事同盟遏制中国的同时，还利用价值外交：如果说军事同盟体现的是硬实力，那么价值外交更多体现了软实力，这就是希望把西方的民主和人权价值观融合到西方对华政策的方方面面，尤其是经济贸易。俄新社在一篇题为"人权武器不合时宜"的报道中论证西方以人权为武器的实质时说，"美国及其盟国"企图将民主或人权的标准强加于其他国家，"它与欧洲当年打着传播文明与基督教的旗帜，戕害众多生命或文明如出一辙"；还说，"在美国，为外国谋求人权是一个数亿美元的庞大产业，金钱、激情、意识形态和颠覆活动交织在一起。方法众所周知：倚重许多国家的亲美反对派，或干脆自己出马打造成一个反对党，将之塑造为权利和自由的唯一捍卫者，然后对其公开援助，这即是说，美国养着全球最大的颠覆机器"。

可见，西方推行的并不是什么普世价值，而是他们自认为的普世价值，即有利于西方的价值外交的特殊价值。国内少数人宣扬的普世价值是建立在对中国特色社会主义的丑化基础上的。他们认定中国是极权统治的封建社会，需要重续清代开始的所谓宪政，实行一次如同西方资产阶级革命那样的所谓革命，一切推倒重来，因而西方资产阶级革命宣扬的自由、民主、人权是当代中国必须实行的普世价值。这种普世价值论的政治色彩是不言自明的。

有一种看法认为，民主、自由、人权之所以是绝对的普世价值，是因为它是永恒的、符合人性的。例如，民主就是一种

"类"概念，古希腊城邦制民主制、资本主义民主制、社会主义民主制都是由之产生的不同方式，是"种"概念。这是柏拉图和黑格尔的思维方式。实际上在具体民主制度之外并不存在作为"类"的民主，由它派生出各种民主形式。由希腊奴隶制民主到资本主义民主制度，再到社会主义民主制是一个历史进步的过程，这个过程延续了两千多年。人们关于民主的观念是对现实民主制度某些共性的理论概括，而不是由作为"类"的民主概念产生作为"种"概念的各种具体民主制度的逻辑过程。也就是说，并不是先有作为绝对普世价值的民主，然后才产生出各种各样的现实的民主制度，而是因为有了各种民主制度，才产生出民主是人类社会进步基本价值的共识。

民主不单是一个政治概念，它还是一种国家制度。各种不同的民主制承载的是不同的国家性质。因此，自由、人权、平等、博爱并不是与民主并列的等价概念，而是受民主制即国家制度制约的。例如，在西方民主制框架下的自由，必然是有利于巩固资本主义制度的自由，因而通过无产阶级政治革命和人类解放而获得的自由，绝不包含在资本主义自由概念之中；同样，其平等只能是等价交换中体现的平等，是资本主义法律面前的平等，绝不包含消灭阶级意义上的平等；其博爱的最高体现就是资本主义制度下的慈善事业，而不可能"泛爱众"。

与社会主义民主相关的自由、平等、人道均会因为民主制的本质区别而具有不同的内涵。西方资本主义国家所宣扬的民主，从本质上说并非中国人民所需要的民主。我们强调的人民当家作主的民主，也不可能为西方国家所接受。毫无疑问，民主、自由、人权及其某些制度性的安排（包括普选制、少数服从多数、非终身制、废除等级特权、尊重法治以及人民对政治的广泛参与等），作为人类历史发展特定阶段对人类的贡献，都包含积极的、可以吸收和借鉴的东西。但在社会主义社会，作为国家制度的民主制度的实质和内容，以及相关的自由、平等的内容，肯定会发生与社会制度的性质与文化传统相适应的变化。所以我们对人类文明的积极成果——自由、民主、平等、法治等，可以形成一定范围和一定程度的共识；但如果抽象掉它们的具体内容，使其变为超越历史和时代的抽象的绝对的普世价值，它们就会失去合理性而变为一种资本主义向外扩张的软实力。

"普世价值"并非科学概念，因为它容易制造抽象共相的理论幻觉。西方张扬的永恒不变的绝对普世价值是一种关于价值的唯心主义理论；而价值共识则具有实践意义和理论意义，它是对人类文明成果和文化交流或文化融合积极因素的肯定。普世价值是以抽象人性为依据的一种对价值的虚拟，价值共识则是对各民族文化实际贡献中有积极意义的基本价值的认可；普世价值是超历史、超时空的，价值共识是历史的、时代性的；抽象普世价值是无条件的、普世的，价值共识是有条件的、有范围的；抽象普世价值立足观念，求助于人的理性，以应然为"绝对命令"，价值共识则立足实践，求助于各民族实际的文化积累和社会的进步；抽象普世价值外在于其他民族的文化或凌驾于其他民族文化之上，价值共识的因素则存在于各民族文化之中，是在文化交往和传播中逐步达到的；普世价值是一种不可兑现的空头约定，价值共识则是人类社会实践经验的积累和理论升华；普世价值论者沉醉于人类可以统一于西方普世价值的幻想，而价值共识论者以"和而不同"为原则，通过价值共识形成人类的合理的具有一定共性的价值追求，同时又肯定它的差异性和多样性。

普世价值由于它抽象的普世性而成为没有内涵的抽象共相。构成抽象普世价值内涵的用语不是一个具体概念，而只是一个词语、一个空洞的概念。例如自由、人权、平等之类，作为词语可以存在于各种语言中，但作为具体概念是不可能脱离使用者的国家和民族的实际状况的。列宁在《哲学笔记》中从费尔巴哈的《宗教本质讲演录》中摘录过两段话："我并不否认……智慧、善良、美；我只是不承认它们作为这些类概念是存在物，不管它们是表现为神或神的属性，还是表现为柏拉图的理念或黑格尔自我设定的概念"；"它们只是作为人们的属性而存在。"列宁对此甚为赞赏，在边注中写道："反对神学和唯心主义。"①普世价值论者正是通过抽象掉概念的具体内容而把它变为一个词，一个在各种语言中都可以使用的词，来证明它的普世性。

价值共识是立足人类进步和本国情况，与具体性不可分的具

---

① 《列宁全集》（第55卷），人民出版社，1990年，第45页。

体共性。民主、自由、人权在西方政治家手中之所以能采取双重标准，就是因为它们没有真正以人类基本价值的共识为依据，因而具有主观性、随意性。我们不赞同抽象的普世价值论，但充分认识到各民族的价值观念中包含的可供交流、借鉴和融合的共同因素，承认作为人类社会进步和文明成果的基本价值的普遍意义。我们拒绝西方普世价值的话语霸权，但坚持改革开放，坚持借鉴人类文明包括西方文明中的积极成果。

（三）坚持"社会主义核心价值"

普世价值由于超越了国家和民族，超越了现实，而由地面升入天国，成为与具体相剥离的共相。一个社会的核心价值则不同，它立足现实社会，根植这个社会的经济和政治制度之中。有什么样的社会，就会逐步形成与它不可分离的什么样的核心价值。每种社会制度都有自己的核心价值，它是这个社会得以存在的精神支柱，是这个社会从产生到巩固的标志。

核心价值的不同集中表现着社会形态和社会性质的不同。核心价值不是以抽象的人为主体，而是建立在特定的社会经济和政治制度的基础上，并且起着稳定、巩固和发展自己制度的软实力作用。在任何国家中，处于支配地位的都是它的核心价值而不是所谓普世价值。一个社会的价值可以是多元的，但核心价值则是一元的——它是这个社会制度的主导价值，是该社会统治阶级的价值观。核心价值不一定是全社会的共同价值，但由于它是处于统治地位的价值，因而可以而且必然会通过各种途径和方法在不同程度上为全体社会成员所接受。在阶级社会中，被统治者接受统治阶级的价值观，在不同程度上认同该社会的核心价值，是这个社会处于稳定时期、社会矛盾没有激化的表征。一个社会核心价值的逐步崩溃，是社会矛盾激化、社会行将崩溃的前导表现。中国封建社会的核心价值，就是以儒家的忠君、爱国、孝悌、仁义，即忠孝仁爱、礼义廉耻为主要内容的价值观。而资本主义社会的核心价值，则是私有财产制神圣不可侵犯的观念，以及以其为基础的资本主义性质的自由、平等、博爱、人权观念。

社会形态的变化可以带动价值观特别是核心价值观的变化。中国特色社会主义就有自己的核心价值。社会主义核心价值不同于资本主义和封建主义的核心价值。它是以马克思主义为指导、以时代性和民族性为特征、以中国特色社会主义为理想的一种新的社会主义价值观。它既吸收中国传统文化中的精华，也吸取世界文明的优秀成果，因而它既具有民族性又具有时代性；但它始终是社会主义的核心价值，是与社会主义的经济和政治制度性质相一致的主导价值，而不是普世价值在中国的体现，也不是中国传统价值观的现代版。在社会主义核心价值中，我们会发现人类共用的一些概念，但这并不会改变它的社会主义价值的本质。因为社会主义价值观具有社会主义特性，无论是公正、自由、平等、和谐、爱国，都不是一个超越时代和社会制度的抽象概念，而是具体概念，每一个概念中都包含着以马克思主义为指导、以社会主义制度为实质和内容的没有展开的判断；它的社会主义内容正凝聚在每个概念尚未展开的特有的判断之中。

在中国特色社会主义建设中，我们的指导思想是马克思主义，是中国化马克思主义。中国改革开放的伟大成就，是马克思主义与中国实际相结合的胜利，而不是所谓普世价值的胜利；中国未来的走向是通过中国特色社会主义走向共产主义，而不是按照普世价值走向不同制度的趋同。历史并不会因西方的普世价值即自由、民主制度而终结，也不会因经济全球化而导致世界均质化。

讨论普世价值问题最重要的意义，就在于由此明确中国特色社会主义的方向和指导原则。我们要坚持社会主义核心价值，不为西方的普世价值错误理论所误导。我以为在对外交流、理论研究特别是在社会主义意识形态的建设中，应该区分普世价值、价值共识和核心价值。我们坚持社会主义核心价值，重视人类文明进步和文化交流中形成的以普遍形式出现的价值共识，但拒绝西方中心论的普世价值观，特别要揭穿它的西化和分化的政治图谋，顶住其以资本主义制度及其价值观念作为普世价值而对发展中国家施加的政治压力和舆论攻势。

拒绝普世价值，肯定对人类文明和社会进步中的某些基本价值存在一定程度和范围的"共识"，坚持核心价值，这应该是我们对待有关普世价值问题争论的基本原则。

六、马克思主义的本质特性和当代价值

党的十八大以来，习近平总书记多次主持中央政治局进行以马克思主义理论为主题的集体学习，先后学习了历史唯物主义、辩证唯物主义、马克思主义政治经济学的基本原理和方法论，以及当代世界马克思主义思潮及其影响、《共产党宣言》及其时代意义。中国共产党把系统掌握马克思主义基本理论作为看家本领和必修课，就是因为马克思主义是科学的、人民的、实践的、不断发展的、开放的理论，它既具有历史价值又具有无可替代的当代价值，不仅回答了各种社会主义学说无法解决的资本主义向何处去的历史之问和当时的时代之问，也是我们解决当代中国问题和观察当代世界走向的理论指南，是中国共产党人的定海神针。

自恩格斯逝世后，尤其是苏联解体、东欧剧变后，马克思主义受到很多攻击，形形色色的马克思主义"过时论"不绝于耳。这些言论尽管花样翻新，但万变不离其宗：否定马克思主义的科学性、人民性、实践性和发展开放性，以便"理直气壮"地否定马克思主义的当代价值。因此，如何把握马克思主义的本质特性，关系到如何看待马克思主义的当代价值，关系到在实践领域尤其是意识形态领域能不能真正念好马克思主义"真经"。

（一）马克思主义的本质特性：科学性、人民性、实践性、发展开放性

马克思主义是科学的理论。马克思主义的科学性在于它是以事实为依据、以规律为对象、以实践为检验标准的理论。以事实为依据是科学性的前提。任何科学，无论是自然科学还是社会科学，都必须建立在事实的基础上，违背事实的所谓的理论只能是臆测甚至是谬论。马克思主义最重视事实，但不停止于事实，而是从事实中总结出规律，这就是实事求是，规律性是马克思主义科学性的核心内容；而且马克思主义以实践作为认识是否具有真理性的标准，在实践中检验自己的理论，以保证自己理论的科学性。

马克思主义具有强大的、不可遏止的时代吸引力。它从19世纪40年代西欧工人运动中的一个小学派，发展到席卷全球，成为当今信奉者最多、力量最强、影响最大的思想体系，根本原因在于：它把科学性和革命性内在地、不可分割地结合在这个理论本身中。马克思主义是科学的理论，又是革命的理论。它的产生本来就是为了无产阶级革命需要。不主张革命的"马克思主义"根本不是马克思主义，而是打着马克思主义旗号的"跳蚤"。从马克思主义产生到现在，马克思所期待的革命任务并没有完结，是进行式而非完成式。因此，是否承认马克思主义的科学性和革命

性的结合，是判断真假马克思主义的试金石。

革命的内涵非常丰富，方式多种多样。并非只有用暴力推翻旧政权才叫革命。中国共产党是执政党，也是革命党。中国共产党仍然要进行革命，包括社会革命和自我革命。改革开放是革命，清除在新的条件下滋生的腐败和种种不良现象是革命，从严治党是革命，甚至改造旧时代遗留的不文明现象也是革命。有革命就有斗争，没有斗争的革命是空谈。当然，斗争不是残酷的无情打击，而是通过合适的斗争方式解决矛盾，推动社会革命和自我革命在正确的轨道上运行。

马克思主义是人类历史上最具人民性的理论。马克思主义的创立者马克思和恩格斯的毕生使命就是为人类解放而斗争。他们为了改变人民受剥削受压迫状态、探索人民解放道路而创造的马克思主义理论必然具有人民性，必然是为人类解放而斗争的理论。习近平总书记指出："马克思主义是人民的理论，第一次创立了人民实现自身解放的思想体系。马克思主义博大精深，归根到底就是一句话，为人类求解放。"①马克思主义理论工作者队伍中不应该有脱离人民、藐视人民的"精神贵族"，而必须把人民性作为自己理论研究的推动力量和宗旨。历史证明，无论中外，也无论是文学艺术还是社会理论，凡是反映人民疾苦，为人民声援助威的作品都具有永久的价值。屈原的"长太息以掩涕兮，哀

---

① 习近平：《在纪念马克思诞辰200周年大会上的讲话》，《人民日报》，2018年5月5日。

民生之多艰"、杜甫的"安得广厦千万间,大庇天下寒士俱欢颜"和范仲淹的"先天下之忧而忧,后天下之乐而乐",至今仍然为人们所吟诵,就是因为它们的人民性。任何反对人民的作品,即使可以流行于一时,但终究会湮没在历史的尘埃中,不可能成为传世之作。

马克思主义的人民性和阶级性是统一的,因为人民中的最大多数就是普通的工人、农民和知识分子。马克思主义的阶级性是由于它具有极广大的人民性,它和科学性具有内在的统一性,把人民性、阶级性、科学性对立起来是错误的。马克思主义越是符合人民利益,越具有真理性。因为它突破历代剥削阶级和为剥削阶级服务的学说的狭隘眼界,能够毫无偏见地、科学地认识世界。马克思说过:"它所关心的是一切人的真理,而不是个别人的真理。"即使无产阶级上升为社会的领导阶级,马克思主义也不会丧失它的人民性,转变为所谓的"官方意识形态"。因为中国共产党并不谋求也没有自己的特殊利益,而是将自己的执政作为向无阶级社会、共产主义社会迈进的方式,因而马克思主义能永远保持它的人民性,而不会像掌握政权以后的资产阶级的社会理论那样,由反对封建主义逐步变为单纯为自己阶级利益的合理性作论证的"辩护理论"。

有些资产阶级理论家,以马克思主义的人民性和阶级性为借口,而否认马克思主义的科学性。其实阶级性和科学性是不同的。阶级性是就它的社会功能说的,即代表哪个阶级的利益、为绝大多数人服务还是为少数人服务；而科学性是指它的认识价值，即它对现实反映的正确程度。在阶级社会中，不管自觉与否，一种社会理论都从属于特定的阶级。如果科学性和阶级性相互排斥，阶级社会中全部关于社会的理论都只能是谬误。即使是剥削阶级，当它处于革命时期，它的理论代表也可以在一定范围内和一定程度上进行比较客观的探讨，因为这符合他们的阶级利益；相反，当它上升为统治阶级以后，它的阶级利益和对社会问题的科学探讨之间就会产生不可调和的矛盾。英国古典政治经济学的历史证明了这一点。当英国和法国的资产阶级夺取了政权，无产阶级的斗争直接威胁他们的利益时，才"敲响了科学的资产阶级经济学的丧钟"。其实，当代资产阶级理论最具阶级性，由于它的阶级性与人民性相违背，因而往往掩饰自己的阶级性，标榜所谓客观、公正、纯学术、价值中立。

马克思主义是最具实践性的学说。马克思主义的创立就是为改造旧世界的实践而产生的。马克思的名言——哲学家们只是用不同的方式解释世界，问题在于改变世界。《德意志意识形态》对何谓改变世界作了明确的阐述："对实践的唯物主义者即共产主义者来说，全部问题都在于使现存世界革命化，实际地反对并改变现存的事物。"实践不仅是改变世界的行动，也是推动理论发展的动力。实践本性决定马克思主义必然是具有发展开放性的、与时俱进的理论体系，从而使它具有当代价值，不会因僵化而过时。早在1843年，马克思在致卢格的一封信中，就公开声明反对树立任何教条主义的旗帜，嘲笑那种认为一切谜语的答案都在哲学家们的写字台里，愚昧的凡俗世界只需张开嘴来接受绝对科学的烤松鸡的看法。后来，恩格斯在《反杜林论》中对企图创造最终真理体系的德国大学生们，尤其是对杜林，进行过猛烈的批判。在恩格斯看来，如果人类在某个时候达到只需运用永恒真理，而不必再发现新的真理的地步，那就意味着历史和认识已经停止在一点上，这是非常荒谬的。可以说，马克思主义科学体系具有发展开放性，如同张开着的口袋，随时通过概括新的经验使它得到发展和充实，因而它永远具有当代性。作为马克思主义创始人的马克思和恩格斯，对自己理论一直持开放态度，终其一生都在不断地总结新经验，以与时俱进的态度对待自己的理论。

历史上有不少学派随着缔造者的逝世而逐步走向没落，但马克思主义不会这样。因为马克思主义不仅是一种学说，而且是一种运动。马克思主义的本质特性——科学性、人民性、实践性和发展开放性，使得即使马克思和恩格斯虽已经离世，但世界上千千万万马克思主义的追随者、信仰者、实践者以面对自己时代问题为导向，推进马克思主义，永远保持马克思主义的当代价值。在中国，毛泽东思想、邓小平理论、"三个代表"重要思想、科学发展观、习近平新时代中国特色社会主义思想，就是按照马克思主义的本质特性，与时俱进创造性地发展马克思主义的鲜活体现。

（二）马克思主义的历史价值和现实价值

一种理论的当代价值取决于它的真理性含量，取决于它是否蕴含与时俱进的理论张力，特别是取决于它的本质特性和内容是否符合时代的需要。在马克思诞辰 200 周年时，中国共产党举行了隆重的纪念大会，习近平总书记发表了重要讲话，热情洋溢、全面深刻地总结了马克思的伟大贡献，不仅表达了中国共产党人对伟大历史人物马克思的敬意，而且重申了马克思主义的当代价值："两个世纪过去了，人类社会发生了巨大而深刻的变化，但马克思的名字依然在世界各地受到人们的尊敬，马克思的学说依然闪烁着耀眼的真理光芒。"①为什么？就是因为马克思主义是具有当代价值的、科学的、人民的、实践的、不断发展的开放的理论。

马克思主义的当代价值不是一个抽象的命题，而是有事实为证。它的本质特性和当代价值就存在于当代中国现实之中，中国的巨大成就以无可辩驳的事实证明马克思主义的本质特性迸发的理论力量。马克思主义是中国共产党的立党之本，新民主主义革命胜利之基，社会主义建设成就之源，改革开放和社会主义现代化建设之罗盘。中国从站起来、富起来到强起来的进程中，贯穿的一条理论红线，就是坚持马克思主义和马克思主义中国化。中国革命、建设、改革所取得的胜利，就是马克思主义在中国的胜

① 习近平：《在纪念马克思诞辰 200 周年大会上的讲话》，《人民日报》，2018 年 5 月 5 日。

利。今天，我们处在最需要马克思主义的时代，最需要具有创造性的当代中国马克思主义人才的时代，也是马克思主义者能够充分展现才华的时代。可是有些人，包括有些马克思主义理论工作者，目光短浅，缺乏理论自信和理论自觉，往往丢掉"真经"而沉醉于向西方"取经"。西方先进的东西，包括思想和文化，我们应该学习，但贵"洋"轻"马"，贵"西"轻"中"，逃离马克思和马克思主义，绝不是一个马克思主义者应有的态度。

马克思主义的当代价值不仅体现在中国，而且体现在当代西方的思潮中。资本主义在经历了几百年发展的"黄金时代"，经历过东欧剧变、苏联解体的狂欢时代，在20世纪下半期，尤其是最近几十年，他们引以自豪的所谓民主制度已经破绽百出。在2008年国际金融危机之后，社会冲突和经济危机的阴影，像一把悬在资产阶级政客头上的达摩克利斯之剑。人们对资本主义社会自身矛盾的认识逐渐清晰，马克思主义的当代价值日益彰显。中国特色社会主义的兴起，更是展现了马克思主义的吸引力。2014年，法国经济学家托马斯·皮凯蒂的著作《21世纪资本论》，对资本主义制度存在的合理性提出质疑；2019年，西班牙《起义报》发表资本主义正走向失败的署名文章，指出民主制正走向瓦解，革命性变革在加速，社会主义优势在凸显；社会主义思潮在西方一些青年中产生某种共鸣。毛泽东说："星星之火，可以燎原。"马克思主义在西方可不只是星星之火。马克思主义产生于西方，有很深的理论渊源和社会基础。总会有一天，马克思主义的当代价值会以人们不可预测的形式在西方展现。

（三）掌握马克思主义基本原理，才能真正体会马克思主义的当代价值

马克思主义包含一系列基本原理，这些基本原理是客观规律的反映，是经过实践检验的具有真理性的理论，是支撑马克思主义成为科学体系的"四梁八柱"。

马克思主义基本原理具有普遍性，但普遍性程度各不相同。马克思主义哲学原理，揭示的是自然、社会和人类思维的普遍规律，它构成马克思主义中具有最大普遍性的规律；马克思主义的经济学说，作为广义经济学，揭示了人类社会经济发展的普遍规律，作为狭义经济学，揭示了资本主义社会的经济规律；马克思主义的社会主义学说，则是关于无产阶级的解放条件和规律的学说。

　　马克思主义基本原理，分属马克思主义哲学、马克思主义政治经济学和科学社会主义理论，又从属于马克思主义学说整体，彼此从理论上相互支撑、相互渗透、不可分离，全部属于马克思主义基本原理。例如辩证唯物主义关于唯物主义和辩证法、关于实践的基本原理，历史唯物主义关于人类社会发展规律的原理、关于生产力和生产关系矛盾运动规律的原理、关于社会形态更替规律和世界历史理论的原理等；科学社会主义中关于社会主义取代资本主义的必然性和无产阶级与人类解放条件的一系列原理，其中包括社会主义建设学说、政党建设学说、关于人民民主的学说；政治经济学关于资本主义经济发展规律的诸多原理，都是我们必须认真学习、认真研究、认真把握的基本原理。

　　掌握马克思主义基本原理，不仅要分别掌握其原理，而且要把马克思主义作为一个不可分割的整体，懂得各原理之间如何在理论上、逻辑上相互支撑。马克思主义哲学为整体的马克思主义提供了世界观和方法论基础；如果在马克思主义政治经济学和社会主义学说中，拒斥马克思主义哲学的世界观和方法论，拒斥唯物主义和辩证法，拒斥历史唯物主义，就会沦为非马克思主义的经济学说，而所谓社会主义学说也不可能是科学社会主义学说。同样，无产阶级解放和人类解放是马克思主义社会主义学说追求的最终目标，也是贯穿马克思主义哲学和经济学说的主题和使命。如果马克思主义哲学不为无产阶级解放和人类解放服务，它就失去作为无产阶级解放大脑的功能，就不再是马克思主义哲学，而是思辨哲学、经院哲学。如果马克思主义的经济学说离开了这个主题，就往往会成为新自由主义经济学的附庸。事实上，劳动价值论与剩余价值论不仅是马克思主义的经济学说，而且它完全深入历史唯物主义和科学社会主义学说之中。离开它，历史唯物主义和科学社会主义中许多重要原理就会由于没有经济学依据而失去它的科学性。列宁关于马克思主义是"一块整钢"的说法，是完全正确的。

马克思主义基本原理是对客观规律的理论概括。只要基本原理所揭示的普遍规律起作用的条件仍然存在，马克思主义基本原理就仍然有效。马克思主义基本原理虽然具有相对稳定性，但由于马克思主义永远面对自己所处的时代，而不是面对既有的结论，因此马克思主义基本理论同样要与时俱进，要根据新问题，总结新经验，得出新结论，以新的原理代替个别过时的旧原理。发展基本原理，不能是对基本原理的任意否定，甚至对基本原理采取虚无主义态度。随着实践发展和时代需求，从对新的实践概括中，从马克思主义经典文本的深入研究中，可以发现和增添新的基本原理，也有些过去被认定为基本原理的东西在实践证明中并不具有普遍性。因此，基本原理同样是发展的、变化的。在中国特色社会主义建设中，关于构建社会主义市场经济、关于社会主义基本制度的构成、关于政府和市场的关系，特别是习近平新时代中国特色社会主义思想，都包含着对马克思主义基本原理的新发展。

（四）读马克思主义经典、悟马克思主义原理

马克思主义理论工作者必须既研究马克思主义经典，又研究马克思主义基本原理。经典如同富矿，原理则是蕴藏其中的宝石；经典是参天大树，原理则是树上的智慧之果。要真正准确掌握马克思主义基本原理，必须认真学习马克思主义经典著作；读马克思主义经典著作并非为读而读，重要的是着重掌握其中的基本原理。

在马克思主义经典文本中可以明显发现，凡属于马克思主义的基本原理，都是在他们著作中不断重复出现的包含规律性内容的论述。只要认真学习马克思和恩格斯的经典文本，就可以在他们的著作中处处发现其中包含的辩证法、历史唯物主义、劳动价值论、剩余价值论以及"两个必然"等理论，无一不是立足对客观规律的把握。资产阶级及其理论家们本能地反对社会规律的客观性，必然反对马克思主义基本原理。承认社会发展有规律，等于承认自己的阶级和制度的暂时性、过渡性，以及必然让位于更加进步的社会。

中国共产党把马克思主义当成"真经"，正是因为马克思主义的本质特性是客观规律的反映。中国共产党人强调规律，强调我们应该掌握共产党执政规律、社会主义建设规律、人类社会发展规律。没有规律性的认识，就不可能创立中国特色社会主义理论。我们的道路自信、理论自信、制度自信、文化自信，都是建

立在规律性认识的基础上的。

一个真正的马克思主义者，决不会把马克思和恩格斯文本中的每句话奉为金科玉律，也不会期望马克思主义经典作家为他们逝世后的一切新问题留下锦囊妙计。马克思主义的当代价值，从根本上说在于它为我们提供了作为科学认识与实践活动的世界观和思维方法。有人说，既然如此，我们何必学习经典著作、学习马克思主义基本原理，直接掌握马克思主义的立场、观点、方法岂不更省事。这是对马克思主义作为世界观和思维方法的误解。马克思主义的立场、观点、方法存在于何处？就存在于经典著作中、存在于马克思主义基本原理中。不坚持马克思主义的人民性和阶级性，能站稳人民立场吗?！不坚持唯物主义，能真正实事求是吗?！不坚持辩证法，能进行辩证思维吗?！不坚持历史唯物主义基本原理，能以人类历史发展规律的观点观察当代、观察世界吗?！不能，不可能。一句话，马克思主义的科学性、人民性、实践性和发展开放性，正是作为本质特性存在于马克思主义经典著作和基本原理之中。一个人根本不研读马克思主义经典，不掌握马克思主义基本原理，只能落得空谈所谓立场、观点和方法。

我们要反对从经典中寻章摘句，直接寻找解决现实问题的答案，或把马克思主义经典中的某句话、某条基本原理作为衡量现实运动正确与否的不变尺度。原理具有普遍性，而我们实际面对的都是具有特殊性的对象，因此在运用马克思主义时，必须依据时间、地点、条件，具体问题具体分析，才能得出正确的结论。

这可不是把马克思主义基本原理当成标签贴上就能了事的，必须牢记马克思主义的本质特性，把马克思主义基本原理内化为立场、观点、方法，才能得心应手，真正把马克思主义变为世界观和方法论。

（五）结语

讨论马克思主义的当代价值，正是为了通过理解马克思主义的科学性、人民性、实践性和发展开放性，来理解马克思主义何以具有当代性，何以必须牢固地、旗帜鲜明地坚持以马克思主义为指导、念好马克思主义"真经"，保证中国共产党"不忘初心、牢记使命"，永不变色。一个政党过去先进，不表明现在先进；现在先进，不表明永远先进。我们要有忧患意识。资本主义尤其是霸权主义的压力从来没有放松过，只是方式不同。社会主义市场经济的改革也是一场大考，一些共产党员包括党的高级领导干部就过不了市场经济这个关。中国特色社会主义道路自信之争、理论自信之争、制度自信之争、文化自信之争是长期的，其中最核心的问题，就是贯穿"四个自信"之中并处于统帅地位的马克思主义的本质特性和它的基本原理是否具有当代价值之争。

"一爪落网，全身被缚。"中国共产党要永不变质，不蜕化为特权集团，社会主义要永远不变色地朝着既定目标前进，不中途夭折，需要培养一代又一代坚定的中国共产党人，需要中国共产党队伍始终保持先进性和纯洁性。其中关键的必修课，就是在坚持马克思主义本质特性及其当代价值问题上寸步不让，决不动摇。不是保持十年、二十年，也不是三十年、五十年，而是代代相继，以期真正实现中华民族伟大复兴的中国梦。这是一个伟大而艰巨的任务。习近平总书记提出的"不忘初心、牢记使命"，应该是我们每个党员、每个干部严于律己、勇于担当和自我革命的座右铭。

第三篇
探索哲学使命

我与马克思主义文化研究

一、文化自信的本质与当代意义

有个学生问我：什么是文化自信？文化自信的主体是谁？他们信什么？我参观故宫时看到的琳琅满目的珍藏国宝，无非是展品；参观长城，长城巍峨雄伟，气势逼人，无非是旅游景点；参观国家图书馆，看到的各类图书，无非是藏书，它们放在书店就是文化商品，放在课堂里就是课本。凡此种种与文化自信有什么关系？他深感困惑。

习近平总书记在党的二十大报告中提出，要"推进文化自信自强，铸就社会主义文化新辉煌"。这为我们从理论上阐明文化自信提供了重要指导。文化自信是对中华文化的历史起源、发展、精神特质和精髓的总体性判断，是秉持对中华文化的科学、礼敬、继承、创造性推进的基本立场和态度。只有坚持历史唯物主义文化观，立足国家和民族的前途与命运高度，才能理解文化自信问题，否则我们看到的只是文化的物质载体或文化具体的物化形态——彼此分离、一枝、一叶，无法把握中国文化的内在总体精神和文化自信问题的当代价值。"不谋全局者，不足谋一域。"在对文化自信的理解上也是这样。

（一）文化自信：新时代的大问题

文化问题的研究具有时代性，文化问题是时代的反映。对文化问题的研究，随着社会时代不同会提出不同的问题，而不同问题会显出不同的时代特征。

如果说斯宾格勒的《西方的没落》反映的是对西方资本主义社会发展前途的失望，亨廷顿的《文明冲突论》则是西方把向外扩张引发的矛盾转变为以文明冲突作辩护的政治需要。西方马克思主义和西方"新左派"对文化问题的研究，是由于无力为解决资本主义问题找到出路，聚焦于对西方资本主义发达工业社会的文化批判。在当代，文化成为一个世界热点问题，是与资本主义工业化、城市化所引发的精神失衡，与道德失范、审美价值失落、信仰缺失相关的。总之，人们的精神处于一种饥渴状态，对人文精神的追求大大促进了文化的研究。在世界范围内，文化问题研究属于文化学范围，是文化学者们的任务。

西方不存在特别突出的文化自信问题。几百年来，西方一些发达资本主义国家处于强势地位，向外输出所谓的"西方文明"。对它们来说，主要存在的是文化自大和文化霸权问题。"西方文化优越论"和以救世主的姿态向外输出西方文明与文化殖民，是在西方资本主义世界几百年中处于主导地位的文化观。虽然近些年也有学者写过关于"西方文化衰落"的著作，如美国学者阿瑟·赫尔曼的《文明衰落论：西方文化悲观主义的形成与演变》，但也只是对历史上几位哲学家的关于西方文化衰落思想的论述，跟文化自信问题没有特别直接的关联。

文化自信问题在当代中国成为一个问题，既是基于近代中国人在民族苦难与奋斗中民族自强和文化自觉的展示，又是当代中国面临的民族伟大复兴对文化自信和文化自觉的迫切需要；既是对全体中国人树立文化自强自信心的鼓舞，又是对当代一切否定中华民族文化的回击，包括对百多年侵略、压迫造成的在某些人中残存的民族自卑情结的"解扣"。现在国内国外、网络中与现实中都有些言论在贬低中华文化，否定中华民族的历史贡献，否定近代以来中国人民的奋斗史，歪曲中国共产党历史、中华人民共和国历史，歪曲改革开放历史。因此，我们要对中国人民以及中华民族的优秀文化和光荣历史加大正面宣传力度，增强做中国人的骨气和底气。2016 年 11 月，习近平总书记在中国文联十大、中国作协九大开幕式上的重要讲话中强调："坚定文化自信，是事关国运兴衰、事关文化安全、事关民族精神独立性的大问题。""大问题"这个提法，是对文化自信问题在中国特色社会主义建设中所处重要地位的重大判断。

"四个自信"是习近平新时代中国特色社会主义思想的重要组成部分，是以习近平同志为核心的党中央擘画未来、绘制蓝图，为中国实现社会主义现代化强国、实现中华民族伟大复兴而奋斗的理论和精神支柱。尤其是其中的文化自信，由于文化的特殊本质和功能而发挥着更基础、更广泛、更深厚的作用，因而它对道路自信、理论自信和制度自信具有文化和精神支撑作用，与坚持中国特色社会主义道路、理论、制度具有不可分割的内在联系，是构成习近平新时代中国特色社会主义思想的重要组成部分。增强文化自觉和文化自信，是坚定道路自信、理论自信、制度自信的题中应有之义。

坚定文化自信，就是坚定民族的自尊、自强。中国现在已经不再像过去那样在世界政治舞台中缺位，而是带着中国特色社会主义建设的伟大成就，带着构建人类命运共同体的主张，带着解决世界面临的问题的中国方案、建议和话语，自信地走向世界政治舞台的中心。离开党的二十大的主题，离开习近平新时代中国特色社会主义思想的总体布局，离开当代中国面对的意识形态领域的斗争，我们就弄不清"文化自信何以是大问题"。

（二）谁的自信：中国共产党和中华民族的自信

文化自信，当然不是文化的自我自信。文化并非主体，主体是人。在当代中国，文化自信的主体是中国共产党和中华民族。中国共产党是中国革命、社会主义建设、改革开放的领导者，也是中华优秀传统文化的继承者和创新者，是红色文化和社会主义先进文化的创建者。在当代中国，中国共产党代表中国先进文化的前进方向，离开中国共产党领导下的革命胜利，当然不可能有文化自信。

中国共产党是中国工人阶级的先锋队，同时是中国人民和中华民族的先锋队。中国共产党的自信是深深根植于我们民族的文化血脉之中的，是从人民的拥护、爱戴和支持中汲取力量的。中国共产党的文化自信，同时是中国人民的自信和中华民族的自信。文化自信的主体，是中国共产党、中国人民和中华民族的统一。其中，由于以马克思主义为指导，中国共产党的成立是中国开天辟地的大事，它是汇集了中华民族优秀儿女的，有理论、有组织、有纪律，站在时代前列、引导时代潮流的政党，因而成为中国人民的领导核心，是文化自信的主体。要问文化自信是谁的自信，首先是中国共产党人的自信。

当然，中国共产党的文化自信主体地位和中华民族的文化自信主体地位是一致的。中国共产党人是中华民族的优秀儿女。没有中华民族的文化自信，就不可能孕育和培养中国共产党人的文化自信。文化具有地区性，不同地区有不同的地区文化；民族有民族文化，中国各个民族有自己的民族文化。地区文化具有地区性，它的范围可以界定；各个民族文化具有鲜明的民族性，可以识别。但中华各民族有共同的主体文化。中华民族文化不是各民族文化的叠加、总和，而是各民族文化长时期逐渐融合而形成的占主导地位的文化，是既超越地区、民族，又体现在地区文化和民族文化之中的中华各民族的共同的文化，因而中华民族共同文化也就是中华文化。习近平总书记指出："中华民族有着强大的文化创造力。每到重大历史关头，文化都能感国运之变化、立时代之潮头、发时代之先声，为亿万人民、为伟大祖国鼓与呼。"

中国共产党的品格就代表了中华民族不屈不挠、自强不息的民族品格，中国共产党人的文化自信就是凝聚并代表中华民族的文化自信。

文化自信不能离开国家。正确的文化观不能离开正确的国家观。国家对于共同文化的形成和认同至关重要。要形成和维护一个统一的中华民族文化，必然要有一个统一的而非分裂的国家。民族是文化的主体，文化是民族的灵魂，中国各民族的生存和发展离不开统一而强大的国家作保障。当一个国家被消灭或处于分裂时，它的文化发展也会中断。世界四大文明古国，只有中国文化没有中断。中国有过分裂，但统一是主导的。即使当时存在不同的民族政权，但它们仍然处于中国这个大的疆域之内，因而极容易统一。中华民族的文化保存和继承相对完好。历史证明，当国家分裂时，文化发展的血脉会中断，何谈文化自信！

当代中国的文化自信，同时是中国人民的文化自信。或许有人说，这是空话。你看近代，中国人曾是一盘散沙，是用革命烈士的血蘸馒头治病的愚民，是围观看杀头的看客。不错，鲁迅先生曾深刻批评这种国民劣根性，但他不是把批评的矛头指向人民，而是批判旧的社会和旧的制度。鲁迅没有失去对中国人和中华民族的自信。他说过："我们从古以来，就有埋头苦干的人，有拼命硬干的人，有为民请命的人，有舍身求法的人……这就是中国的脊梁。"鲁迅强调，中国并没失掉民族自信，中国近代表现的国民劣根性并非中国人的本质特性，而是朝廷腐败和社会腐败的恶果。

中国共产党坚持历史唯物主义，始终坚持马克思主义的人民群众观点。"我们中国人是有骨气的。"①毛泽东说："自从中国人学会了马克思列宁主义以后，中国人在精神上就由被动转入主动。从这时起，近代世界历史上那种看不起中国人，看不起中国文化的时代应当完结了。伟大的胜利的中国人民解放战争和人民大革命，已经复兴了并正在复兴着伟大的中国人民的文化。这种中国人民的文化，就其精神方面来说，已经超过了整个资本主义的世界。"②不依靠人民，不以人民为中心，所谓中国共产党人的文化自信，就会是一句空话。

文化自信当然包含人数众多的与人民同呼吸共命运的知识分子和文化人的自信。各个文化专业领域的专家、学者，非物质文化的创造者和传人都能从自己的专业领域发现文化自信的历史根源和文化传统，也都能以自己的创造性贡献强化人民的文化自信。改革开放以来，尤其是党的十八大以来，中国学者和专家以一个拥有丰富文化传统和当代文化的文化自信大国学者的身份参与世界的文化交流极为平常。可以预期，在世界文化学术论坛和文化交流中，中国学者会日渐增多。单面输入和接受的时代已经结束。中国学者广泛参与世界文化的交流，就是文化自信的一种表现。

当然，我们不能把文化自信问题只归结为文化人的自信。我

① 《毛泽东选集》（第四卷），人民出版社，1991年，第1495页。
② 同上，第1516页。

们有些学者津津乐道民国时期的学者如何如何，仿佛那时是中国文化的鼎盛时期，中国有着充分的文化自信。这是一种错误的历史观和文化观。毫无疑问，民国时期出现过一些有贡献的著名学者，中国人不会忘记他们的文化功绩和学术贡献。但是当时的中国，国势屡弱，文盲众多，是在国际上没有发言权的中国。如此中国，中国人的文化自信、中华民族的文化自信从何而来？仅仅靠少数文化名人，不可能撑起民族自信的大厦。

文化自信问题不仅属于文化，它与国家的强大、民族的独立不可分割。在20世纪30年代，曾发生过关于中国文化的出路何在的争论。参加者主要是文化学者，无论是"全盘西化"论者还是中国文化本位主义者，都无法真正确立中国文化的自信。"全盘西化"论者固不用说，即使文化本土派也并未真正理解中国传统文化的精髓所在。在文化范围内争论中国文化的出路和自信问题是不可能有答案的。毛泽东在1940年撰写的《新民主主义论》，站在马克思主义文化观的高度，把文化问题与中国向何处去的问题，与中国出路联系在一起讨论。《新民主主义论》第一节开头提出的就是"中国向何处去"的问题，紧接着第二节的标题是"我们要建立一个新中国"，并且明确提出了中国文化的领导权和指导思想："这种文化，只能由无产阶级的文化思想即共产主义思想去领导，任何别的阶级的文化思想都是不能领导了的。"中国向何处去的问题不解决，中国不获得解放、不建立社会主义制度，是不可能实现中华民族文化伟大复兴、重新树立民族文化自信的。

（三）信什么：中国文化特有的精神标识

要坚定文化自信，不能只看到物，看到文化的载体，而要理解中华文化的深层内涵。无论是文物还是典籍，都只是文化的载体，文化的主体是人，而灵魂是载体中的内在精神。如果我们从故宫的无数藏品中，从难以计数的中华优秀传统的经典中，从万里长城和中国历朝种种巧夺天工的文物和建筑中，看不到其中蕴藏的中华民族的创造力，看不到其中蕴含的中国精神、中国智慧、中国理念，当然就无法理解为什么我们能从中获得树立文化自信的信心。因为文化自信，是对中国历史和无数经典中包含的丰富哲学智慧和政治智慧、丰富的历史经验和治国理政理念的自信，是对从如此多的巧夺天工的文物中体悟到的中国精神、中国智慧、中国理念的自信，是对从物质文化的创造物中发现的中华民族的创造力和生命力的自信。

中华文化丰富的内涵和精髓，可不是走马观花式地参观、旅游，漫不经心地阅读所能把握的，它需要正确的文化观和理解水平。在艺术品市场的拍卖中，我们从一幅字画、一件青铜器、一件名贵窑瓷的天价中，惊讶地看到它们的商业价值，但不意味着我们懂得它们的文化价值，更别提我们是否有能力把这些被拍卖的艺术品与文化自信联系在一起了。马克思说过，"对于没有音乐感的耳朵说来，最美的音乐也毫无意义"，"贩卖矿物的商人只看到矿物的商业价值，而看不到矿物的美和特性"。①文化的本质和文化自信是建立在对中国文化载体中内在蕴藏的中国精神、中国智慧和中国理念的总体性理解基础上的。它体现在中国物质文化和非物质文化中，贯穿于中华优秀传统文化、红色文化和社会主义先进文化之中。

毛泽东在《中国革命和中国共产党》中论述了中国历史："在中华民族的开化史上，有素称发达的农业和手工业，有许多伟大的思想家、科学家、发明家、政治家、军事家、文学家和艺术家，有丰富的文化典籍。在很早的时候，中国就有了指南针的发明。还在一千八百年前，已经发明了造纸法。在一千三百年前，已经发明了刻版印刷。在八百年前，更发明了活字印刷。火药的应用，也在欧洲人之前。所以，中国是世界文明发达最早的国家之一，中国已有了将近四千年的有文字可考的历史。"②毛泽东如此充满信心地重述中国历史、中国的文明发展史和文化发展史，为对中华民族做出卓越贡献的人物而自豪，就是因为中国的历史，中国的文明史、文化史、发明创造史和历史杰出人物，体现的是中华民族自强不息的奋斗精神、巨大的创造力和丰富的智慧。我们的先人能做到的，我们中国共产党人一定能做到，一定会不辱先人，继承这种精神，完成中国革命大业并继续建设一个美好的新中国。

传统是非常重要的。从个人来说，从生到死有一定的时间段，人人如此。唯独传统和内在于传统的伟大精神、智慧与理念

① 《马克思恩格斯全集》（第42卷），人民出版社，1979年，第126页。

② 《毛泽东选集》（第二卷），人民出版社，1991年，第622~623页。

没有时间段，它超越时间。你看，孔孟老庄已经逝世两千多年，李白、杜甫、王维、白居易等著名诗人词人，也都逝世千年以上。至于许多国宝的年代也都难以确定，它们都是古董。可文化并不会因为年代久远而丧失它的价值，其中承载的思想仍然在哺育一代代中国人，后人从阅读、诠释中理解其中蕴藏的精神、智慧和理念。流传至今的古代文物中保留的文化信息仍然存在，它们精美绝伦的技艺和艺术精神仍然在向当代人传达我们祖先的智慧和创造力。现在不是在呼唤工匠精神吗？看看我们祖先制造的青铜器、四大名瓷，看看景泰蓝，看看种种光彩夺目、令人叹为观止的工艺制品，那才是真正的工匠精神。我想起了《庄子·知北游》中的"大马捶钩"的故事："大马之捶钩者，年八十矣，而不失豪芒"，一生"于物无视也，非钩无察也"。庄子别有寓意，但就捶钩技术来说，也算是一种"精于一"的工匠精神。农业时代的工艺也许会过时，但这种一丝不苟、精益求精的精神，对处于工业化或后工业化时代的我们，仍然具有榜样作用。

有些人指摘马克思主义哲学是机械唯物主义，认为它不承认精神、思想和理念的作用，这不是误解就是有意曲解。马克思主义的唯物主义是辩证唯物主义，它主张社会存在决定社会意识，但高度重视社会意识的能动作用。马克思指出，哲学把无产阶级当作自己的物质武器，同样，无产阶级也把哲学当作自己的精神武器。你看，马克思承认精神是一种武器，承认思想的能量如闪电雷鸣。它一旦沁入人的心灵，就会发挥无比巨大的威力。在我看来，没有一种哲学比马克思主义哲学更重视人的主观能动性。不承认精神作用的"马克思主义"，是对马克思主义的嘲弄。中国古人都懂，"夫形者，生之舍也；气者，生之充也；神者，生之制也。一失位，则三者伤矣"，"此三者，不可不慎守也"。

有人说，现在我们不是已经"全盘西化"了吗，还讲什么中国的文化自信？我们穿西装、吃西餐，我们乘坐的飞机、高铁，使用的手机、电话等，不都是源自西方吗？各个民族的文明从来都是相互影响的。我们可以说"胡化"，我们许多蔬菜水果源自当时的西域；我们也可以说，日本、韩国和越南汉化、唐化；也可以说，现在的西方正在中国化，因为我们的日用产品，包括具备技术含量的高端产品不断出口到西方，在部分西方国家到处可以看到"中国制造"甚至是"中国创造"。把文明的传播、相互引进和借鉴与"全盘西化"混为一谈当然是错误的。"全盘西化"的本义不是指文明和文化的交流，而是指抛弃自己的民族文化传统和历史传统，企图变成另一个国家的翻版。这是不可能的。我们的改革开放让中国参与世界性交往，但中国仍然是中国，中国文化仍然是中国文化。

没有一个民族能完全抛弃自己的文化传统，因为文化融于血脉之中，成为民族的灵魂。我们的生活方式、我们的绘画、我们的文学艺术……总之，凡是中国人，在灵魂深处都会有中国文化的印记，中国人的创作不可能完全脱离中国传统的影响，都会在不同程度上保有我们文化的民族特色。当然，我们并不排斥西方文化，相反，我们应该汲取西方优秀文化，但它不能改变中国文化的民族特色。毛泽东在与音乐工作者的谈话中用"织帽子"来比喻，用学外国织帽子的方法织中国的帽子。外国有用的东西可以学到，用来改进和发扬中国的东西，创造中国独特的新东西。还说，应该越搞越中国化，而不是越搞越洋化。洋为中用，这是毛泽东的一贯主张。

文化自信当然包括对在中国革命斗争中创造的红色文化的自信。红色文化和我们的实际生活，和实际斗争是紧紧结合在一起的。我们不是生活在古代中国，而是生活在现代中国。由于不存在时代的隔膜，红色文化用不着诠释、解读、争论、辨伪、考证，或各自立说，它们更容易为人民所理解和接受。《红色家书》和《革命烈士诗抄》中一封封充满家国情怀的家书、一首首充满炽热革命激情的绝命诗，包含的杀身成仁、舍生取义、视死如归的精神，继承了中国传统文化中移孝作忠的爱国主义精神，更具有现实的教育意义。习近平总书记多次指出，"中国革命历史是最好的营养剂"，"历史是最好的教科书"，强调"要把红色资源利用好、把红色传统发扬好、把红色基因传承好"。习近平总书记赞扬红船精神是中国革命精神之源：中国共产党历史上形成的优良的革命精神，无不与之有着直接的渊源关系。无论是井冈山精神、长征精神，还是延安精神、西柏坡精神，都是对红船精神的继续发扬。红船精神的核心就是革命精神，是共产主义的理想和信仰。

文化自信是不能断流的。在社会主义条件下，文化自信当然要更重视对社会主义先进文化的自信。它是根植于优秀传统文化、直接继承红船精神开辟的革命文化，又是基于中国社会主义建设实践的新文化。社会主义社会是人类社会发展的新形态。如果说社会主义社会是人类社会发展的规律，预示着人类发展的总方向，那社会主义文化就是一种更具先进性的文化，是对人类文化发展方向具有导向性的文化。社会主义先进文化正在建设中，体现在社会主义先进文化精神和社会主义核心价值观的模范人物、道德榜样身上，就在我们生活中。

如果要问文化自信究竟信的是什么，可以肯定地回答：信的是中华优秀传统文化内含的中国精神、中国智慧和中国理念，信的是红色文化中的革命精神和共产主义理想与信念，信的是把国家、社会和个人提升到以社会主义核心价值观为主导的社会主义文化的先进性。

（四）文化自信的使命：建立社会主义文化强国

中国在历史上本来就是文化古国、文化大国、文化强国。近百年的苦难和列强侵略掠夺，使中国国弱民穷、科学落后、文盲遍地，文明古国成为文化弱国。中华人民共和国的成立标志着中国人民站起来了，经过七十多年的社会主义建设和改革，中国迎来了富起来、强起来的新时代。

习近平总书记在党的二十大报告中强调要"不忘初心，牢记使命"。他掷地有声的誓言，代表了中国共产党为中华民族伟大复兴而奋斗的决心，也代表了近百年来中国历史上为中华民族文化复兴而前仆后继、英勇牺牲的烈士的初心。中国共产党从来没有忘记自己的初心，没有忘记无数曾经为中华民族的复兴，为建立自由、民主、独立的强大中国而牺牲的烈士。矗立在天安门广场中心的人民英雄纪念碑上镌刻着的碑文，时刻提醒子孙后代牢记为革命而牺牲的先烈的初心。

不忘初心，也是近百年来革命烈士头可断、血可流，永不动摇、奋斗到底的决心。我想起了秋瑾的咏梅诗："冰姿不怕雪霜侵，羞傍琼楼傍古岑。标格原因独立好，肯教富贵负初心？"秋瑾是为革命而牺牲的女中豪杰，她的初心就是推翻腐败的清政府，追求国家的自由和富强。秋瑾在浙江绍兴轩亭口英勇就义，诠释了自己不忘初心，也代表了一大批在民主革命时期为中国革命牺牲的烈士的初心。

中国共产党不忘初心，牢记使命，实现中华民族伟大复兴，其中就包括中华民族文化的复兴，包括推动社会主义文化繁荣兴盛，建设文化大国、文化强国。没有文化的复兴，就没有全面实现现代化，中华民族的复兴就会因缺乏精神和文化的支撑而后劲不足。

推动社会主义文化繁荣兴盛、建设社会主义文化强国是一项非常艰巨而长期的任务。因为时代不同、条件不同、环境不同，发展面向现代化、面向世界、面向未来的，民族的科学的大众的社会主义文化，比毛泽东当年在《新民主主义论》中提出的文化建设任务更为艰巨。在国际交往频繁、各种文化碰撞和相互交融、思想多元、利益多样的当代中国，各个人文社会科学学科的构建、社会主义文学艺术的繁荣发展、用社会主义核心价值观培育全体人民尤其是青年一代，都需要长期坚持、不懈努力。这个任务在一定意义上比其他建设更困难，因为它涉及的是人，而人的理想和信仰会遇到各种不同的价值观壁垒。思想是个最微妙、最难深入的领域，这是个任何压力和强迫都无效的领域。文化领域是知识分子最为集中的领域。要讲究文化建设的领导方法，贯彻党的知识分子政策和文化政策，吸取过去的经验和教训，充分调动广大知识分子与文化工作者的积极性和爱国主义热情，使文化建设成为广大知识分子和文化工作者的一项自觉的任务。

文化建设不等同于意识形态建设，但其中确实存在意识形态问题。文化建设属于意识形态领域的建设，不可能去意识形态化、去政治化、"去中国化"。文化建设既要巩固马克思主义在意识形态领域的指导地位，坚持以马克思主义为指导，坚守中华文化立场，又要立足当代现实，结合时代条件，创造出具有时代价值、反映人民愿望的高水平的文化产品。

文化的发展史犹如绵延的万里群山，其中有低谷、有平原、有高峰。文化名人和传世巨著的出现，并非累世能见。中国特色社会主义新时代应该创造条件培养更多的文化名人和产生更多的名篇巨著。只有群星灿烂、高峰迭起、蔚为壮观，才是一个拥有如此丰富文化遗产的中国应该有的文化大国、文化强国的样子。建立一个文化繁荣兴盛的大国，其难度堪比建设一座精神上的万里长城。

"长风破浪会有时，直挂云帆济沧海。"在推进社会主义文化繁荣兴盛、建设社会主义文化强国的过程中，一切有责任感、使命感的文化工作者，一定要不辜负我们的时代，不辜负我们的党，不辜负人民对我们的期待，以自己的作品推动文化自信走向更高层次。

二、马克思主义和中国传统文化

目前在中国大地上，传统文化研究和宣传热潮高涨，儒学重新成为显学。当年孔子风尘仆仆周游列国，实际上齐鲁郑卫陈蔡诸国不过是山东和河南的几个县，而今随着孔子学院正在"周游世界"，国外汉学家渐多，中国传统文化声望日隆。这本是大好事，是中华民族复兴在文化上的一种表现。

但有些理论工作者感到迷茫，意识形态领域中坚持以马克思主义为指导的方针是否发生了变化？有些极端的儒学保守主义者误判形势，拔高之论迭出。乱花迷眼，议论各异，意识形态领域陷入两难：似乎强调坚持马克思主义思想指导，就是贬低以儒学为主导的中国传统文化；反之，则应把马克思主义请下指导地位的"神坛"，重走历史上尊孔读经、以儒治国的老路。这种非此即彼、冰炭不可同炉的看法，理论上是错误的，实践上是有害的。

（一）应该站在社会形态更替的高度来审视马克思主义和中国传统文化的关系

如何理解马克思主义和以儒学为主导的中国传统文化之间的

关系，我想到"周虽旧邦，其命维新"。冯友兰是中国现代史上杰出的思想家、哲学家和哲学史家，也有的学者尊他为现代新儒家。他在历经多年编写的《中国哲学史新编》中的序言中说："《诗经》上有句诗说，'周虽旧邦，其命维新'。旧邦新命，是现代中国的特点。我要把这个特点发扬起来。我所希望的，就是用马克思主义的立场、观点和方法重写一部中国哲学史。"冯先生由于专业写作的需要仅限于以马克思主义观点重写中国哲学史，我从冯先生的话中得到启发，以"旧邦新命"作为廓清迷雾、解开马克思主义与中国传统文化关系争论的一把钥匙。

社会主义中国，是具有五千多年历史的古老中国的当代存在。中国是旧邦，是一个古老的国家，可当代中国是不同于传统中国的社会主义形态下的新中国。中国共产党负有新的历史使命，这就是中华民族的伟大复兴。它包括创立社会主义新中国的民族复兴，也包括中华民族的文化复兴。这是一条既要坚持马克思主义思想理论指导，又要正确处理马克思主义与中国传统文化关系的道路。这条路历经一百多年的摸索，在艰难曲折中跋涉前行。有经验，也有教训。只有站在社会形态变革的高度进行审视，才能牢固确立中国共产党和社会主义社会以什么为指导思想，以及如何处理马克思主义与中国传统文化关系这个重大问题。这个问题仅仅局限在文化范围内是说不清楚的。

中国社会主义制度的建立是社会形态的根本变化，这是中国历史上几千年未有的大变化。自秦始皇统一中国之后的两千多年，中国历史的变化本质上是同一社会形态内部的变化。王朝易姓，改朝换代，都没有改变中国社会形态的本质。经济结构、政治结构、文化结构当然有变化，但都具有同一社会形态的历史继承性和延续性。中国封建社会是在一治一乱、王朝易姓中走向发展和成熟的。在中华民族的开化史上，有素称发达的农业和手工业，有许多伟大的思想家、科学家、发明家、政治家、军事家、文学艺术家，有丰富的文化典籍。历史上出现过儒释道的相互吸收，也出现过新儒家，但儒学道统未变。在两千多年中，孔子是王者师，是素王，这个至高无上的圣人地位没有因为王朝易姓而发生根本变化。新王朝依然是尊孔读经，依然是看重儒家学说，将其作为维护社会正常秩序和统治合理性的首要思想功能。

任何有点历史知识的人都知道，相信"水可载舟，亦可覆舟"的皇帝很多，因为这是历史的经验；真正信奉"民贵君轻"，实行王道、仁政者极为罕见。这不是皇帝个人的罪恶。历史上的皇帝并非都是坏皇帝，有不少对中国历史发展做出过贡献。这也不是儒家思想存心欺骗或愚民，封建社会的政治现实不能否定儒家学说精华中的思想价值。这是封建社会的经济关系和阶级关系使然。理想永远高于现实，现实从未完全符合理想，这是历史上一切伟大思想家的共同宿命，孔子也是如此。

（二）只有以马克思主义为指导才能变革中国社会

清末，中国社会处于崩溃前夕。近代历史上出现过不少以身许国、流血牺牲的仁人志士，可是中华民族的命运并没有改变。面对西方资本主义列强入侵，风雨飘摇的中华民族，无论藏书楼中有多少传世的经典宝鉴，传统文化中有多少令世人受用无穷的智慧，儒学中的正心诚意、修齐治平的道德修养和治国理政观念如何熠熠生辉，都不可能避免中华民族被瓜分的命运。历经失败，实现中华民族复兴这个伟大任务，最终落在中国共产党的肩上。中国这个旧邦要想复兴，改变中华民族的命运，救人民于水深火热之中，不可能再沿着历代改朝换代的道路走，沿着历史上尊孔读经的道路走。

中国共产党成立的首要任务是革命，是推翻压在中国人民头上的"三座大山"，打倒帝国主义、封建主义和官僚资本主义，建立一个和历代王朝不同的社会主义新中国。这已经不再是历代封建王朝的延续和更替，而是社会形态的变化。要实现这个任务，从思想理论指导的角度说，只有马克思主义才能发挥这个作用，因为马克思主义就是关于社会形态革命的学说。它的辩证唯物主义和历史唯物主义哲学、劳动价值论和剩余价值学说，以阶级斗争和无产阶级专政为核心的科学社会主义学说，是一个严整的、科学的思想理论体系。只有它才能为中国共产党如何解决中国问题，挽救处于危亡之际的中国，为沦为半殖民地半封建的中国找到一条中华民族复兴之路。中国民主革命的胜利，就是马克思主义中国化的胜利，就是马克思主义与中国实际相结合的胜利。这条道路是通过阶级斗争和武装斗争，通过血与火的斗争，生与死的决战，以千百万人的流血牺牲取得的。这是一条推倒既有社会秩序、等级、法统、道统的"犯上作乱"、革命造反之路，是与儒家和新儒家倡导的修齐治平、内圣外王、返本开新迥异的道路。

在革命胜利之后，中国共产党用了六十多年寻找社会主义建设和改革之路。同样，只有运用马克思主义的基本理论和方法，结合中国的实际才逐步弄清社会主义初级阶段中的生产力与生产关系、经济基础与上层建筑的关系，解决什么是社会主义、如何建设社会主义，找到建设中国特色社会主义之路。中国特色社会主义理论、道路、制度、文化的建设，就其指导思想理论来说都是马克思主义，是马克思主义和中国实际的结合。

在讨论马克思主义和以儒学为主导的中国传统文化的关系时，决不能忘记社会形态变革这个重大的历史和现实，不能忘记"旧邦新命"。马克思主义是无产阶级的阶级主义，是为无产阶级和人类解放而斗争的主义；马克思主义的立足点是阶级、阶级关系和阶级斗争，而儒学是处理以宗法制度为基础、以血缘为纽带、以家庭为细胞的人与人的关系。儒学学说中没有阶级，只有君子与小人之别。这是以道德为标准的区别，而不是阶级区别。封建社会也有穷人和富人，这种区别在儒家看来只是贫和富的区别，而非阶级区别。儒家处理等级关系的方法，是正名；处理贫富关系的方法，是"贫而无怨，富而无骄"。马克思主义处理的是阶级关系，儒学处理的是同一社会阶层内部的君臣、父子、夫妇、兄弟、朋友关系，即所谓五伦关系，而非阶级对抗关系。因此，马克思主义强调阶级斗争和夺取政权，而儒家强调"仁"与"和"稳定既成的社会关系。如果不懂得这个根本出发点，就无法理解登上中国政治舞台的中国共产党，为什么不能将儒家铺就的道路作为中华民族复兴之路，而要举起马克思主义旗帜。

"领导我们事业的核心力量是中国共产党，指导我们思想的理论基础是马克思列宁主义"，我们应该重新温习毛泽东当年这两句话。它包含为什么要以马克思主义为指导，以及如何处理马克思主义与中国传统文化关系的回答。

（三）只有继承中国传统优秀文化，马克思主义才能在中国取得胜利

中国要革命，要变革，要走出民族存亡绝境，就必须以马克思主义为思想理论指导。但马克思主义不能取代中国传统文化。中国共产党人即使在激烈的革命时期，无论是在中央苏区，还是后来在延安，都关注文化建设，也关注中国传统文化的教育。毛泽东在《中国革命和中国共产党》《新民主主义论》《改造我们的学习》等文献中都论及如何对待中国传统文化的问题。尤其是在《中国共产党在民族战争中的任务》一文中讲到学习时，毛泽东强调："学习我们的历史遗产，用马克思主义的方法给以批判的总结，是我们学习的另一任务。我们这个民族有数千年的历史，有它的特点，有它的许多珍贵之处。对于这些，我们还是小学生。

今天的中国是历史的中国的一个发展；我们是马克思主义的历史主义者，我们不应当割断历史。从孔夫子到孙中山，我们应当给以总结，承继这一份珍贵遗产。这对于指导当前的伟大的运动，是有重要的帮助的。"说句实在话，从孔夫子到孙中山应当加以总结，继承这一份珍贵遗产，这个任务仍然任重而道远。

马克思主义的强大力量就在于它与中国实际的结合，其中包括与中国历史和传统文化的结合。中国共产党是中国的共产党，而不是别的国家的共产党；是在中国建设社会主义，而不是在别的国家建设社会主义。无论是共产党，还是社会主义社会都是根植在这块具有深厚历史传统和文化传统的十四亿多人口的中国，当然应该重视中国的历史和文化遗产，重视中国传统文化，尤其是长期处于主导地位的儒家学说对中国社会结构、对中国人的民族性格、对中国人的思想和价值观念的深刻影响。马克思主义要在思想和情感上为中国先进知识分子和以农民为主的中国人民所接受，必须根植于中国的历史和文化。中国革命需要马克思主义，中国文化和历史传统能接纳马克思主义。

依靠武力可以夺取政权，但仅仅依靠武力不能建设新社会。按照毛泽东当年的话，革命胜利只是万里长征的第一步。新中国成立以后，需要解决的问题更多。这些问题包括社会生活各个领域，尤其是在精神方面，在软实力的建设方面，仅仅依靠马克思主义作思想理论指导，而不充分发掘、吸取与运用中华民族丰富的文化资源来进行社会治理、人文素质的培养和道德教化，是不可能完成的。如果说在以军事斗争为中心的武装夺取政权时期，处理马克思主义与中国传统文化的关系问题还没有那么急迫，那么革命胜利之后，随着社会主义建设的发展，特别是改革开放后社会转型期的道德、信念、理想、价值中呈现出的某种程度的紊乱，就成为一个亟待正确处理的问题。

"攻守易势"和"马上得天下，不能马上治之"，是中国历史的两条重要经验。在革命时期，中国共产党处于攻势，主要是推翻旧中国和改变旧秩序，夺取政权，一句话是攻；革命胜利之后，中国共产党掌握全国政权，不能只破还必须立。现在不是我们向原来当政者进攻的时代，我们自己就是执政者，就处在时刻"被攻"的地位。国家治理如何，社会状况和社会秩序如何，人民生活提高如何，生态环境如何，全国人民的眼睛都望着中国共产党，一切都要由执政者自己负责。从这个角度说，革命的胜利，取得全国政权的开始，同时就是攻守易势的开始。

"马上得天下，不能马上治之。"通过革命斗争打出的天下，不可能在治国理政、调整内部矛盾时照样沿用革命的方法，照用武装斗争的方法。正心诚意修齐治平，不是中国革命胜利之路，却是取得政权后当权者的修养和为政之道。以儒家学说为主导的传统文化包含丰富的治国理政、立德化民的智慧。必须研究中国历史上治国理政的经验和中国传统文化，尤其是儒家学说中注重社会和谐和民本的治国理政的智慧，研究如何立德兴国、教民化民。如果说前三十年有什么教训的话，我认为我们缺少这个方面。从反右斗争到"文化大革命"，仍然可以看到"马上得天下，马上治之"的方式。党内党外仍然处在紧绷的斗争之中，剑拔弩张，伤害了一些人。正是从这个教训中，我们理解了依法治国的重要性，理解了中国传统文化中优秀治国理政智慧的重要性。大力倡导树立和践行社会主义核心价值观，构建社会主义和谐社会，实现"马上"夺权到"马下"治国的精彩转身，对于一个民族来说，最有效的学习就是从自己的错误中学习。中国特色社会主义建设就是在不断总结经验中发展和前进的。

（四）正确评价儒家在中华民族文化中的地位

中国传统文化博大精深。它流动于中华民族的生活方式之中、传统的风俗民情之中，凝集于包括儒墨道法诸子百家经史子集的经典之中。儒家不是中国传统文化的全部，但处于主导地位。中华民族文化复兴具有极其丰富的内容，包括多方面的任务，不能简单理解为仅仅是复兴儒学。

儒家哲学主要是人生伦理哲学。梁启超把儒家哲学归结为八个字：修己安人，内圣外王。修己安人是儒家哲学的功用。它的作用就是修己，即个人的道德修养或说是修身。修己达到极致就是内圣，安人达到极致就是外王，即治国平天下。正因为儒家哲学是人生伦理哲学，因此儒学中的命题都离不开人生问题。从孟荀讨论的性善恶问题、告子与孟子讨论的仁义之内外问题、宋儒讨论的理欲问题、明儒讨论的知行问题，都离不开做人的问题。

修齐治平，都是道德修养的结果，都是内圣外王的表现。

陈寅恪在关于冯友兰《中国哲学史》的审查报告中说："故二千年来华夏民族所受儒家学说之影响，最深最巨者，实在制度法律公私生活之方面，而关于学说思想之方面，或转有不如佛道二教者。如六朝士大夫号称旷达，而夷考其实，往往笃孝义之行，严家讳之禁。此皆儒家之教训，固无预于佛老之玄风也。"儒家学说由于它在中国封建社会的政治作用，无疑长期处于中国传统文化的主导地位。以儒家学说为主导的中国传统文化的重要性，是毋庸置疑的。它是中华民族的血脉和文化之根。我们不可能也不应该割断中华民族的文化脐带，否定中国传统文化。

中国传统文化中的哲学智慧深如汪洋、高如崇山，尤其是其中的辩证智慧和丰富的生态观念。儒家学说虽然不能等同于中国传统文化，但与中国传统文化的基本精神是一致的，具有辩证性。任何片面性都会导致曲解。儒家既讲和，以和为贵，又讲礼，"知和而和，不以礼节之，亦不可行也"。礼就是原则，因此"和"是有原则的，而不是无条件的和。既讲"以德报德"，又讲不能"以德报怨"。既讲"仁者爱人"，又讲"唯仁者，能好人能恶人"。有爱有憎，不是只爱无憎。既提倡"穷则独善其身"，孔颜乐处，又倡导"达则兼济天下"。既倡导服从，不能犯上，又倡导"匹夫不可夺志"的独立人格，倡导"富贵不能淫，贫贱不能移，威武不能屈"的大丈夫精神。既讲富民，又讲教民。既讲尊君，又讲民本：居庙堂之高，则忧其民；处江湖之远，则忧其君。既讲向善，又讲向上。既讲民富，又讲国强。既讲厚德载物，又讲自强不息。既讲向善，又讲求真。儒家提倡"杀身成仁""舍生取义"，仁和义是付出生命代价的原则，而不是把自己变为盲目的杀人机器。这是与所谓"武士道"精神完全不同的中华民族精神。

中华民族传统文化是中华民族的精神家园。推翻具有半殖民地半封建社会性质的旧中国，建立社会主义形态的新中国，必须坚持马克思主义思想理论指导，必须有一个科学的世界观和方法论。可要使马克思主义在中国有生长的思想文化土壤，要保持中国人的中华民族特性，要使中国人有颗中国心，就必须继承中国优秀传统文化和优秀道德。如果不以中华民族优秀传统文化和优秀道德来涵养中国人，没有对中国优秀传统文化和优秀道德的继承，就培养不出有文化素质和道德素质的有教养的中国人。即使取得政权，也不可能建设一个具有高度发达文明和文化的新中国。

中国是多民族国家，我们重视民族文化的多样性，但更要重视中华民族文化一元性的认同。这是维护民族团结、国家统一的思想文化黏合剂。历史证明了，凡以军事力量建立的大帝国，如罗马帝国、蒙古帝国、奥斯曼帝国、波斯帝国，都不可能单纯依靠军事力量来维系。一旦解体，就会分裂为许多各自拥有自己民族文化的国家。一个国家没有占主导地位的统一的文化、没有能相互交流的统一的语言，就没有向心力和凝聚力。苏联解体后的情况，就是如此。原来同是一家，现在有些以邻为壑。

（五）中国传统文化创造性转化和创新性发展

民族是文化的主体，文化是民族的血脉。清末中华民族传统文化的危机，与中华民族的困境相伴而行。而中华民族的复兴，则是中华民族文化复兴的前提。一个民族文化的命运与民族自身的命运不可分。毛泽东说过："伟大的胜利的中国人民解放战争和人民大革命，已经实现了并正在复兴着伟大的中国人民的文化。"没有中华民族的复兴，就不会有中华民族的文化复兴。

只要看看世界文化史，看看当今战火纷飞、民不聊生的伊拉克、叙利亚、利比亚，看看内乱不已的埃及，想想巴比伦文明、两河流域文明、埃及尼罗河文明昔日的辉煌，就可以明白这个道理。一个民族自身的盛衰兴亡决定着这个民族的文化命运。任何国家处于分裂，民族处于危亡之际，文化都不可能独自辉煌。正是因为中华民族的崛起，以中国传统文化为内核的国学才能兴起，儒学才能重放异彩。

只有从民族复兴是文化复兴前提的角度看，我们才能理解五四时期先进知识分子面对千年从未有之变故，为求民族之生存，把中国传统文化称为旧文化，而把自己追求的科学和民主称为新文化的合理性和必然性。传统文化的载体最主要的是儒家经典。反对"尊孔读经"是五四时期先进知识分子的普遍思潮。其实，他们都是具有丰厚的旧学修养、熟稔中国古籍的人。发端于1915年逐步酝酿而爆发的新文化运动之所以称为新文化运动，如果脱离当时历史条件而只就文化自身来划分新旧界线，必然导致文化虚无主义。新文化运动的"新"，并非针对整个中国传统文化，而是在民族处于存亡之际，把矛头指向服务于封建制度的旧道德、旧的思想传统。新文化运动是一次倡导科学和民主的启蒙运动，在文化运动背后包含着追求民族复兴的期待。当然，新文化运动留下一个负面影响，这就是把传统文化笼统称为旧文化，而把民主和科学称为新文化，这种新旧文化二元对立的观念，堵塞了由传统文化向当代先进文化转化的可能性和途径。

中华民族文化如黄河长江，不可能抽刀断流简单区分为新与旧，而是民族精神中的源与流。中国传统文化是中国社会主义文化之源，是文化母体。没有源，河流必然干涸，必然断流。中国文化的特点是源远流长，具有持久性、不间断性和累积性。魏徵《谏太宗十思疏》曾讲到源与流的关系，说"欲流之远者，必浚其泉源"。"源不深而望流之远""塞源而欲流长"根本不可能。当代中国文化同样存在"浚源"与"塞源"的问题，要"浚源"而不能"塞源"。这当然不是说，我们要原封不动地保持中国传统文化。源是文化母体，流是文化的延续。文化是流动的水，它不会停止。可是它往哪个方向流，是与政治道路选择密不可分的。

中国传统文化在近代的流向有不同的主张：往回流、往东流、往西流、往前流。往回流是辛亥革命后的复辟派，以及当代中国个别新儒家中主张"儒化社会主义""儒化共产党"的思潮。往东流是甲午中日战争后，中国败于日本而引发的留学东洋的热潮，但很快就为西流所取代。往西流是主张"全盘西化"。这种思潮反对"中国文化优越"论的守旧思想，其中包含向西方学习的某些合理主张，可"全盘西化"的政治道路是走不通的。在当代社会主义中国，"全盘西化"则是与中国特色社会主义道路逆向而行的思潮，其中不乏"西化"和"分化"的诱饵，是为在中国推行"颜色革命"从思想上铺路。可以说，往回流、往东流、往西流，都是中国传统文化的断流。只有继承和发扬中国传统优秀文化，吸取西方先进的优秀文化，建立社会主义先进文化，才能使中华民族文化滚滚前流。保持中国传统文化滚滚前流的机制，就是习近平总书记提出的以马克思主义为指导的创造性转化和创新性发展。

（六）可不可以"尊孔读经"

在中国传统文化创造性转化中，有一个重要问题就是"文化复兴"与"文化复古"的界线问题。其中最尖锐、最具争论性的问题，就是要不要尊孔读经，可不可以尊孔读经。按照历史唯物主义观点，没有抽象的真理，真理是具体的。为维护封建制度或复辟封建帝制的尊孔读经，无论是清末的中体西用还是袁世凯等人提倡的尊孔读经，都是我们必须反对的。某些文化保守主义者提倡的以对抗马克思主义为目的、以抵制西方文明优秀成果为旨归的尊孔读经，也是我们不能赞同的。

在社会主义条件下，尊孔读经是另一种性质的问题。此一时，彼一时。"经"，要不要读？这是毫无疑问的。经是中国传统文化的文本载体，要深入研究和理解传统文化，读经是必经之路。"孔"，要不要尊？孔子是中国伟大的思想家、教育家，是中国传统文化的整理者、继承者和创造者，理应受到尊敬。关键不在于是否尊孔读经，而在于为什么读，如何读？为什么尊，如何尊？创造性转化是文化复兴和文化复古的界线。文化复兴的立足点是今，是古为今用；文化复古的立足点是古，是今不如古。

只有创造性转化，才是正确处理马克思主义与中国传统文化关系的枢纽。而创造性转化的理论和方法论原则，就是坚持马克思主义的基本理论和方法论指导。我们不可能依然按照封建统治者的态度对待孔子和儒家学说。中国的变革，不是沿着原有的改朝换代方式向前发展，而是社会形态的变化。这种变化，不可能不改变孔子和儒学在封建社会原来的地位和功能。中国共产党人从中国历代帝王对孔子加封的那些"阔得吓人的头衔"中，既看到孔子在中华民族的地位，同时也看到历代统治者尊孔的政治意图。中国共产党人同样尊重孔子，但不是把它作为维护既定社会秩序的思想工具。中国共产党人是革命者、改革者，是一切既得利益和等级制度的反对者。我们要真正恢复孔子作为中国伟大文化整理者和创造者、伟大思想家、伟大教育家的地位，还原一个在中华民族文化创建中具有至高无上地位的真实的孔子。对于儒家学说，我们不是像历代封建王朝那样看重其论证等级制度合理性、维护既定社会秩序的政治职能，而是吸取其中治国理政、道德教化的哲学智慧和人生伦理智慧，清洗它在中国传统文化中处于主导作用的浓重的政治性因素，重视它对中华民族特性塑造的文化功能，并与中国传统文化中博大精深的多种智慧相结合。

我们提倡中华民族的文化复兴，祭拜孔子，阅读经典，不是简单呼唤回归儒学，回归传统，更不是独尊儒术。祭孔，是国家大典，表示我们国家对中华民族伟大先圣孔子的尊敬，并非要在所有地方、所有学校普遍开展全民的祭孔运动；读经，深入研究经典是国学家的专业，也并不需要学校普遍开展全民读经活动。在中国传统文化的教育中，我们当然要注重经典的学习，但终究不是所有学生都是国学家或准备当国学家。在当代社会，我们应该引导学生的目光关注世界，关注世界形势和科学技术的新发展；关注现实，关注中国特色社会主义的建设。我们不能把学生的全部注意力和兴趣引向"古书"。专业研究是一回事，传统文化教育是另一回事。

传统文化教育更不能取代马克思主义教育。马克思主义教育完全能够与中国传统文化教育相结合，并行不悖，相得益彰。如果社会主义国家的青年学生不学习马克思主义，对什么是辩证唯物主义、什么是历史唯物主义、什么是资本主义、什么是社会主义，对马克思主义最基本的原理，如生产力和生产关系、经济基础和上层建筑等一点常识都没有，那请问，他们拿什么去观察当代世界，观察当代社会，观察我们的国家呢？而且可以断言，不懂马克思主义基本理论和方法，也很难把握中国传统义化的精髓。

在中国传统文化教育中，应该区分学生文化程度和接受水平，有选择性地阅读"经典"，包括某些骈散名篇、诗词佳作。这有利于文化素质和道德水平的培养。但对没有分辨能力的青少年，要加强引导。我不赞同不加区分地宣扬用《女儿经》去造就现代的淑女和闺秀，用《二十四孝》中的"埋儿得金""卧冰求鲤"作为孝道的榜样，用《弟子规》把我们的孩子培养成"中规中矩""低眉下目"、没有创造性的小大人，更反对不问是非只讲"温良恭俭让"的绵羊性格。

中国传统文化是阴阳合一、刚柔相济的文化。当代世界并不平静，波涛汹涌，要有忧患意识。我们要重视培养青少年的爱国主义传统，刚健有为，有血性、有刚性、有韧性。这是中华民族伟大复兴事业代代相续不会中断的保证。"深化爱国主义、集体主义、社会主义教育，着力培养担当民族复兴大任的时代新人。"①习近平总书记这段话，应该是我们重视中国传统文化教育的根本目的。

（七）结语

不要抽象地争论马克思主义和中国传统文化的关系，尤其是

---

① 习近平：《高举中国特色社会主义伟大旗帜　为全面建设社会主义现代化国家而团结奋斗——在中国共产党第二十次全国代表大会上的报告》，人民出版社，2022年，第44页。

非历史主义地争论马克思主义与儒学的高下优劣、抑扬褒贬。一个是中国革命和社会主义建设的思想理论指导，一个是中华民族的精神血脉和文化之根。应该用历史唯物主义观点处理马克思主义与中国传统文化的关系，反对蔑视以儒学为主导的中国传统文化的文化虚无主义。中国的马克思主义可以从中国传统文化的精髓中得到思想资源、智慧和启发，但也要防止以高扬传统文化为旗帜，反对马克思主义、拒斥西方先进文化的保守主义思潮的沉渣泛起。

三、中国传统文化的当代价值

中国社会主义建设的伟大成就，东亚儒家文化圈国家和地区经济的飞速发展，把以儒家为主体的中国传统文化推到世界文化舞台的前列。但是我们不赞同以"东方文化主导"论代替"西方文化中心"论。我以为，在不同的国家和地区，中国传统文化的作用是不同的，对此应该具体分析。

（一）对西方资本主义国家的文化交流作用

在西方，资本主义化和现代化是同一过程。西方的现代化是通过资本主义方式实现的。资本主义社会大大推动了生产力的发展和科技进步，城市和农村、工业和农业已经或正在变得现代化。西方资本主义现代化的进程，对世界其他地区也产生不同的影响。由于资本扩张的特点，西方资本主义国家在把商品推向世界的过程中，也力图按照自己的面目来塑造世界。马克思和恩格斯说："资产阶级，由于一切生产工具的迅速改进，由于交通的极其便利，把一切民族甚至最野蛮的民族都卷到文明中来了。它的商品的低廉价格，是它用来摧毁一切万里长城、征服野蛮人最顽强的仇外心理的重炮。它迫使一切民族——如果它们不想灭亡的话——采用资产阶级的生产方式；它迫使它们在自己那里推行所谓的文明，即变成资产者。一句话，它按照自己的面貌为自己创造出一个世界。"①其实，资本主义现代化并没有把世界现代化，而是为自己创造了一些大大小小的殖民地和半殖民地。它在一定程度上影响了某些国家的历史进程，同时也为它们带来破坏和灾难。

不仅如此，在资本主义国家，各种矛盾和弊端日益恶化。早在19世纪，马克思和恩格斯就看到了这个征兆。马克思在《1844年经济学哲学手稿》中提出资本主义社会人的异化问题，提出以货币为中介的交换关系带来的价值观念的颠倒和道德的沦丧、过度消费带来的人的需要的非人化问题。《共产党宣言》在肯定资本主义的革命作用的同时，也讲到由于人与人的关系被淹没在赤裸裸的利害关系之中而带来的对一切神圣东西的亵渎，摘除了精神产品的光环。后来马克思在《1857—1858年经济学手稿》中又提出物质生产和精神生产发展的不平衡问题。恩格斯在《自然辩证法》中对资本主义制度下自然对人的惩罚问题发出了黄牌警告。这些在19世纪以征兆出现的现象在20世纪特别是最后几十年变为痼疾，各种社会理论都应时而生。由经济发展论变为社会发展论，进而发展为可持续发展论；由现代化发展为后现代化、

---

① 《马克思恩格斯选集》（第一卷），人民出版社，1995年，第276页。

后工业社会等。特别是后现代主义对资本主义制度下各种矛盾的抨击更为猛烈。学者都各自在自己的眼界范围内发现并企图消除现代化的弊端。其中有些学者把目光转向东方，转向中国的传统文化特别是儒家文化，力图将儒家文化作为消除资本主义现代化弊端的良药。

站在西方资本主义现代化的立场，很容易把中国文化看成凝固保守的、阻碍现代化的文化，而站在所谓后现代化的立场上，往往注目于中国传统文化的宁静与和谐，把它看成后现代化的文化。西方现代化进程中出现的城市化使人们远离自然，家庭结构的松弛改变了人们的血缘纽带和人际关系，使人们渴望亲情和乡情；过度的欲望、对金钱的过度追求、过度消费，使人们向往淡泊自尊；环境的恶化和都市的喧嚣，使人们倡导回归自然。西方某些学者期望借助对中国传统文化特别是儒家伦理的引入，在高科技的高度现代化的工业社会上嫁接一个和谐淳厚的人际关系。如果说后现代主义对资本主义的批评是破坏性的，则这种期待是挽救性的。当然这只是一种幻想。从这种幻想中，人们看到了由资本主义现代化的矛盾和弊端引起的不满，看到了对中国传统文化的重新估价和新的期待。

企图通过中国传统文化来完全化解资本主义现代化的矛盾是不可能的。西方现代化中的问题是社会问题。以生态危机、价值观念和道德观念的危机、家庭结构的解体、性关系混乱以及各种各样的社会问题表现出的危机状态，不是简单的文化危机，而在于它的社会结构本身，没有任何一种外来文化能使西方摆脱现代化进程所陷入的困境。解决矛盾的根本手段和途径存在于资本主义社会自身。

　　但是从文化交流角度看，西方人瞩目中国传统文化是非常有意义的。尽管在历史上，中国的四大发明如指南针、火药、造纸术和印刷术对西方资本主义社会产生过重大影响，可在西方资本主义现代化的过程中，西方文化对中国的影响，远远超出中国文化对西方的影响。这种交流是在战争、资本和商品的输出、文化侵略的背景下进行的。当然这不包括中国先进知识分子主动向西方学习先进科学和社会理论。现在情况不同，中国作为一个独立的主权国家，以平等互利的原则进行文化交流。我们吸取西方优秀文化成果，同时向西方国家宣传中国传统文化的精华，达到文化交流的目的。当然即使在现在，西方文化对中国的影响仍然超过中国文化对西方的影响。西方文化深入到中国社会特别是年轻一代的思想和生活方式中，而中国传统文化对西方的影响仍限于少数汉学家或知识分子的范围。而且要注意的是，西方某些政治家们力图通过文化交流达到使中国"西化"即资本主义化的目的，这是我们应该提防的。西方有的理论家鼓吹"文化冲突"论，对中国文化的复兴怀着某种恐惧和不满，实际上仍然是以另一种方式坚持"西方中心"论。我们要向西方介绍中国传统文化，加强文化交流。随着中国在世界上经济和政治地位的变化，中国文化必然发挥越来越大的作用，改变历来文化交流中西重东轻的情况。传统的中国文化将会再度辉煌，以新的姿态出现在世界上。这是中国这个文明古国对人类应有的贡献。

（二）对儒家文化圈国家和地区的道德教化作用

如果说就东西方交往而言，中国传统文化发挥的是文化交流作用，那么对于东亚儒家文化圈的国家和地区则不同，它深入社会、进入政策，成为对人民进行道德教化的内容。

当然，中国传统文化中的儒家伦理并不是东亚经济起飞的主要原因。"儒家资本主义"的提法作为对韦伯轻视东方文化特别是儒家文化、抬高西方文化的反击是有一定意义的，但并不科学。儒家学说已存在两千多年，资本主义在西方已经数百年，而东亚的经济起飞是最近几十年的事，显然不能把东亚经济的发展归功于儒家学说。东亚经济发展的原因很复杂，而第二次世界大战以后形成的经济和政治态势有利于东亚经济的发展是一个重要方面。

儒家学说对东亚的经济发展有积极意义。因为东亚是在西方发达资本主义充分暴露其单纯经济发展模式的局限时起飞的，西方的价值观念危机和道德沦丧使它们力图避免重蹈覆辙，比较成功地应用了儒家学说对市场经济下个人主义导向的一定程度的抑制、对血缘关系的亲近和家庭道德的巩固、对人际关系的和谐、对物质欲望无止境的追求的遏制等作用，形成有利于经济发展的较好的文化和道德氛围。以新加坡为例，新加坡1954年自治，

1963年与马来西亚组成联邦，1965年与马来西亚分离获得独立。经过近二十年努力发展，经济成就卓著。可在经济发展的同时，道德水平明显下降。年轻人追求西方的生活方式和价值观念，个人主义、拜金主义思潮流行，引起人们的注意。80年代初，新加坡大力提倡儒家伦理文化，并把儒家思想提升为国家意识，作为治国之纲，通过政府命令等措施在学校进行儒家道德教育。经过努力，社会风气有了很大改变。日本和韩国也都注意在社会、家庭和企业中，推行儒家伦理中的一些规范来化解现代化所引起的矛盾和问题，取得了较好的效果。

当然，新加坡、日本、韩国并不是仅仅依靠儒家伦理，它们同时也重视法制。邓小平说："新加坡的社会秩序算是好的，他们管得严，我们应当借鉴他们的经验，而且比他们管得更好。"他还说："在整个改革开放过程中都要反对腐败。……还是要靠法制，搞法制靠得住些。"①

东亚地区的现代化仍然是资本主义现代化，不过是有东亚特点的资本主义现代化。这个特点就是它的价值观念和道德规范具有中国传统文化中的儒家特色。可资本主义现代化由于它自身的本性，它的道德状况不可能是田园牧歌式的理想状态。因为以私有制为基础的现代化，是以巩固和发展私有制为目的的。私人利益的驱动是这种现代化的内在动力，它不可避免地会滋长个人主

① 《邓小平文选》（第三卷），人民出版社，1993年，第379页。

义、拜金主义。恩格斯说过："在利益仍然保持着彻头彻尾的主观性和纯粹的利己性的时候，把利益提升为人类的纽带，就必然会造成普遍的分散状态，必然会使人们只管自己，彼此隔绝，使人类变成一堆互相排斥的原子。"①在东亚一些经济发达国家和地区，也面临许多社会问题，包括年轻一代的社会道德和家庭道德的困扰问题。因此，在这些国家和地区保持自己的文化传统，维护传统的儒家价值观念和道德观念与抵制西化的影响，同样是它们需要解决的问题。在私有制基础上的现代化，通过政府的行政行为，究竟能在何种程度上维护儒家学说的道德教化作用，仍然是个非常艰巨的任务。

（三）在社会主义中国对加强精神文明建设的作用

中国传统文化的当代价值，最主要的是对我们自己的价值。中国人民创造了自己的文化，这种文化传统哺育了一代又一代中国人民。在历史上，我们有过汉唐盛世，但也有近百年的屈辱史。这不能归罪于中国的文化，而是由于经济的落后和政治的腐败造成的。现在的中国与历史上的中国迥然不同，从来没有一个历史时代如此有条件认同并发扬改造中国传统文化。

中国传统文化是个复合体，不是儒家一家。讲哲学当推道家，讲逻辑当推墨家，讲战争当推兵家，讲种田当推农家，讲法

---

① 《马克思恩格斯全集》（第1卷），人民出版社，1956年，第663页。

治当推法家，当然，讲伦理道德首推儒家。党的十四届六中全会通过的《中共中央关于加强社会主义精神文明建设若干重要问题的决议》中，把思想道德文化建设作为重点，并提出弘扬祖国传统文化精华的问题。而要比较好地完成这个光荣而艰巨的任务，必须充分认识传统文化的作用：

首先，有利于马克思主义中国化。社会主义精神文明建设的核心是思想建设。而思想建设的根本是坚持马克思主义，用社会主义原则和共产主义理想教育人民。

马克思主义是一种国际性学说，它是放之四海而皆准的普遍真理，可要发挥它的指导作用必须与各国的实际相结合。马克思主义要在中国生根并发挥它的作用必须中国化，即与中国的实际相结合，其中一个重要方面就是与中国传统文化相结合。以毛泽东同志为代表的中国马克思主义者在新民主主义革命与社会主义建设初期极其卓越地坚持了这个方针。毛泽东的许多著作，特别是《矛盾论》《实践论》《关于正确处理人民内部矛盾问题》《论十大关系》等都是马克思主义中国化的榜样，其中包括许多中国传统文化的智慧。

改革开放以来，邓小平多次强调马克思主义中国化问题。他说："我们历来主张世界各国共产党根据自己的特点去继承和发展马克思主义，离开自己国家的实际谈马克思主义，没有意义。"①他还说："马克思、恩格斯创立了辩证唯物主义和历史唯物主义的思想路线，毛泽东同志用中国语言概括为'实事求是'四个大字。"②邓小平理论就是当代中国的马克思主义，是新时期马克思主义与中国实际相结合的典范。

在精神文明建设中，中国传统文化对马克思主义中国化的作用尤其重要。因为精神文明的问题离不开传统文化，它不可能从虚无中产生，我们不能无视文化发展的历史连续性。马克思主义与中国传统文化相结合的根本点，是用马克思主义的立场、观点、方法来分析传统文化，取其精华，去其糟粕，来一番改造制作的科学研究工作。这并不是取消或代替中国传统文化。一个民族的文化是不可能被取消的，它是历史的既成事实，不仅保存在各种经典传世之作中，而且积淀于当代现实的人的价值观念、思维方式和生活方式之中。但是我们可以站在当代人的角度，在新的制度下用新的观点重新审视传统文化，从中吸取能够加深理解、阐述、发扬和丰富马克思主义的东西。马克思主义是直接来源于德英法的哲学、经济学和社会主义思想的优秀成果。但中国的马克思主义者不能固守马克思主义的创始者的思想来源，必须结合本民族的文化传统。在中国古代哲学中，同样包含丰富的唯物主义和辩证法思想、无神论思想。中国的马克思主义哲学家应该熟悉和掌握它们，才能使马克思主义哲学变为中国化的东西，

---

① 《邓小平文选》（第三卷），人民出版社，1993年，第191页。
② 《邓小平文选》（第二卷），人民出版社，1994年，第278页。

既证明马克思主义原则的普遍性，又丰富它并使之具有中国特色。同样，一个马克思主义政治家完全可以用马克思主义观点来吸取诸如"治大国如烹小鲜""民为贵，社稷次之，君为轻""水可载舟，水可覆舟"等思想，从中得到教益。

马克思主义中国化与中国传统文化现代化可以看作同一过程的两个方面。马克思主义不通过结合中国传统文化中的优秀精华难以中国化，而中国传统文化固守传统，拒绝接受用马克思主义的立场、观点、方法来进行研究发掘就不可能现代化。中国传统文化的现代化绝不是消灭传统，而是站在当代，用马克思主义的方法对传统文化进行再思考，在新的社会主义条件下延伸传统、更新传统、丰富传统。

其次，有利于社会主义文化建设。从社会结构角度看，文化是社会结构中观念形态的层面，它与一定社会的经济结构、政治结构相结合，形成现实的具体的社会。毛泽东说："一定的文化（当作观念形态的文化）是一定社会的政治和经济的反映，又给予伟大影响和作用于一定社会的政治和经济；而经济是基础，政治则是经济的集中的表现。这是我们对于文化和政治、经济的关系及政治和经济的关系的基本观点。"[①]因此，文化的形态具有社会特性，有封建社会的文化、资本主义社会的文化。我们的社会是社会主义社会，我们要建立的文化是社会主义文化。这种文

---

① 《毛泽东选集》（第二卷），人民出版社，1991年，第663~664页。

化，是以马克思主义为指导，充分吸取西方文化和中国传统文化的优秀成果，与社会主义的经济制度和政治制度相适应的文化形态。因此，在建立社会主义文化过程中有一个至关重要的问题，即正确处理马（马克思主义）、中（中国传统文化）、西（西方文化）的关系问题。自五四运动马克思主义开始传入中国起，就一直存在马、中、西之争。西化论者鼓吹全盘西化，本土文化论者鼓吹坚持中国固有文化，而马克思主义者提倡以马克思主义作为观察中国问题的基本理论和方法。这种以文化形态选择形式出现的争论，本质上是关于中国向何处去，关于中国社会发展道路的争论。应该说，1949年中国人民革命的伟大胜利，从理论和实践上对这个问题进行了总结。

可历史是复杂的。中国人民革命的伟大胜利只是使这个争论暂时沉寂，而没有为这个争论永远画上句号。只要有适宜的土壤，争论之火就会一再燃起。从20世纪80年代的文化热到90年代的文化热的第二次悄悄升温，其中一个根本分歧就是马、中、西之争。许多学者的看法是正确的，但有少数人的观点是片面的，或鼓吹全盘西化，或鼓吹文化本土化，但这些少数人在排斥马克思主义指导这一点上倒是共同的。

百年来关于文化争论的一个理论误区，就是把文化争论归结为体用之争。中体西用、西体中用、西体西用、中体中用，还有什么中国为体、全球为用，众说纷纭，莫衷一是。把文化选择的争论归结为体用之争，注定是旷日持久的，因为"用"是个不确定的概念。毛泽东也说过洋为中用、古为今用，在某种特定的范围内这个提法完全正确。可文化选择中的体用之争，不是个单纯"用"的问题，而是关于社会形态的问题。每个社会作为某一类型的社会形态的存在方式，都有自己的经济基础和上层建筑。这种上层建筑即它的政治制度和相应的文化形态，是由经济基础的性质和所在国家的传统决定的，而不是任意搭配的。如果不从社会结构角度来看文化形态，而单纯地讨论文化形态自身的选择，只能转变为体用搭配的游戏。

在我们国家讨论文化建设的一个最基本的出发点，就是我们的社会性质。我们是社会主义国家，我们建设的是中国特色的社会主义文化。这就决定了我们的文化必须是以马克思主义为指导的社会主义文化，否则就不能说是社会主义的。

在社会主义文化建设中，当然要吸取西方文化中的优秀成果。特别是在当今世界，闭关锁国只能脱离世界文明发展的大道，落后于世界历史发展进程。但我们是社会主义国家，我们决不能走全盘西化的路，特别是在文化交流中必须严防西化。邓小平说："我们要向资本主义发达国家学习先进的科学、技术、经营管理方法以及其他一切对我们有益的知识和文化，闭关自守、故步自封是愚蠢的。但是，属于文化领域的东西，一定要用马克思主义对它们的思想内容和表现方法进行分析、鉴别和批判。"[1]

---

① 《邓小平文选》（第三卷），人民出版社，1993年，第44页。

更加重要的是，在社会主义文化建设中我们要善于继承和发扬我们的传统文化。这是我们的优势。我们是文明古国，有许多宝贵的文化遗产。社会主义文化不是从天上掉下来的，列宁在批判俄国的无产阶级文化派时已把这个道理讲得非常清楚。在这个问题上，我们曾犯过"左"的错误，否定自己的文化传统。可当前也存在另一种值得注意的现象，就是鼓吹文化本土化，把马克思主义说成是外来文化加以排斥；或者说马克思主义是西方文化，以反对"全盘西化"为由来排斥马克思主义指导。这些说法都是错误的。

马克思主义对中国来说不是单纯的外来文化。马克思主义作为世界无产阶级的理论是一种具有国际意义的学说。马克思和恩格斯是德国人，但马克思主义并不是仅属于德国人的德意志文化，它属于全世界的无产阶级和进步人民，因为它所揭示的是人类社会发展的普遍规律，是放之四海而皆准的普遍真理。为全世界和人类美好未来而指明道路的学说应该是人类共同的财富，并不能因为它开始产生于别的国家或民族而加以拒绝。我们是把马克思主义作为共产党人的世界观和观察世界、改造世界的基本理论与方法来接受的，而不是把它作为德国人的文化形态来接受的。更加重要的是，对中国人而言，马克思主义就包括中国人自己的创造和发展，例如毛泽东思想、中国特色社会主义理论体系。这已经是中国化的马克思主义，它本身就应该是中国当代文化最重要的组成部分，是它的核心和灵魂，怎么能说马克思主义是外来文化而予以排斥呢？至于说马克思主义是西方文化，以马克思主义为指导就是全盘西化，这种说法不值一驳。事实恰好相反，正因为中国共产党人以马克思主义为指导，坚持辩证唯物主义和历史唯物主义的世界观和方法论，才能深刻批驳全盘西化的理论，懂得要实事求是走中国人自己的道路，建设中国特色社会主义。只要坚持以马克思主义为指导，就永远不会走全盘西化的道路。马克思主义是批判和防止全盘西化的最有力武器。

当然，社会主义文化的建立必须继承中国传统文化，其中包括五四运动以来的中国革命的传统，离开中国文化就不是中国的社会主义文化。可是文化传统不是凝固不变的雕像，而是不断更新的水流。因此，传统和反传统是文化发展中的规律性现象。每一个民族都有自己的传统，有历史就有传统，因为传统就是历史的继续和延伸。但传统不仅是历史，不仅是历史的遗产，而且还继续存在于现实之中。因此，传统具有双重特性，它的积极方面是现实进一步发展的基础，而它的消极方面是现实发展肩负的重担。人类要发展必须以每个时代的社会进步为尺度重新审视传统，所以在历史变革的激烈时期，在对待传统的问题上往往表现为反传统。例如五四运动对传统的激烈态度，就是任何一种革命变革风暴来临时对待传统的规律性现象。但五四运动反对的并不是中国传统文化或以孔子为代表的儒家文化的全部，其矛头主要指向的是儒家文化中的纲常名教。其中可能存在某种片面性，但这种片面性比起卫道者捍卫旧制度、旧道德的片面性要全面得多。当革命胜利以后，掌握了政权的人民有条件、有力量重新审视传统，以便确立自己与新制度相适应的文化形态。这不是对以往传统的全部肯定，也不是对以往批判的批判。在批判与继承之间找到合理的结合点是不容易的，往往会经过摆来摆去甚至完全歪倒一面才最终从自己的错误中醒悟过来，这是进步的代价。

在社会主义文化建设中，文化保守主义的观点是不对的。整个社会发生变革，经济政治制度发生变革，而文化仍固守传统是不可能的。文化不是可以不受经济政治制度制约的独立领域。为什么明代中叶西学东渐之后，中国传统文化并没有现代化也不可能现代化，原因并不是中国文化的保守性和凝固性，而是因为中国的社会结构没有变化。西方有的理论家为资本主义开了一个药方，认为经济上可以搞社会主义，即实行公平原则，政治上搞资本主义，即实行资产阶级的自由民主制度，而文化上实行文化保守主义，即保持以往的价值观念和伦理规范。他们把社会看成玩积木般地可以任意建构。这种观点是违背历史和现实的，从来没有一个社会的经济、政治、文化可以是无内在本质关系的三分结构。在我们的社会里，文化保守主义口号的实质并不在文化，而是对中国近百年的人民革命斗争特别是中国共产党领导下的民主革命和社会主义革命的否定。事实证明，文化是社会结构中的一个层面，文化的选择是与社会制度的选择不可分的。社会主义精神文明是社会主义的基本特征。要坚持和建设社会主义，必须建立社会主义文化。而要使中国的社会主义文化具有中国特色，必须继承中国的传统文化；而要保持社会主义性质，必须坚持以马克思列宁主义、毛泽东思想、中国特色社会主义理论体系为指导。这二者是不可分离的。

最后，有利于社会主义道德建设。对于现代化，道德建设是非常重要的。我们有西方资本主义现代化过程中价值观念危机和道德沦丧、人与人关系异化的前车之鉴；有东亚地区利用儒家文化进行道德教化遏制西方价值观念的某些可供借鉴的经验；还有我们自己改革开放多年来的成就和问题的经验与教训。党中央在关于加强社会主义精神文明建设的重要决定中，对道德建设予以非常重要的地位，提出"全面加强社会主义道德建设"，强调"社会主义道德建设要以为人民服务为核心，以集体主义为原则，以爱祖国、爱人民、爱劳动、爱科学、爱社会主义为基本要求，开展社会公德、职业道德、家庭美德教育，在社会形成团结互助、平等友爱、共同前进的人际关系"。

我们正在进行的是社会主义现代化，我们不再重复资本主义现代化进程的严重价值观念与道德的危机是完全可能的。我们现代化的社会主义性质是不能忽视的。邓小平说："我们干四个现代化，人们都说好，但有些人脑子里的四化同我们脑子里的四化不同。我们脑子里的四化是社会主义的四化。他们只讲四化，不讲社会主义。这就忘记了事物的本质，也就离开了中国的发展道路。"①他还批评说："很多人只讲现代化，忘了我们讲的现代化是社会主义现代化。"②

但我们是处在当代世界进程中的现代化。我们要通过市场经济这种经济运行体制来实现现代化。尽管我们实行的是社会主义市场经济，它有利于人们的自立意识、竞争意识、效率意识、民主法制意识和开拓精神，可市场固有的弱点和消极方面也会导致资本主义现代化进程中的某些现象的滋生。这就使得社会主义精神文明建设问题、社会主义道德教育问题显得尤为重要。这不仅是保证和支持物质文明建设的问题，而且是关系物质文明建设的根本方向、社会主义事业成败得失的重大问题。

我们建设的是社会主义道德。以为人民服务为核心，以集体主义为原则的社会主义道德，在中国共产党领导的长期革命斗争中已经逐步形成。但真正围绕这个原则，发展为包括"五爱""三德"在内的社会主义道德，并成为对全体人民的道德要求，只有建立了社会主义制度以后才有可能。这些道德的形成和培养，同样能够而且必须从中国传统文化特别是儒家伦理道德中吸取营养。中国传统道德是以儒家伦理为主导的道德。这是以宗法血缘关系为基础的包括道德理想、道德规范和道德修养在内的伦理体系。为什么这种道德在失去了它的经济和政治基础之后，在我们社会主义社会中仍保留其价值，并日益受到重视呢？这里一

① 《邓小平文选》（第三卷），人民出版社，1993年，第204页。
② 同上，第209页。

个重大理论问题就是道德的相对性和绝对性的问题。

随着社会结构的变化，人们的道德观念也会发生变化，永恒不变的道德观念是不存在的。但是在道德观念的变化中，仍然有某种稳定的对人们行为具有制约性的普遍因素。这种普遍性的根据并不是抽象的、永恒不变的人性，而是人的社会性。任何一个社会，不管社会形态如何不同，都是个人与社会的统一体，都存在一些相同的关系，如家庭结构中的血亲关系和夫妻关系、人际关系中的朋友关系、邻里关系，以及个人与社会、国家、民族的关系。如何处理这些关系，因各个社会与文化背景的不同会存在某些差异，但都会存在某些共同的东西，这就是把爱自己的父母子女、珍惜夫妻情感、重视友情、服务社会、热爱祖国和自己的民族，视为高尚道德。这是人作为社会存在物的共同要求。因此，在变化的、历史的、具体的道德观念和规范中，可以有为各时期的人认同的、作为优秀传统代代相承的因素。道德观念中的绝对主义和相对主义都是片面的。

道德观念中的相对主义实际上是非道德主义，是道德虚无主义。如果说损人利己对资产者来说是一种道德的话，那有什么行为是不道德的呢？如果说杀人越货对强盗来说是道德的，入室偷窃对小偷来说是道德的，那么一切最坏的行为都可以被当事者认为是道德的，这样一来还有什么道德不道德的问题呢？

道德是关系到人如何处理个人与他人的关系的问题。人与自然的关系之所以被纳入道德范围来考虑，是因为对自然的破坏实际上是对所有人的利益的损害，这是生态伦理学能成立的根据。正因为道德是调整人与人的关系的规范，因而道德按其本性来说不仅有利于维护自己正当的个人利益，更重要的是它具有理想性、自我约束性和利人的特性。道德包含理想，如果道德极端务实，不包含任何超越现实的因素，那就不是道德而是规则；道德是自我约束的力量，它规范自己的行为而不是放纵自我；道德这种社会现象的出现有利于社会稳定，有利于人际关系的调整，包含某些在必要时自我牺牲的因素。我们不主张片面的利他主义，但道德中包含利他成分是不能否定的。绝对的利己主义不可能是道德的。以自我为中心，把对我有利的都说成是道德的，就必然导致混淆道德与非道德的界线，导致道德虚无主义与非道德主义。

儒家道德的特点是富于理想主义、人文主义和理性主义精神。儒家道德是理想主义的，它追求自我完善，力图通过道德塑造理想人格。孔子说："三军可夺帅也，匹夫不可夺志也"，"岁寒然后知松柏之后凋也"。孟子也说："富贵不能淫，贫贱不能移，威武不能屈，此之谓大丈夫。"儒家非常重视气节、人格。孔子说："志士仁人，无求生以害仁，有杀身以成仁。"孟子说："生，亦我所欲也；义，亦我所欲也。二者不可得兼，舍生而取义也。"儒家提倡："仁者爱人"，"泛爱众，而亲仁"，提倡子女孝顺父母，"今之孝者，是谓能养。至于犬马，皆能有养；不敬，何以别乎？"儒家最理想的人际关系，是"父慈、子孝、兄友、弟恭"。儒家强调人的社会责任，积极入世："修身、齐家、治国、平天下"；倡导"先天下之忧而忧，后天下之乐而乐"。在个人与家庭、个人与国家、个人与社会的关系上，儒家提倡的是群体意识。儒家非常重视个人的道德修养，提倡"为仁由己"。"仁远乎哉？我欲仁，斯仁至矣。"主张"见贤思齐"，"见不贤而内自省"，要求人们"吾日三省吾身"。儒家注重个人的内在修养以达到道德的完善，这表明他们认为人是可以改变的，关键在于加强个人的道德修养。中国传统道德之所以具有当代价值，根本原因在于它的优秀成果与我们力图达到的建设中国特色社会主义的目的是符合的、相容的。

中华民族的传统道德，其中特别是儒家道德，长期以来影响中国人民的生活方式和思维方式、价值观念和道德观念。它在一定程度上是中国人民，包括散居在世界各地的炎黄子孙彼此认同的思想文化纽带。道德观念一致是情感认同的重要方面。弘扬我们道德中的优秀传统，有利于增强中华民族的凝聚力和爱国主义。

弘扬中华民族优秀道德有利于社会稳定和人际关系的和谐。我们的社会仍然存在矛盾，特别是各种各样的人民内部矛盾。由计划经济向市场经济转变的过程中，各种利益集团的出现和激烈的竞争，以及某种程度的分配不公，使人与人的关系存在某种紧张。许多问题的正确解决当然要靠深入改革、加强立法，但道德调整也是一个很重要的方面。我们应该弘扬传统道德中"和为贵"的原则，以调节和削弱竞争中出现的人际关系的紧张；应该弘扬传统道德中的尊重他人、尊重群体的观念，正确处理个人和集体的关系。

在市场中，利益是一种驱动力，但不正当的逐利行为可以败坏个人道德。因此，在市场活动中，加强个人道德修养是一个重要问题。儒家道德中的理想主义，代表的是一种追求、一种激励、一种对自我的超越。它的处世原则中的积极成分，对于在市场下过分个人化、实利化、世俗化的价值取向，可以起到一种自我调节、自我化解的作用。在社会主义思想道德文化的建设中，批判地继承中国文化尤其是儒家道德伦理中的积极因素，是完全必要的。

我们不赞同后现代化理论。儒家文化并不是后现代工业社会的意识形态，也不是治疗资本主义现代化的良药。作为前资本主义社会道德的儒家伦理观念，是以人对人的依赖关系为内容的，它包含着某些对以物为中介的人与人的关系的道德观念的超越。这种超越人与人的物的关系的内容，可以在新的条件下以新的观点进行重建。因此，我们重视中国传统文化特别是儒家文化对中国乃至对世界的价值，批判地继承这份珍贵的人类文化遗产，并发扬光大。完成这个历史的重任，是正在建设中国特色社会主义的中国人民对世界文化的新贡献。

四、论文化自信的底气

文化自信需要底气。文化自信的底气和文化自信是一体两面。高度的文化自信，表明我们文化自信的底气十足；而文化自信底气越足，越能强化我们对文化自信的自觉性和坚定性。没有底气，文化自信是空谷回音的自我呼喊；而没有文化自信，文化自信底气是镜花水月、似有实无。要强化文化自信，我们一定要弄清我们自信的底气何在。

与文化自信相连的自信底气问题，同样是当代中国的重大理论和现实性问题。它是经过近代一百多年灾难后，中国人重建文化自信的理论与事实依据。深入研究中华文化自信的底气，应该重视优秀传统文化的丰富内涵和特质，但又要超越文化视域。因为文化自信的底气，既在传统文化之中，又在现实之中，它离不开当代中国社会。中国传统文化是文化自信底气之根，中国共产党和马克思主义是文化自信底气的中流砥柱，中国特色社会主义理论和实践的成就是文化自信底气的基础，而正确的文化政策则是增强文化自信底气的制度化保证，民族自强是文化自信底气的永恒力量。只有把文化自信的底气放在当代中国整体环境中，尤其是放在道路自信、理论自信、制度自信和文化自信的辩证关系中，我们才能以新的精神状态在中国特色社会主义新的发展阶段，在全面建成小康社会的关键时刻继续奋进。

（一）中国传统文化是文化自信底气之根

我们的祖先为我们留下了丰富的文化遗产，包括物质文化遗产和非物质文化遗产。中国传统文化在发展的早期，各种思想学派异彩纷呈，多角度体现了中华智慧的全面性和丰富性。恩格斯说过，在古希腊哲学的多种多样的形式中，差不多可以发现以后的所有观点的胚胎、萌芽。这个论断同样适用于中国传统文化。中国历史上思想学派众多，各有持论，各有辉煌；虽有差异，但不是彼此隔绝。古人云："圣人有以见天下之动，而观其会通。""天下同归而殊途，一致而百虑。"和而不同，海纳百川，中国传统文化是由各派思想从各种角度切入的关于宇宙人生、治国理政、立德树人相异相成的大智慧，取之不竭、常用常新。

以儒学为主导的中国传统文化的本质是人文文化，它最关注的是现世而非来世，是人间而非天堂——它是人的文化，而非神的文化。宗教的超越性和神圣性往往引导人们与现实相脱离，马克思是极力反对神性化的文化的。他说："废除作为人民幻想的幸福的宗教，也就是要求实现人民的现实的幸福。要求抛弃关于自己处境的幻想，也就是要求抛弃那需要幻想的处境。"①中国历来不是政教合一、皇权与神权共治的国家。传统中国的治国理政、立德教民智慧，依据的是思想家教导，而非神谕或上天启示。在中国，战国时期诸子百家和历代思想家的学说主要是现实的智慧，无关来世。范仲淹的"居庙堂之高则忧其民，处江湖之远则忧其君"和张载的"为天地立心，为生民立命，为往圣继绝学，为万世开太平"，体现的都是这种世俗精神、入世情怀。

中国传统文化的现实关怀，并非没有超越性和神圣性。中国传统文化把为国家、为民族而勇于牺牲作为最高价值，其自身就包含超越性，即超越个人的利益，心中有"大我"而不是"小我"；它还具有神圣性，因为它怀有崇高的理想和信仰，杀身成仁、舍生取义，以身殉道、以身殉国，而不是临难苟免、贪生怕死。

习近平总书记非常重视红色文化。他多次指出，"中国革命历史是最好的营养剂"，"历史是最好的教科书"，强调"要把红色资源利用好、把红色传统发扬好、把红色基因传承好"。而以社会主义核心价值观为主导的社会主义先进文化，是以人民利益为中心的文化，是使人民过上最美好生活的文化。可以这样说，当代中华文化自信的底气，既来自我们传统文化博大精深的丰富性、和而不同的包容性与创造精神，也来自体现自强不

---

① 《马克思恩格斯全集》（第1卷），人民出版社，1956年，第453页。

息民族精神的红色文化的革命性、社会主义文化的先进性和导向性。在当代，如果不重视红色文化和社会主义先进文化作为中华文化重要构成这一现实，就很难全面理解当代中华文化自信的底气由何而来。

（二）中国共产党和马克思主义是文化自信底气的中流砥柱

在当代中国，研究文化自信底气问题，绝不能无视中国共产党作为中国革命和社会主义建设领导核心的地位。中国共产党是中国工人阶级的先锋队，同时是中国人民和中华民族的先锋队，它在中国处于"三座大山"压迫之时，肩负起推翻旧中国、建立新中国的历史使命，这其中就为文化重建和复兴提供了可能性，在新中国成立后，它又肩负起全面建设新中国的历史使命。中国共产党不仅要发展经济，强国富民，对国家的发展和人民的福祉负责，还要在实践上重建文化自信。毛泽东曾经预言："随着经济建设的高潮的到来，不可避免地将要出现一个文化建设的高潮。中国人被人认为不文明的时代已经过去了，我们将以一个具有高度文化的民族出现于世界。"①党的十八大以来，习近平总书记提出实现中华民族伟大复兴的中国梦，并在"7·26"重要讲话中强调："在新的时代条件下，我们要进行伟大斗争、建设伟

---

① 《毛泽东文集》（第五卷），人民出版社，1996年，第345页。

大工程、推进伟大事业、实现伟大梦想。"实现"四个伟大"同样要求实现中华文化的复兴。

百年的苦难历史证明，如果没有中国共产党，就不可能有重振中华民族和中华文化的有组织的政治力量；没有中国共产党领导的革命，就不可能有新中国，就不可能找到树立文化自信的道路。如果中国仍然保持旧的社会和旧的制度，中国就不可能是现在的中国，就不可能有现在文化自信的底气。在研究文化自信的底气问题时，绝不能无视中国共产党不仅是中国革命的领导者，而且是文化建设的领导者，是文化自信底气的中流砥柱这一现实。

社会上曾经刮起一小股"民国风"，认为民国时期的文化名人代表了中华民族的文化自信和文化底气。这是"一叶障目而不见泰山"。从辛亥革命推翻帝制到新中国成立的近四十年，是中国由乱到治的社会大变革的过渡时期，是一个混乱而又向前迈进的时期。民国时期总体上经济落后、政治专制、教育落后，文盲遍布全国，但由于社会处于转折时期，在文化上出现过一些名人。但在一个落后的中国，极少数文化名人或文化精英，并不能支撑起中国的文化自信和文化自信的底气。文化自信的本质是民族自信，是整体民族的精神状态。我们敬重其中一些人对中华文化的贡献，但一味推崇旧社会极少数文化精英，而无视中国共产党领导的革命胜利和国家重建、社会重建、文化重建，就不可能懂得当代中华文化自信的底气究竟从何而来。中国共产党是中国革命的中流砥柱，也是中华文化复兴的中流砥柱。削弱或否定中国共产党的领导，中华民族会再度丧失文化自信的底气。办好中国的事情，关键在党。正因为这样，党的十八大以来，中国共产党高度重视党建，全面从严治党，惩治腐败，不辜负全国人民对党的信任和期待。

与中国共产党不可分的是马克思主义在意识形态领域的指导地位。在有些人看来，马克思主义是西方学说，是异质文化在中国，马克思主义与中国传统文化的"文化冲突"不可避免，它是近代中国传统文化断裂的根本原因。其实，就文化而言，马克思主义的传入，提供了审视中国传统文化，辨别精华与糟粕，处理继承与创新、传统与现代化关系的科学态度。马克思主义有力反对文化虚无主义、"全盘西化"主义和复古守旧的保守主义，从理论上阐述了中国传统文化的精神特质和可继承性。毛泽东曾提出："从孔夫子到孙中山，我们应当给以总结，承继这一份珍贵的遗产。"党的十八大以来，习近平总书记对如何对待中国传统文化作过一系列重要论述。事实证明，马克思主义不是贬低中国传统文化，而是提升中国传统文化在世界文化中的地位，是中华文化沿着正确方向发展的导向和推进器。

如果从中国文化生态中排除马克思主义，中国传统文化的创造性转化和创新性发展就不可能实现。如果仍然对历史上的传统解释理论和研究方法亦步亦趋，就不可能别开生面，讲出新道理、新思想、新体系，形成中国传统文化研究的新高峰。如果排除马克思主义在意识形态领域的指导地位，当代中国将呈现出这样一幅文化图景——占统治地位的仍然是帝国主义文化、封建主义文化，或保守的国粹主义和"西化主义"相结合的"非骡非马"的杂拌文化，而不可能形成以马克思主义为指导，以中华优秀传统文化为根，并包容各国优秀文化的中国特色社会主义先进文化。

尤其重要的是马克思主义在中国的传播。当它被中国化为毛泽东思想、中国特色社会主义理论体系时，就不再是所谓"异域文化"，而是当代中国文化最重要的内容。中国化的马克思主义，不仅内容与中国实际、中国历史和文化结合，而且语言风格和气魄都具有中国文化的特色。我们只要读读毛泽东的《实践论》《矛盾论》《关于正确处理人民内部矛盾的问题》，读读习近平总书记系列重要讲话，就能明白它既是马克思主义的，又是中国的。因此，马克思主义的指导作用、马克思主义的中国化，不是外在于中国文化之外的异质文化，而是中国当代文化的内在灵魂和指导思想，是中国传统文化永葆青春和活力的思想支撑。没有马克思主义与中华文化的结合，在近代西方殖民文化和帝国主义文化的强势攻击下，中华文化很难有文化自信的底气。

在研究中华文化自信底气时，我们不能忘记构建中国特色哲学社会科学的重要性，要充分认识到繁荣和发展中国特色哲学社会科学，对增强中华文化自信底气有着无可替代的作用。没有现代理论支撑和对中国传统文化阐述的参与，对中国传统文化精髓的理解就往往不易到位，也不易得到具有时代性和科学性的阐述。要使中国传统文化讲仁爱、重民本、守诚信、崇正义、尚和合、求大同等许多价值观念与现代相适应，重新获得生命力，必须有相关的哲学社会科学学科深入阐述其内容并充分展开有理、有据、合乎逻辑的理论论证，而不是停留在高度浓缩的格言式的命题上。

我们既要充分发挥哲学社会科学对中国传统文化的科学阐述作用，又要充分发挥中国传统文化在构建中国特色哲学社会科学方面的思想资源和启迪作用。这两者是不可分割的。不能因为维护中国传统文化的人文特质，而拒绝与当代中国哲学社会科学的联姻，拒绝承认中国传统人文文化中可以提供包含科学性的智慧。中国传统文化博大精深，其中包含极其丰富的符合自然规律和社会规律的内容。不能一提中国传统文化内涵的科学性问题，就认为是否定中华文化的人文本质。这种将科学性与人文性绝对对立的看法是失之偏颇的。把中华文化的人文性紧锁在"袖手论道""空谈心性"范围内，是对中国传统文化精髓的误读。中国特色哲学社会科学的构建，不仅要立足中国实际，面对当代中国问题，而且应该充分利用中国传统文化的思想资源和历史上的实践经验。马克思主义哲学、马克思主义经济学、马克思主义法学、马克思主义史学理论、马克思主义政治学或社会学、管理学、人口学，都可以从中国传统文化中汲取智慧并得到启发。中国哲学包含的丰富的唯物主义和辩证法思想以及关于人和人性的探索，中国经济史和经济学说思想史、中国法制史和司法实践史、中国政治制度史和历代治国理政学说，以及著名思想家著作中与上述学科相关的论述和历史上的实践经验，都可以通过批判地总结、吸收和改造，成为构建中国特色哲学社会科学的思想资源。如果阻断中国特色哲学社会科学与中国传统文化的关系，我们就只能永远当西方相应学科的理论和话语的搬运工，具有中国特色的本土化的哲学社会科学就难以建立。

以马克思主义为指导，是中国哲学社会科学区别于西方哲学社会科学的本质特征。以马克思主义为指导，从世界观和方法论来说，就是坚持辩证唯物主义和历史唯物主义。哲学基本问题和唯物主义与唯心主义的区分，是有关世界本体和认识来源及标准的问题，而不是到处可贴的标签。从来没有一个马克思主义哲学家把它作为划分文化的标准，说某个民族文化是唯心主义的文化，某个民族文化是唯物主义的文化。历史上哲学家的历史地位和对文化的贡献，不是简单由唯物主义和唯心主义的区分来确定的，而取决于其理论体系中包含的哲学智慧。列宁曾经说过："聪明的唯心主义比愚蠢的唯物主义更接近于聪明的唯物主义。"①掩埋在泥土中的珍珠仍然是珍珠。唯心主义辩证法大师黑格尔对人类思想的贡献就比旧唯物主义尤其是比庸俗唯物主义大得多。正如同旧唯物主义尤其是庸俗唯物主义的错误，并不在于它是唯物主义，而在于它在唯物主义的名义下包裹着的哲学缺点

---

① 《列宁全集》（第55卷），人民出版社，1990年，第235页。

和错误。"朱子学"和"王学"都是具有国际性影响的学说。在当代中国，程朱理学和陆王心学对人的道德教化和修身养性提供了一种具有中国特色的"修养论"和"工夫论"，有助于人的主体性确立和道德素质的优化。这是对儒家哲学重视"成人之学"、培养理想人格的哲学传统的继承，而"致良知"和"知行合一"又是新的发展。但我们不能把程朱理学或陆王心学的命题无限地外推，把它们从道德和人格的"修养论"和"工夫论"变为"宇宙论"和"认识论"，把"理一元论"和"心一元论"置于马克思主义的辩证唯物主义之上。

（三）中国特色社会主义理论和实践的成就是文化自信底气的基础

在当代中国，中国特色社会主义道路自信、理论自信、制度自信、文化自信是相互依存和相互促进的。我们要在它们的相互关系中研究文化自信的底气。文化自信是最持久和最深厚的自信，它起着精神支撑作用，贯穿于道路、理论和制度的自信之中。但我们也应该看到中国特色社会主义道路、理论和制度的成就，中华民族迎来了从站起来、富起来到强起来的历史性飞跃，极大地增强了文化自信的底气。

新中国成立以来，特别是改革开放以来，我们在坚持中国特色社会主义道路、理论和制度中取得的成就，极大地增强了我们文化自信的底气。习近平总书记说："当今世界，要说哪个政党、

哪个国家、哪个民族能够自信的话，那中国共产党、中华人民共和国、中华民族是最有理由自信的。"①一个处于半殖民地半封建社会的中国与一个成为世界第二大经济体、和平发展中的中国相比，一个经济落后、不断挨打，处于世界边缘的中国与一个日益走向世界政治舞台中心的中国相比，哪个更具文化自信的底气？答案是不言而喻的。国家的强大、民族的复兴，是文化自信底气的经济、政治支撑。可以断言，随着"两个一百年"奋斗目标的实现，中华文化自信的底气会不断提升。

当年，为什么德国学者斯宾格勒在《西方的没落》中对文化抱有一种悲观主义的态度呢？因为西方文化的没落，其实是对西方资本主义制度开始没落的映射。资本主义制度在几百年

---

① 习近平：《在党史学习教育动员大会上的讲话》，求是网，2021年2月20日。

的发展史中，对人类做出了重大贡献，但它逐渐走过了辉煌鼎盛时期，斯宾格勒的文化悲观主义其实是对西方社会的资本主义制度开始走向没落的一种预言。文化的活力不可能离开社会经济和政治制度的支撑。中华文化自信的底气，正在于中国道路向世界贡献的现代化的新方案、新式的人民当家作主的民主制度，以及不同于西方"普世价值论""历史终结论""文明冲突论"的社会发展理论。

当然，中国特色社会主义道路正在往前走，还需要不断总结经验；中国特色社会主义理论体系要永远保持与时俱进的品质；中国特色社会主义制度需要在实践中不断完善；我们还存在不少社会问题需要解决，需要不断深化改革。中国特色社会主义已经进入新的发展阶段，随着中国特色社会主义建设不断取得新成就，我们文化自信的底气将会大大增强。

（四）正确的文化政策是增强文化自信底气的制度化保证

无论是经济建设还是政治建设，都需要正确的路线和政策。文化建设也是一样。文化建设正反两方面的经验，使我们对制定正确的文化政策的急迫性和重要性有深切的体会。因为执政党如何对待传统文化、实行什么样的文化政策，对于能否正确处理文化自信中的传统与现代关系至关重要。

从理论上来说，无产阶级对待民族文化传统与资产阶级相比更具科学态度、更具宽阔的眼界和胸怀。当年资产阶级革命的启蒙主义先驱在继承和吸收古希腊罗马的人文主义方面发挥了重要作用。但随着资产阶级革命的胜利，资产阶级上升为统治阶级，他们最感兴趣的不再是文化传统，而是证券交易所和利润，是对职位与收入的担忧和极其卑劣的"向上爬"的思想。恩格斯在历数资产阶级对待传统文化的不屑态度后说："德国的工人运动是德国古典哲学的继承者。"

当无产阶级还处于被统治地位时，继承民族文化传统只能是一种理论，而不可能是一种现实的政策。中国共产党从自身经验中认识到，传承和发展自己民族的优秀传统文化，不能只停留在理论上，必须变成一项具有理论性和约束性的国家政策，由全党和全社会各相关机构共同实行。中共中央办公厅、国务院办公厅印发的《关于实施中华优秀传统文化传承发展工程的意见》，就表明我们国家对中华优秀传统文化传承和发展重要性与迫切性的认识上升到了一个新的高度。《意见》对实施中华优秀传统文化传承发展工程的重要意义、基本原则、总体目标、保障措施，以及如何把中华优秀传统文化融入整个国民教育体系、如何保护传承文化遗产等，都有明确且具有指导意义的规定。中国共产党把中华优秀传统文化的传承和保护，以及使之成为国民教育的组成部分提高到国家文化战略层面，并作为一项各级党委政府和相关机构的责任，提高了全国人民传承发展中华优秀传统文化的自觉性。坚决执行这一政策，有助于提高文化自信的底气。

（五）民族自强是文化自信底气的永恒力量

民族是文化的主体，文化是民族的灵魂。一个拥有优秀传统文化的民族具有顽强的生命力，即使遭受重创也能浴火重生。但文化发挥作用不可能脱离作为文化载体的社会整体。文化是社会的构成要素，是以经济为基础、以政治为核心的上层建筑中的观念形态。一个民族的盛衰兴亡，不单纯取决于文化，而是从根本上取决于一个国家的综合实力。

在当代中国，文化自信必须落实到民族自强和国家发展上，落实到中国特色社会主义建设上。创新、协调、绿色、开放、共享的新发展理念，就是对经济、政治、文化、社会、生态的总体性思考。如果不以经济建设为中心，经济停滞、民生凋敝，文化自信就会成为一句空话；而没有全面发展，经济一马奔腾，文化自信也不可能持续发展。因此，应使文化自信融入道路自信、理论自信和制度自信，成为一种精神支撑。文化自信，说到底就是民族自信、国家自强和社会发展。

无论世界史还是中国史、古代史还是近代史都证明，作为民族文化载体的社会经济力量、政治力量和军事力量一旦落后，仅凭曾经拥有的优秀传统文化是难以维护国家生存和民族独立的。例如，古希腊罗马时期野蛮人入侵，西亚、北非那些曾经拥有灿烂文化的庞大帝国的分裂，致使古代文物被掠夺、文化遗址遭破坏，一时辉煌的文化变成了文化碎片。中国是四大文明古国中唯一没有中断文明发展的国家，这不单纯是因为文化发达，也与中国长期拥有发达的农业和手工业、有一套逐步成熟的政治架构和中央集权的郡县制度紧密相关。尽管在长达几千年的历史中，中国有过多种政权的并存，也有过不同民族处于统治地位的局面，但中国始终作为一个独立、强大、统一的国家而存在。国家不亡、民族不分裂，文化才不会变成与文化主体相脱离的"游魂"。

一个国家的传统文化相对于经济和政治发展来说，是一个相对恒定的力量，而国家的强大和社会的发展必须依靠人的现实创造。文化是国家繁荣发展的重要因素，但不是决定因素。近代中国的百年屈辱史就能够说明这一点。鸦片战争时，英国侵华兵力仅有一万五千。虽然当时中国经济总量在世界上仍处于前列，但由于清政府政治制度腐败，又没有海防力量，结果惨遭失败，被迫签订《南京条约》。第二次鸦片战争，英法联军以不足两万人直抵北京，号称"万园之园"的圆明园被付之一炬，无数艺术珍品成为劫灰。近百年来，中国不知道有多少文化瑰宝和精品被掠夺，流落海外。因此，一个国家并不会因为拥有优秀传统文化就可以免除民族灾难，综合国力强大才是国家长治久安的根本保障。中华民族的独立解放并不是传统文化自然发展的产物，而是近百年来无数革命先烈流血牺牲、前仆后继的奋斗结果。也就是说，主要是革命的结果，是革命推翻了旧的腐朽帝制，推翻了压在中国人民头上的"三座大山"。中国共产党的成立之所以是中国历史上开天辟地的大事，就是因为它深刻改变了中华民族发展的方向和进程，深刻改变了中华民族的前途和命运，深刻改变了世界发展的趋势和格局。正是中国革命的胜利开辟了中华民族伟大复兴的道路，同时也开辟了中华文化伟大复兴的道路。

文化的发展一定要有助于促进中华民族的全面发展，文化自信一定要转化为民族自强、发展自强。现在，我们之所以重视中华优秀传统文化，是因为其中蕴藏着中华民族的智慧，它是我们建设中国特色社会主义的思想宝库，而不是出于对传统文化的迷恋和孤芳自赏。如果不立足现实，着眼民族自强和发展自强来增强文化自信、繁荣发展文化，而是片面强调回归传统、回归儒学，那就偏离了中国共产党倡导增强文化自信的初衷。

中华文化的丰富性及创新性发展，是中华文化发展上的客观现实。文化自信底气问题是从历史唯物主义的角度对文化自信依据的多维度分析。这种分析把中国文化自信问题置于社会的总体性的分析之中，比单纯就文化谈文化自信会更令人信服，认识到中国共产党的领导、以马克思主义为指导、中国特色社会主义制度的建立和改革、正确的文化政策，尤其是民族自强等对文化自信的增强，具有重大的价值和意义。

五、文化传承的自觉性和制度性

民族文化传承与文化传播不同。文化传承是一个民族文化内部的源与流、继承与创新关系，文化传播是本土文化与外来文化、文化交往与文化吸取关系。民族文化重传承，外来文化重借鉴。文化传承的源流不断，以国家的存在和统一为前提。自觉性和制度化是支撑一个民族文化源流不断的两大支柱。中国拥有丰富的传统文化，而且是唯一一个没有中断发展的世界文明古国。在历史上，中华文化传承的自觉性和自发性、制度化和制度缺失并存，其中有不少历史经验和教训可供总结和吸取。

2017年初，中共中央办公厅、国务院办公厅印发《关于实施中华优秀传统文化传承发展工程的意见》，该文件最闪亮之处，在于体现了中国共产党传承中华优秀传统文化的自觉性和实行制度化保护的决心，将其提高到国家文化战略层面。文化传承的自觉性和制度化，是中国共产党人对民族优秀文化、对我们祖先以及对我们子孙后代承担的历史使命，也是真正把文化自信落到实处的重大措施。

（一）文化自觉与文化传承

文化传承是人类社会发展的内在精神动力。人类创造文化，必然同时出现文化传承。如果每代人都从头开始，文化就不可能积累，社会发展也必然陷于停滞。中国传统文化就是在传承和创造的双重张力下发展的。

中国传统文化传承，既有自觉性的一面，又有自发性的一面；既有制度化的一面，又有制度缺失的一面。因此，中国传统文化的发展既呈现出总体的连续性和继承性，又有大量经典只知其名并无其书，非物质文化技艺、绝活、传统失传，以及历史上兴盛一时之学派因后继无人而成为绝学的情况。我们祖先留下了很多好东西，但也有很多好东西没有留下来。中国历史上的经典，包括经史子集和文学艺术各类书籍，各种国宝级的文物和艺术珍品，经过兵、火、掠、盗，今人真正能看到的可能不得其半。这里就存在一个文化传承的自觉性和制度化保护问题。

流传久远、保存较好的是儒学经典。中国封建社会虽历经王朝更替，但儒学并未中断。历史上，曾与儒学同为显学的墨家，作为学派就成为绝学。其他在战国时期活跃的不少学派，也是如此。原因在于自汉武帝罢黜百家、独尊儒术以后，儒学的自觉传承得到了制度的支持，与封建社会制度高度结合。不管王朝如何更替，儒学作为封建社会官方意识形态的地位没有变。儒学的形态会变化，如援道入儒，或儒释道融合，但封建社会儒学主导地位未变，儒学作为中国传统文化核心未变。尤其是自宋代科举以"四书"为标准答案、"四书五经"成为中国读书人必读典籍以来，国家政权力量的导向对儒家文化的自觉传承发挥了重要作用，而其他学派则成为纯学术领域，自发传承。如此，有其人则有其学，无其人则成绝学。这应该是文化自觉传承观念缺失造成的损失。

儒学成为中国传统文化的正统和主导，对中国人的精神世界发挥了重大作用。儒学主张皇天无亲、唯德是辅，主张民本、得人心者得天下、诛独夫不为弑君等重要思想，对君权具有一定的约束力。它提倡的为学之道、为官之道、为人之道具有道德自律作用，培养了不少著名学者，也产生了不少有气节与骨气的诤臣和杀身成仁、视死如归的忠勇之士。文天祥临刑时说："读圣贤书，所学何事，而今而后，庶几无愧！"他是其中最为著名的人物之一。

历史上的读书人，即所谓"士""儒生"，主要是通过直接阅读经典来继承中国传统文化的。这也是一种自觉传承。这种自觉传承对提升中国读书人的人文素质和道德水平作用很大，读书和明理的统一，发挥了儒学的教化作用。在中国历史上有各种教育机构，除官学外，还有私塾、家塾，唐宋后书院兴起，这些都属于文化自觉传承的载体。儒学得以传承，其中一个很重要的原因是教育。孔子首创私学，号称弟子三千，贤徒七十二。孔子逝世后，儒学得以传承。孔门弟子及其后学，与有力焉。

中国有修史的传统，史书内容不仅包括为政之道和治乱得失，也包括文化的自觉继承。统治者特别注意从中国传统文化中吸取治国理政的经验，如唐代魏征奉旨编纂的《群书治要》，就是一个突出例证。有些王朝注意编纂类书，如《册府元龟》《太平御览》等，尤其是《永乐大典》《四库全书》，规模宏大，世所未有。

儒学自觉传承的制度化包含两面性，有制约君权、弱化专制主义的一面；可统治者为了有利于统治往往强调另一面，即尊卑有序，忠君死节，不准犯上作乱，而对民本、仁政、王道，往往口惠而实不至，虚应故事者多，真正实践者少。儒学有培养士子的人文道德境界——使人们积极入世，为贤臣、为良相、为清官、为良吏、为君子——的重大作用，但一旦制度化，成为官方录用和科场考试标准答案，就异化为进入官场的敲门砖。十年寒窗，为的是金榜题名。当儒学的传承与官员的升迁相结合，儒学教义就逐步被教条化、僵化和门面化，成为历史的宿命。熟读儒家经典人中的两面人，即所谓"假道学"并不少见。这是独尊儒学和儒学功利化带来的负面作用。

在历史上，文化传承自觉中包括自发作用。中国是一个有丰富的优秀传统文化的国家。中国官员甚至高官中不乏著名文学家、哲学家、诗词大家。中国官员文化修养高，能为官亦能为学，这与其从小接受传统儒学正统教育和自身文化修养有关。除正统儒学教育外，其他学派虽然没有延续，但其中一些著名经典仍有传流，为专家、学者所研究，因而其思想得以保存。况且中国传统文化内容非常广泛，包括诗歌、小说、绘画、笔记、野史，都能提供精神食粮。这些与获取功名无关。科场失意难入仕途者，往往在学术研究和传承方面成就更大。这是一笔在自发传承中有价值的文化财富。

中国曾是一个文盲极多的国家。直到新中国成立前，中国的文盲率仍然极高，教育极不普及，文化经典的自觉传承由于教育不普及、文盲众多而受到极大限制。绝大多数普通百姓不可能直接阅读经典，他们通过文化自发的社会功能，接受生活于其中的民族文化的熏陶和感染。传统的道德规范、优良的风俗习惯、家教门风、传统节日和祭祀活动等日常的活的文化形态，通过人伦日常发挥作用。中国传统文化精神的精髓往往通过这种世俗化的方式自发传承，成为我们民族成员精神构成的重要基因。但传统文化世俗化的自发传承往往参差不齐。在中国传统文化传承中区分精华与糟粕，改变旧风俗、旧观念、旧习惯，在旧制度下很难实现。中国近代一直为一些批评者所诟病的中华民族的劣根性和国民性，并非中国人的特性，而是文化自发传承中的坏东西的影响和流毒的积累，因此在文化传承中应该提高择优汰劣的自觉性。

毛泽东说过："从孔夫子到孙中山，我们应当给以总结，承继这一份珍贵的遗产。"在中国人民获得解放之前，这是马克思主义者对待自己文化遗产的历史唯物主义原则。只有当中国共产党人掌握全国政权以后，才能自觉承担起传承发展中华民族优秀文化的历史责任，并通过制度化保障，实施中华文化资源普查、共享、登录和保护制度。提高优秀文化传承的自觉性，确立文化保障制度，有效防止中华文化资源的流失，这是对历史上文化传承中自发性和制度缺失经验教训的总结。

（二）立德树人，殊途同归

当代中国，不是独尊儒术的时代。中华优秀传统文化传承的内容丰富，包括各类物质文化遗产和非物质文化遗产，而且涉及政府众多部门共同承担的任务。但从国民教育角度说，中华优秀传统文化全方位融入各个不同的教育层次、教育类别，非常必要和重要。春风化雨，润物无声。通过课程设置，中国传统文化的核心理念、中华传统美德和人文主义精神，从儿童时抓起，逐步内化为受教育者的人文素质和价值理念。这是社会主义制度下优秀文化自觉传承的有效途径。

中华优秀传统文化进课堂与加强高校思想政治理论教育的关系如何处理，是一个我们当前必须面对和正确处理的问题。以马克思主义为核心内容的思想政治理论课与以儒学为核心内容的中华民族优秀传统文化，在理论框架、基本范畴和概念以及对不少问题的解释上会出现理论差异。如何调适两者关系，立足巩固马克思主义在意识形态领域的指导地位，牢牢把握社会主义先进文化前进方向，坚持中国特色社会主义文化发展道路，在坚持马克思主义与中华优秀传统文化结合上狠下功夫，应该是我们面临的新课题。

中华优秀传统文化进课堂与思想政治理论教育，在立德树人方面各有功能，殊途同归。政治理论教育具有极强的政治导向性和直接现实性，它的根本任务是用科学的世界观和方法论、用马克思主义基本原理教育我们的学生，使其树立正确的政治意识和政治方向，为中国特色社会主义事业培养合格的建设者和接班人。这是直接关系到我们高校办什么样的大学、怎样办大学，培养什么样的人、为谁培养人的大问题。中华优秀传统文化进课堂不能代替也不应削弱思想政治理论课的导向功能，而要发挥它们的互补作用。

我们要充分认识中华优秀传统文化的核心理念，即它的人文精神与高尚的道德规范和情操，是我们立德树人的思想资源，绝不能因为重视和强调思想政治理论课而减少它的重要性。可以这样说，我们的学生如果不接受马克思主义思想政治理论的教育，就不可能成为在当代社会主义条件下具有明确社会主义政治方向的中国人；如果不接受中华优秀传统文化的教育和培养，就不可能成为具有中华优秀文化素质和道德教养的中国人。

思想政治理论课教师应该重视中华优秀传统文化的学习，要认真学习和钻研一些中国的传统经典著作，掌握它们的精髓。我们自己不仅要以其为立身之本，还应该把它们融入自己讲授的课程中。在中国从事马克思主义研究，包括从事思想政治理论课的教学，不具备中国传统文化素养，就不可能成为一个结合中国文化特点和用中国话语阐述马克思主义基本理论的教师。只要认真思考，我们就可以发现，马克思主义基本理论和中华优秀传统文化的核心理念和人文精神，作为人类智慧与社会进步和人类道德进步的走向是相通的。就功能来说，它们都能发挥立德树人的作用。任何一个马克思主义理论课教师，都能从中华优秀传统文化的核心理念、传统美德与人文精神中，找到与马克思主义的信仰和理想，与辩证唯物主义和历史唯物主义原则相契合、相一致的思想。思想政治理论课如果不能与中华优秀传统文化相结合，成为无血、无肉、无情、无感，完全非中国化的、普遍的、抽象的原理阐述，就会失去感染力和吸引力。其实，中华文化经典著作中的智慧思想和名文佳作、诗词歌赋，都可以成为我们讲政治课的极有价值的思想资源。要学会用中国话讲授思想政治理论课，教师自身一定要有较好的中国传统文化素养，并具备善于精准灵活运用中华优秀文化资源的功力。

同样，中国传统文化的研究者和讲授者，也不能轻视甚至拒斥马克思主义，不应轻视思想政治理论课的作用。其实，讲授中国传统文化，如果不是照本宣科，不是停留在解字释义的水平上，就能发现马克思主义、辩证唯物主义和历史唯物主义的理论威力。一旦应用它们来理解与解释中国传统文化，传统文化就会上升到一个新的境界，充满新时代的丰富内涵。中国传统文化的创造性转化和创新性发展的方法论指导是马克思主义，而现实基础则是中国特色社会主义实践。离开了马克思主义思想指导和中

国特色社会主义建设的现实基础，传统文化中的思想就是一种历史性存在，难以与现时代相适应。只要仔细观察，我们就可以看到如革故鼎新、与时俱进、脚踏实地、实事求是、惠民利民、安民富民、道法自然、天人合一，以及讲仁爱、重民本、守诚信、崇正义、尚和合、求大同，在我们的时代已经有了新的理解和充满现实的内容。

"天人合一"已经突破了传统中的天命论杂质，提升为汲取马克思主义哲学中包含的人与自然关系和人与社会关系的新内容，解决了原有命题中"天人相分"和"天人合一"之争的内在对抗，只有立足当代社会主义实践，才能懂何者为故、何者为新，懂得在中国特色社会主义前进过程中"革故鼎新"的本质和方向是什么；不懂辩证唯物主义，就不懂为什么"实事求是"能由古人倡导的一种治学态度成为中国共产党的思想路线；不懂历史唯物主义的基本原理和它关于人民群众的观点，"惠民利民""安民富民"最多只能停留在封建社会口惠而实不至的所谓"王道""仁政"上；"水能载舟，亦能覆舟"，在当代中国已上升为为人民服务和人民是社会主义国家主人的水平，而不单纯强调水的载舟和覆舟功能；离开辩证法，离开矛盾对立统一学说，不知合与分、和与斗的辩证关系，就会陷入另一种片面性。"民惟邦本，本固邦宁"，得人心者得天下，这些古训极好，可为什么中国历代王朝总是一再重复弱本强枝、失去民心的错误呢？没有唯物主义历史观，就难以解释清楚。因此，必须坚持辩证唯物主义和历史唯物主义，秉持客观、科学、礼敬的态度，去其糟粕，取其精华，扬弃继承，转化创新，不断补充、拓展、完善，才能使中华民族最基本的文化基因与当代文化相适应，与现代社会相协调。以这种态度在课堂上讲授中华优秀传统文化，就不会与思想政治理论课的内容南辕北辙，而是相得益彰，各自发挥特长和优势，从不同方面发挥立德树人的作用。

个人的学术与信仰有其自由，但在当代中国，传统儒学经典进课堂不是为了把我们的学生培养成熟读儒学经典而不与时俱进的当代儒者，而是将他们培养成既有正确的政治方向和科学的世界观与思维方法，又有高度的人文素质和道德教养、热爱中华民族文化的现代人。而且通过对中华优秀传统文化的理解，深化对中国特色社会主义的道路、理论、制度和文化的认同。

（三）论据各异，智慧相通

我有位朋友是在自然科学研究中颇有成就的学者，他曾向我提了一个问题：如果心外无物、心外无理，吾心即宇宙，宇宙即吾心，那我们这些以客观外在世界为研究对象的科学家是不是就用不着进行科学实践，坐在家里做足修养功夫就行了？这种困惑是建立在不理解以儒学为主导的中国传统文化的特点以及心学的精华所在之上的。不理解马克思主义的本质和以儒学为主导的中国传统文化的各自特点和运用边界，就容易陷入非此即彼、水火不容的理论困境。

在思想政治理论课堂上，教师讲人的本质是社会关系的总和，没有无缘无故的爱，也没有无缘无故的恨。"同是天涯沦落人，相逢何必曾相识。"同情心、恻隐心、怜悯心、羞耻心并非与生俱来。思想政治理论课讲世界的物质性，讲规律的客观性，讲物质世界是不依赖人的意识而存在的客观世界，世界在人产生之前早就存在。讲要承认有天人之分，承认世界有主体与客体之分，它们只是在一定条件下是统一的，而不是"天地与我并生，而万物与我为一"，等等。如果心外无物、心外无理，人类就不必认识世界，也不必改造世界。心外无物，人类实践和科学研究就没有对象；心外无理，就不必探求和研究客观规律。

可在讲授儒学经典中会讲到孟子的性善说、四端四心说，尤其是讲程朱理学和陆王心学时，会讲到离事而讲理，强调理在事外；会讲到人皆有是心，心皆具是理，主张返回本心，"致良知"。讲到良知是天性，是本心，一见父自然知孝，见兄自然知悌，见孺子入井自然知恻隐。这些是天性，内在于心，不假外求。如果思想政治理论课根据辩证唯物主义和历史唯物主义强调的是物质、客观、实践，物质第一性、意识第二性；而在中国传统文化尤其是心学中，强调的是天理、天良、本心、良知和"致良知"，强调"一念之动即是行"等，我看学生的思想会越学越乱，头脑变成跑马场。要正确处理思想政治理论课与中华优秀传统文化进课堂之间的立论差异，就要讲清以马克思主义为指导的思想政治理论和中国传统文化既有相通之处，也会由于各自关注点的不同而产生差异。

马克思主义是认识世界和改造世界的哲学。它承认世界的物质性、规律的客观性，主张认识来源于实践，否则它就不能承担无产阶级和人类解放的理论指导作用。马克思主义具有科学特性，它重视客观性、规律性和可验证性。马克思主义经济学要求研究客观经济规律，科学社会主义学说要求研究社会主义取代资本主义的必然性规律，而马克思主义哲学要求研究世界的客观本质和世界发展的普遍规律与社会发展规律，当代中国马克思主义要研究中国特色社会主义发展规律，重视物质世界、实践活动、客观规律、科学的认识论和能动反映论，这是马克思主义学说作为科学世界观的题中应有之义。马克思主义反对事理分离，离事而言理；反对心物分离，去物而言心。

中国传统文化中同样有本体论和认识论问题，儒学中的气论、墨学中的认识论和逻辑学、老庄哲学中的辩证法，与马克思主义哲学有相通、相似之处。但中国传统文化的特色是以儒学为主导的人生伦理型文化，是重道德、重价值、重修养、重心性的学说。人不仅有对象性意识，还有自我意识——对象性意识当然离不开对象，是一种反映性意识；可人的自我意识是人的内心世界。道德的本性是自律，人不可能离开人的内心世界而进行道德修养和道德自律。以心为体、重内心世界、强调修养是中国道德伦理型文化的立论依据。

心是什么？我们无法按人体解剖学来理解这个中国哲学问

题。按生理学，人有心脏，它是人的生理器官；心脏不是思维器官，人的思维器官是大脑。在中国哲学中，心是包括知、情、意，包括人的道德和价值在内的主体的、能动的内心世界。它是人的身体和行为的真君，是主宰。恻隐心、羞耻心、辞让心、是非心，诸如此类的所谓"心"，就是道德规范内化而形成的良知。良知，就是内心的道德；致良知，就是通过修养而达到最高的道德境界，而知行合一就是道德实践。一念之动就是行，必须慎独排除杂念。人人都有圣人之质，但不一定能成为圣人，因为人的天良容易为私欲所蒙蔽，所以必须修心。只有正心才能诚意，才能修齐治平。这是"修心说"的意义所在。

当年毛泽东师从杨昌济先生时，熟读包尔生的伦理学。毛泽东写于1917年的文章《心之力》就是从道德修养的视角看待心性之学的：宇宙即我心，我心即宇宙，细微至发梢，宏大至天地。世界、宇宙乃至万物皆为思维心力所驱使。博古观今，尤知人类之所以为世间万物之灵长，实为天地间心力最致力于进化者也。夫中华悠悠古国，人文始祖，之所以为万国文明正义道德之始创立者，实为尘世诸国中最致力于人类与天地万物精神相互养塑者也。文章强调三军可夺其帅，匹夫不可夺志。志者，心力者也。

中国关于"心"字的成语甚多，这表示了中国人对心的重视，对内心修养的重视。一个人，如果心术不正，没有羞耻心，就必然没有道德底线，什么坏事都能干。百姓如此，当官为政者亦如此。《大学》中说："自天子以至于庶人，壹是皆以修身为本。其本乱而末治者，否矣。其所厚者薄，而其所薄者厚，未之有也。"修身的核心就是修心，即净化自己的内心世界。

我们不能离开中国哲学的语境，抽象地讨论中国传统文化的特色。不能用各种关于宇宙起源和人类起源的学说来衡量"天人合一""吾心即宇宙，宇宙即吾心""心外无物、心外无理"之类的中国道德形而上学的哲学命题。按照辩证唯物主义物质本体论和科学认识论的观点，无法认同"吾心即宇宙，宇宙即吾心""心外无物、心外无理""万物皆备于我"的哲学命题。可是当我们把它们看成一种人生境界和道德追求，看成对"止于至善"的终极道德价值的追求，看成作为"会思想的芦苇"的人和动物的不同之处时，我们就能明白中国传统文化的特色。阳明心学之所以被认为是中华优秀传统文化的精华，就是因为它强调人的主体性，懂得"致良知"的修养功夫和知行合一的道德实践原则，对于纠正当代人的过度物化具有现实价值。

马克思主义哲学反对唯心主义，但重视人的精神世界，反对庸俗的和机械的唯物主义。精神当然不能离开肉体，但精神的作用，即人的知情意和人的道德力量是巨大的。它可以使人舍生忘死，泰山崩于前而色不变。毛泽东说，人是要有一点精神的。毛泽东著名的《愚公移山》《为人民服务》《纪念白求恩》就是赞扬愚公"挖山不止"的坚忍不拔精神，张思德的"为人民服务"精神，白求恩的"毫不利己、专门利人"的"共产主义的精神"。列宁赞扬强调精神作用的唯心主义哲学家是"聪明的唯心主义"，而把否定精神作用的庸俗唯物主义称为"愚蠢的唯物主义"。

在世界的物质性和物质与意识的辩证关系上，我们坚持马克思主义世界观。我们不赞成"以心为体"的思想超出道德修养和安身立命的范围，取代马克思主义哲学的基本观点，但我们高度重视"心"，即人的精神的能动作用。只要我们准确地把握马克思主义与中国传统文化的相通和相异之处，知道它们各自的立论依据、理论功能和适用边界，就能找到一条马克思主义和中华优秀传统文化相结合的创造性发展当代中国马克思主义之路。

（四）评"逆取顺守，匡时救世"说

有人认为今天大力倡导儒学经典进课堂，是为了把读经作为纠正当代所谓世风日下、人心不古、道德失范、价值观混乱的灵丹妙药、救世良方，即所谓"逆取顺守，匡时救世"。这种看法，肯定失之偏颇。读经并不能救世。中国历史上并不缺乏读经的人，历朝历代的读书人都是读经的，当时所谓读书也主要就是读经。尤其是宋朝以后，以"四书"为标准教科书，封建时代的读书人，可以说是自小就泡在经书里。举国读经，是当时的社会现实。但谁能说那些经书读得最好、在科举中荣登金榜的人，就是道德水平最高的人呢？只要懂点中国历史就知道，在"十年寒窗无人问，一举成名天下知"的士子中，确实有很多懂得儒学精髓——穷则独善其身，达则兼济天下，居庙堂之高则忧其民，处江湖之远则忧其君，但也有不少以弄权为目的的大贪巨猾。《儒林外史》中塑造的严贡生、严监生，以及鲁迅先生《祝福》中的鲁四老爷，不过是这类人中微不足道的小人物罢了。

封建社会对贪污腐败虽有严刑峻法，但仍然难以杜绝。这是社会制度的本质问题。它既不是读经读坏的，也不是单纯读经能读好的。至于当今社会中出现的贪污腐败、诚信缺失和道德失范问题，并非一些危言耸听者所说的是"传统文化断裂"造成的，而是社会急剧转变中法治建设和道德教育滞后导致的问题。解决的方法即在于坚持中国共产党的领导，坚持依法治国和以德治国，坚持从严治党，坚决反对贪污腐败。当然，这不是我们不读经的理由，相反，中国文化经典中就包括古人治国文化自信中的传统与当代理政、反贪惩腐的智慧；而且中华优秀传统文化进课堂，肯定有利于学生优良道德的养成，有助于形成向上向善的社会风尚。中华优秀传统文化进课堂是教育体制改革的一件大好事，必须做好、做实。

中华优秀传统文化进课堂，并不是一件简单的事。如何教，如何学，这是教育体制改革的一件大事。经典文本并不能与中华优秀传统文化简单画等号。毫无疑问，中华优秀传统文化存在于经典文本之中，但经典文本同样存在糟粕、存在时代局限性。把经典文本与中华优秀传统文化等同，以为读经就等于传授优秀传统文化，不做辨析，盲目接受，这是一种简单化的看法。经典文本和从经典文本中提炼出来的精华存在差别。精华充分体现了中华优秀传统文化中的总体性理念、智慧、气度和神韵，它是各个学派经典文本的精华和中华民族生活实践经验的精炼，如百花酿蜜，得其精华，而文本中的思想则可能精芜杂陈。因此，如果教师不正确区分中华优秀传统文化与一般意义上的经典文本，效果是不一定能达到预期的。

去其糟粕，取其精华，这是我们对待中国传统文化的基本原则，也是提高中华优秀文化传承自觉性的根本之道。尽管有些学者会有不同的看法，但把握社会主义先进文化前进方向，坚持以人民为中心，以创造性转化和创新性发展的态度对待中华优秀传统文化进课堂是完全必要的。只有这样，才不会把中华优秀传统文化的学习理解为在全国开展读经运动，才能理解今天的"阅读经典"不同于中国封建社会的皓首穷经，区别的关键就在于，中华优秀传统文化进课堂大大有利于巩固马克思主义在意识形态领域的指导地位，丰富和发展社会主义先进文化，牢固树立社会主义核心价值观，对整个民族的素质和前途具有长远的重要意义。这是实现百年树人的长远的教育和文化政策，实现中华民族伟大复兴的经国大计。

六、关于坚持马克思主义在社会主义先进文化
中指导地位的若干思考

改革开放以来，党中央一直关注社会主义先进文化建设问题。这对我们进一步认识文化的地位和作用，进一步用马克思主义指导中国特色社会主义文化建设，指明了方向。

（一）文化软实力的性质和作用，取决于文化的根本属性和内涵

在当今世界，文化被称为软实力，这极其明显地表明，无论是对一个国家自身的发展还是国际交往，文化都越来越显示出它的重要作用。可是文化作为一种软实力，它究竟是推动社会进步和促进国际间正常文化交流和友好往来的软实力，还是单纯维护统治者的利益和国际霸权的软实力，这是大相径庭的。在这种区别中起着关键作用的是贯穿其中的社会制度和指导思想。

文化软实力作为综合国力的组成部分，它的性质和作用，取决于文化的根本属性和内涵。软实力只能说明文化的作用，而文化的社会属性和内涵才能说明这种软实力的先进性。我们重视社会主义文化，正因为它是一种体现社会主义制度本质和以马克思

主义为指导的先进文化。在国内，它有利于强化社会主义核心价值体系在文化建设中的主导作用，提高中华民族的人文素质和塑造高尚人格；在国际上，它倡导文化友好交往和文化相互借鉴，有利于国际和谐关系的建立和世界多样性文化的共同发展。

（二）社会主义文化是以马克思主义科学世界观为指导的先进文化

从世界范围看，文化是多元的；从国内来看，国家文化也有多样性。既然社会主义文化是先进文化，就有个重大理论问题，即文化先进与否有判断标准吗？我们认为有。文化问题上相对主义和绝对主义都是片面的。我们说中国特色社会主义文化是先进文化，并不是单纯基于意识形态需要的论断，社会主义文化的先进性既有科学标准，也有价值标准。

从科学标准来说，社会主义文化的先进性不仅体现了社会主义制度的先进本质，而且表现为它是以马克思主义科学世界观为指导的文化。在当代中国，坚持先进文化，发展中国特色的社会主义文化，加强社会主义精神文明建设，必须以马克思主义为指导。只有坚持马克思主义在文化建设中的指导地位，才能真正以科学态度继承中国文化的优秀传统和吸收外国文化的积极成果，才能引领国内多姿多态多样的文化思潮，使其有利于而不是妨碍社会主义主流文化的发展。如果放弃或者削弱马克思主义在文化中的指导地位，西方腐朽文化就会乘虚而入，国内残存的资产阶级思想和封建思想沉渣泛起，就会大大冲击和妨碍社会主义先进文化建设。尤其是我们正处在社会转型期，由于国际国内大环境和小环境的变化，各种思潮极其活跃。如果不坚持马克思主义在文化建设中的指导地位，就不可能真正有效地建设社会主义先进文化。

（三）提炼概括社会主义核心价值的一条重要方法论原则，就是必须以马克思主义为指导

社会主义先进文化除了科学标准外，还有价值标准。世界上没有一种文化会自认为是非先进或落后的文化。在当今世界，站在不同的立场，对文化的先进与非先进的评价可以迥然不同。西方政治家和思想家认为他们那种以个人主义为核心，以维护资本主义制度为目标的自由、民主、人权观念是最先进的文化，而且是普世的、永恒的终极文化。我们认为资本主义自由、民主、人权观念在反对封建斗争中曾经是先进文化，起过引领当时社会思潮的方向性作用。但随着世界进入社会主义革命时期，资本主义的自由、民主和人权观念，不断暴露出它的阶级局限性和虚伪性。

以马克思主义为指导的社会主义文化，是以社会主义核心价值体系为本质内容的先进文化。它肯定西方启蒙思想家自由、民主和人权观念的进步性，也不否认与封建制度相比资本主义制度有其历史进步价值。但社会主义先进文化中的自由、民主和人权

观念反映社会主义制度的特性，具有以马克思主义为指导的科学和价值内涵。抽象掉社会制度的特性和指导思想，把自由、民主、人权、和谐、平等变为一个空洞的似乎任何社会、任何人都能接受的概念，就会在核心价值问题上陷入迷途。社会主义民主是人民的民主，社会主义人权最根本的是保障国家的主权、发展权和广大人民的生存权，以及受社会主义法律保障的各种权利；我们需要的平等不是抽象的平等，而是实际的平等，即最终消灭阶级和剥削，人人共同富裕的平等。因此，在社会主义先进文化中，任何价值性概念，尤其是核心价值概念，不能是简单地从中国传统文化或西方已有价值范畴中随意汲取构成的不同组合，而必须在每个概念的内涵中包括马克思主义的解释，使其真正反映社会主义制度。因此，提炼概括社会主义核心价值的一条重要方法论原则，就是必须以马克思主义为指导，使核心价值的内涵真正体现马克思主义的指导作用，而不是一系列抽象概念。

（四）坚持马克思主义指导，发展文化事业和文化产业

坚持社会主义先进文化，坚持马克思主义在先进文化中的指导地位，是否会妨碍文化产业的发展？答案是否定的，在社会主义先进文化建设中，既要发展文化产业也要发展文化事业，这两种文化实体有区别，但也有共同性。文化产业的经济效益，往往要依赖先进的科学技术的承载。西方发达国家之所以能在世界上广泛宣传它们的价值观念，在很大程度上借助的是它们先进的科

学技术。这样，它们在取得最大经济效益的同时，又在意识形态领域占有某种强势地位。西方文化产业，不单纯是牟利的文化企业，同时也是意识形态的阵地。对我们来说，无论是文化事业还是文化产业，虽然它们在产权和管理方面存在区别，但它们都是社会主义制度下的文化单位，因此文化企业和文化事业单位，都应该以不同方式树立以马克思主义为指导的思想观念。

在文化产品的创作生产中，我们在谋求经济效益的同时，必须充分意识到文化产品的价值内容。即使在国际上，我们同样应该使我们的文化产品承载着中国文化的特有价值观念。如果社会主义的文化产业，可以不顾社会效益只顾经济效益，以庸俗、低俗、媚俗的内容，成为资本主义价值观念的"宣传员"，甚至有伤国格以迎合西方的需要，这肯定会背离以马克思主义为指导的文化建设方针。当然，我们强调在文化产品的创作生产中也要以马克思主义为指导，是针对指导经营方针和经营者的理念说的，而不是说文化产品都是硬邦邦的意识形态话语。如何使文化产品喜闻乐见和具有吸引力，同时又坚持我们自己的价值观念，这是衡量文化产品创作生产者的马克思主义理论水平的一个尺度。

在建设中国特色社会主义先进文化中，马克思主义理论工作者和哲学工作者应该发挥其特殊作用。全部人类的文化史表明，在特定历史时期处于先进地位的文化都有相应的比较进步的哲学作为支撑。在中国特色社会主义先进文化建设中，马克思主义哲学工作者如何以辩证唯物主义和历史唯物主义为指导，就中国先进文化建设中重大理论和实践问题，包括如何建立文化自觉自信和自强的问题，进行理论探讨并提出积极的建设性意见，这是全体马克思主义理论工作者的历史使命，也是马克思主义通过理论工作者发挥作用的一种方式。